大陸對臺灣問題析論

吳仲柱 編著

崧燁文化

目　錄

版權資訊

引言 變化中的臺灣問題
　　一、臺灣問題的內涵及特徵
　　二、臺灣問題的變遷趨勢
　　三、臺灣問題演化的深層原因

第一章 臺灣地理資訊與戰略價值
　　一、臺灣自然地理概況
　　二、臺灣地緣戰略價值

第二章 臺灣族群結構與社會文化
　　一、臺灣人口的構成
　　二、族群衝突與臺灣意識
　　三、臺灣社會文化特徵

第三章 臺灣經濟歷程及經驗辨析
　　一、臺灣早期經濟成長回顧
　　二、臺灣現代經濟發展概略
　　三、戰後臺灣經濟起飛探源

第四章 臺灣政治沿革及民主反思
　　一、臺灣行政區劃演變
　　二、臺灣現代政治轉型

第五章 兩岸關係定位及辯證發展
　　一、兩岸關係的確切定位
　　二、兩岸關係的發展與演進

第六章 臺灣法律歸屬與涉外因素
　　一、國際社會對臺灣問題的反應
　　二、美臺關係及其演變
　　三、日臺關係及其演變

第七章 「一國兩制」與臺灣前途

一、各方和平解決臺灣問題的政策主張
　　二、「一國兩制」與臺灣前途

結語
　　一、基本態勢：未「統」難「獨」
　　二、戰略準備：「和」「戰」並舉
　　三、策略運用：以「交」促「談」
　　四、政策制定：力、禮、理、利

引言　變化中的臺灣問題

　　眾所周知，徹底解決臺灣問題，儘快實現國家統一，不僅關係到中國的主權和領土完整，而且決定著中華民族的復興與崛起。但自1980年代以來，臺灣政局可謂詭譎多變、撲朔迷離，兩岸關係更是跌宕起伏、一波三折——從大陸轉而尋求「和平統一、一國兩制」，島內逐步推進「解嚴開禁」並「終止戡亂」，海峽兩岸由尖銳對峙漸次走向緩和互動，1993年，在雙方交流不斷擴大的基礎上，海峽兩岸關係協會汪道涵會長與海峽交流基金會辜振甫董事長舉行了歷史性會談；到李登輝1995年高調訪美、1999年悍然炮製「兩國論」，中國人民解放軍接連舉行大規模多兵種合成演習，以及2000年後民進黨蓄謀「臺獨」冒進，特別是陳水扁公開否認「一個中國」原則，恣意妄言「一邊一國」，反覆鼓噪「公投制憲」，致使臺海危機四伏、警報迭起；再至2005年連戰率團「登陸」，2008年中國國民黨重新贏得臺灣領導人選舉，以馬英九為首的行政團隊再度回歸「九二共識」，並在頑固堅守所謂的「中華民國主體性」的同時，因應內外形勢變遷，拓展與大陸的經貿及文化聯繫，在雙方共同推動下，全面實現「三通」，並簽署海峽兩岸《經濟合作框架協定》（ECFA），兩岸攜手涉過高風險、強烈度的對抗，共同迎來互利共贏、和平發展的新階段。到底該如何透過紛繁雜陳的事態與表象，準確把握臺灣島內社會演化脈絡，進一步廓清兩岸互動的內在機理，從而更好地服務和促進統一大業呢？從理論研究與學術探討的角度看，至為關鍵的任務還在於闡明：臺灣問題是什麼？六十餘年間，臺灣問題有沒有變？怎麼變？因何變？

一、臺灣問題的內涵及特徵

大陸對臺灣問題析論

　　什麼是臺灣問題呢？臺灣問題專指1940年代中後期國共內戰遺留至今、懸而未決的兩岸分離及其相關事項。誠如2000年2月21日國務院臺灣事務辦公室與國務院新聞辦公室聯合發表的《一個中國的原則與臺灣問題》白皮書所明確指出，「1949年10月1日，中國人民取得了新民主主義革命的偉大勝利，建立了中華人民共和國。國民黨統治集團退踞中國的臺灣省，在外國勢力的支持下，與中央政府對峙，由此產生了臺灣問題。」換言之，與1997年前的香港問題和1999年前的澳門問題截然不同，臺灣問題並非中國與其他主權國家圍繞某一特定地區歸屬的國際爭端，而僅僅是統一主權涵蓋下中國國內不同政治勢力之間基於政權統合的衝突。

　　作為1940年代中後期國共內戰的直接產物和有機存續，按現行國際法公認的準則，臺灣問題在本質上純屬中國內政，應由兩岸中國人協商解決，其核心環節在於妥當處置已擁有全中國合法代表權的設於北京的中央人民政府與仍在臺澎金馬地區的臺北當局之間的最終的政治與法律關係。遺憾的是，儘管進入1980年代後，大陸的對臺方針、政策已突顯和平努力，島內政局也發生了深刻的變化，但迄今為止，兩岸雙方仍尚未就結束持續休眠的內戰狀態、破解歷史遺留的上述殘局達成一致。

　　而值得注意的是：雖然像《反分裂國家法》第三條也堅定地認為：「臺灣問題是中國內戰的遺留問題。解決臺灣問題，實現統一，是中國的內部事務，不受任何外國勢力的干涉」；但在國共角力與兩岸博弈的長期歷程中，國際變數及其消極作用卻不容忽視，更不應低估。確切地說，正是為了維護自身的霸權利益，在冷戰思維與遏制戰略主導下，美國一直強力干預中國內部紛爭，從援蔣反共，到協防臺灣，再到縱容「臺獨」，催生了臺灣問題，並使之久拖難決。也就是說，「臺灣問題之所以成為一個『問題』，同當時中美對抗有直接的關係」，如果沒有美國的干涉和庇護，1940年代末，從大陸潰退的國民黨殘餘根本就無力盤踞臺灣、抗拒解放，所謂的臺灣問題也不會出現；同樣，臺灣問題的發展也與美國亞太戰略及對華政策的調整息息相關，倘若失去美國的支持和慫恿，1990年代中後期，「臺獨」思潮與「臺獨」勢力也難成氣候，兩岸互動交流和協商統一也不會面臨日趨複雜的局面。

　　顯然，「臺灣問題原來是不存在的，之所以成為問題，有兩個因素，一個是國

民黨蔣介石集團1946年發動的內戰，他們失敗了以後逃到了臺灣；第二個因素，就是朝鮮戰爭爆發，美國全面插手臺灣問題。美國利用臺灣問題，把它作為反華包圍圈的一個部分。這就是說一個是內戰的繼續，成為臺灣問題最早的最基本的起源；一個是美國的干涉，使得臺灣問題複雜化，使得今天都沒有解決」。亦即：「臺灣問題具有兩面性，從本質上說，它是中國的內政問題；但事實上，它已經發展成為影響中美關係的一個關鍵因素，是中美關係中的一個核心問題」。在性質定位方面，臺灣問題仍屬中國內政範疇，臺灣問題並未國際化，我們也一貫堅決反對將臺灣問題國際化，這是確定無疑的；但也不可否認，自始至終，臺灣問題都存在著某種程度的外國干預，尤其是美國對華政策負面影響的推波助瀾，使臺灣問題兼具了鮮明的兩重性特徵。

二、臺灣問題的變遷趨勢

辯證唯物主義認為，現實世界的萬事萬物總是處於永恆運動、不斷變化、漸次發展中。臺灣問題也不例外，1949年至今，也非一成不變的，在內外諸因素的交叉作用下，其內涵及特徵也發生了這樣或那樣的變遷。概括地講，經歷了六十餘年的風風雨雨，臺灣問題已在總體上呈現出令人擔憂的兩種趨向：一是內政性質被人為異化，二是國際干預的逐步泛化。其中，前者集中反映為島內「臺獨」運動在蔣經國去世後死灰復燃並一再挑釁「一個中國」原則；後者則突出體現在對海峽局勢與臺灣前途的國際關注進一步多元化、複雜化。

（一）內政性質被人為異化

事實上，「一個中國」原則形成於1950年代中期海峽兩岸共同反對「兩個中國」、反對「臺獨」的鬥爭，是還處於尖銳對峙中的國共兩黨幾乎同時採用、立場基本一致的政治術語。即：雙方都強調兩岸同屬一個國家、一個主權；都認為臺灣只是中國的一個省，而非一個主權國家；都主張在國際上只能有一個政府代表中國行使主權；都堅持本方與全中國的同一性。具體地說，「一個中國」係以傳承中華文明與中國歷史（文化「一中」、民族認同）為紐帶，以維護中國主權統一和領土

完整（主權「一中」、國家認同）為根本，以推進雙方經濟融合與發展（經濟「一中」、利益認同）為基礎，以追求國家政權最終歸一（政治「一中」、政府認同）為目標，具有相當嚴謹的邏輯結構。

實踐中，海峽兩岸、國共兩黨不僅達成了「九二共識」，充分肯定了「世界上只有一個中國」、「兩岸都是中國人」，而且借助日益緊密的人員往來與經貿交流，在主權和文化「一中」認同深化的基礎上，還啟動了事務性商談與政治「一中」探索。譬如，針對大陸方面宣導的「和平統一，一國兩制」，國民黨當局於1991年通過了「國家統一綱領」，成立了「國家統一委員會」；1993年，海協與海基會還在新加坡舉行了「辜汪會談」，達成了多項協議；等等。然自1990年代中後期以來，李登輝與陳水扁之流卻一再否認「九二共識」，大肆歪曲「兩岸一中」，從不斷煽動「仇中反共」，瘋狂推行「去中國化」，刻意培植「本土觀念」，到極力阻擾「三通直航」，頑固堅持「對等談判」，力圖建構「臺灣主權」，頻繁的「臺獨」言行使兩岸紛爭漸次偏離了既往的政權合法性與代表性的法統歧異，而日益聚焦於中國主權的統一與分裂上。

（二）國際干預的逐步泛化

兩極冷戰的終結與意識形態的消退，也給臺灣問題及其解決增添了一系列新的變數。一方面，受現實利益的誘引，國際行為主體紛紛通過經貿往來與文化交流，建立或擴大了與臺灣的實質聯繫，從而使兩岸協商與中國統一面臨著越來越複雜的外部環境。譬如，進入新世紀後，美日就不止一次聯手對華施壓，其財防長「2+2」會議曾連續多次宣稱關注臺海局勢的發展，公然干涉中國內政。目前，除美國、日本外，像歐盟、俄羅斯及東南亞諸國，包括一些政府間國際組織也不同程度地存在著涉臺事務，甚至暗中將臺灣視同「主權獨立國家」；眾多非政府組織也積極延伸對臺業務，將觸角深入臺灣各地，物色專門人員，布建分支機構。

另一方面，伴隨著全球範圍的第三次民主化浪潮與西方價值觀的新一輪膨脹，1999年科索沃戰爭前後，「人權高於主權」、「人道主義干涉」等論調逐步佔據了國際話語主流，尤其是甚囂塵上的「住民自決」、「國際仲裁」等呼聲，更變相地

拓展了「臺獨」操作空間，並在無形中加劇了兩岸統「獨」爭鬥。而李登輝、陳水扁之流敢冒天下之大不韙，鼓噪「兩國論」、「一邊一國論」，推動「台灣正名」、「公投入憲」、「臺獨建國」，正是利用了世界輿論的上述導向。

三、台灣問題演化的深層原因

1990年代後半葉，中國政府按照「一國兩制」方針，成功恢復了對香港與澳門行使主權；幾乎同步，台灣海峽上空卻風雲再變，局勢驟然緊張，兩岸關係遭遇挫折。而究其根源，蓋兩岸雙方及外在變數實力消長與彼此抗衡的必然結果。

（一）台灣社會急劇轉型的消極影響

從台灣方面看，經濟長足發展帶來的民眾覺悟提高，以及進入1970年代後接踵而至的聯合國驅蔣與「美台斷交」等，使台灣當局及其統治的合法性備受質疑。為緩解內外情勢突變所引發的政權危機，蔣經國在執政期間即被迫開啟了所謂的「政治革新」；但少數人卻打著「反對專制獨裁，遂行自由民主」的幌子，從終止「動員戡亂」、著手「國會改革」，到舉辦「總統直選」、實施「精省凍省」，再至推動「公投入憲」、達成「憲制調整」，在落實政權本土化的同時，逐步強化了台灣拒統求「獨」的傾向。經過自1991年迄2005年的分階段、實質性「修憲」，不僅本地政客與大資產階級聯手取代了國民黨外省籍官僚集團，成為台灣政局的主宰，「中國法統」與「五權政體」等「憲政架構」名存實亡；台灣政客也因此獲得了繼「經濟奇蹟」之後又一抗拒統一的資本——「民主典範」；更有甚者，台灣當局還不斷炫耀、四處推銷「台灣經驗」，並頻繁藉口「安全至上，台灣優先」，頑固阻擾「直航三通」，採購先進軍備，拓展「國際空間」，反覆挑戰一個中國原則，致使統「獨」鬥爭空前尖銳，兩岸商談陷入僵局。

此外，與「民主轉型」及政治生態多元化相伴隨，台灣社會基礎與主流民意在「解嚴開禁」後也急劇裂變，尤其是趁勢氾濫的「台獨」言行在極大地衝擊台灣民眾的國家與民族認同之餘，還持續加劇了「藍綠」分野與族群對立。台灣《聯合

報》的問卷調查顯示，如果以統一、獨立和維持現狀進行選擇，台灣支持「獨立」者從1989年的2%升至1997年的24%；若僅設統、獨兩個選項，同期，贊成「獨立」的則由6%增到43%。台灣民意「統降獨升」的傾向還明顯地反映在1994年與2007年相關資料的比較上，不僅要求「急統」與「緩統」的人數由27%滑至15%，廣義「台獨」（包括贊同「急獨」、「緩獨」與「永遠維持現狀」者）的比例自24.5%升至39.1%；而且自我認同為「台灣人」的也從20%攀到43%，自認為是「中國人」的反降到不及10%。實際上，就台灣文化整體分析，儘管儒家傳統倫理仍然深刻地影響著絕大部分台灣民眾，但西方價值取向也在台灣快速工業化中得以廣泛傳播，加上當局與政客的反覆操弄，經歷長期隔閡的兩岸認知差異難免進一步擴大，並使統一遭遇更為棘手的社會整合與民心修復工程。

（二）兩岸實力對比傾斜的反向制約

從大陸方面看，眾所周知，新中國建立六十多年來，現代化建設取得了令人矚目的輝煌成就，特別是經歷了三十多年的改革開放，不僅綜合實力躍居世界前列，而且還從根本上改變了兩岸力量對比。統計顯示：政治上，自1971年聯合國大會通過2758號決議，中華人民共和國是中國唯一合法代表已得到國際社會普遍承認，世界上絕大多數國家和國際組織都僅將台灣視作中國的一個省、一個地區。經濟上，早在2004年，大陸生產總值（136875.9億元人民幣，按當年匯率人民幣1元=0.12082美元，折合16537億美元）就已是台灣本地生產總值（105848億元新台幣，按當年匯率新台幣1元=0.03096美元，折合3277億美元）的5倍；而伴隨著雙方經貿往來融合，至2005年，大陸更成為台灣第二大進口市場和最大的交易夥伴、出口市場、順差來源地，離開廣闊的大陸腹地，台灣經濟社會發展將難以為繼。軍事上，儘管大規模引進高新武器裝備，民進黨執政時期甚至不惜拋出「決戰境外」、「先制反制」等進攻性冒險戰略，但台軍目前依然無法贏得海峽通道的控制權，根本無望戰勝已經擁有強大海空力量並具備縱深機動、多兵種合成能力的人民解放軍。

也就是說，通過長期、激烈的角逐，大陸已逐步掌握了壓倒性的對台優勢。假如沒有外力介入，什麼時候解決台灣問題、以何種方式解決台灣問題，大陸已經擁

有了絕大部分主動權。但是，迄2008年國民黨在台灣重新執政，仍與23個國家及地區保持著「外交關係」；跨海峽經貿與人員互動至今尚未全面雙向化，像開放陸資、陸企入台還處在初始起步階段，而包括眾多「綠色」台商在內的廣大台商卻早已實現了「搶灘登陸」；此外，從1992年由美、法兩國購得F-16與幻象2000等新一代戰機，以及自行研製的「天弓」、「雄風」等系列導彈相繼服役，台軍的戰術突防能力也明顯提升，並對大陸東南構成了局部威脅。而正是憑藉尚餘的抗拒統一的「能量」，李登輝、陳水扁之流在外部反華和國際反共勢力的默許與支援下，面對大陸的快速崛起，以及跨入新世紀後「台獨」可能性與操作空間急劇萎縮的窘迫狀況，才頻繁製造「台獨」事件，不斷引發統「獨」爭議，反覆挑戰一個中國原則，致使兩岸關係與台灣問題趨向尖銳化。

（三）美國對華政策調整的負面作用

作為冷戰終結後全球唯一的超級大國，自1990年代伊始，美國即積極調整國際戰略布局，以防止潛在對手迅速壯大並危及其獨霸世界的權益——在歐洲，通過強勢主導北約東擴，努力推進「顏色革命」，進一步制衡歐盟，繼續弱化和孤立俄羅斯；而在亞太，則借助美日安保和美韓同盟重續，以及強化與澳洲、紐西蘭及東南亞諸國的軍事合作，再度構築了針對中國的遏制與包圍。

美國之所以將中國列入兩極格局崩潰後必須警惕與防範的主要對象，根源於蘇聯解體使中美之間曾經的戰略一致驟然消失，雙方的意識形態差異、經濟貿易摩擦、軍事安全衝突等日益凸顯。由於兩國在一些領域裡的問題爭論與整體互動中的結構性矛盾交織湧現，令美國決策當局錯誤地以為中國國力的持續上升將對其單極霸權構成潛在威脅，制定、實施對華政策勢必更多地考慮如何有效地防堵「中國勢力與影響的擴張」。而台灣問題事關中國核心利益，長期阻擾中國統一，充分利用兩岸分離，以台北掣肘和分散北京的精力，「以華制華」，更易「從中漁利」，並獲致「事半功倍」的效果。故華盛頓頻頻繁藉口「維護台灣自由民主」與「履行對台道義責任」，罔顧中方再三反對，公然違背「一個中國」的莊嚴承諾，採取重「防統」、輕「反獨」的一系列舉措，變相鼓勵、暗中支持「台獨」分裂行徑，從而直接導致冷戰後中美關係大幅波動，台海緊張局勢持續不斷。

1992年，美在強化對台軍售的同時，突破了高層互訪的既有禁限；1993年，美不僅支持台率先加入關貿總協定、謀求參與世界銀行和國際貨幣基金組織，而且慫恿台開啟「重返聯合國運動」；1994年，美又同意台「北美事務協調委員會」升格為「台北駐美經濟文化代表處」，並借國會批准對外關係授權法，幫助台提高國際地位；1995年，美還不顧中方嚴正警告，允許李登輝訪美並發表演講，致使中美關係跌入低谷；1996年，針對解放軍海峽演習，美朝野決議「保衛台灣」，甚至出動兩個航母攻擊艦群實施監視、恫嚇；1999年，美悍然轟炸中國駐南使館，李登輝趁機拋出「兩國論」，台海局勢進一步緊張；2001年，撞機事件發生後，美再度違背《八‧一七公報》的精神，援引《台灣關係法》，提升售台軍備品質，同年，其國內贊成以武力干預和排除海峽危機的民眾竟達37%；2002年，小布希在訪華期間居然公開重申「協防台灣」，直接鼓勵陳水扁與民進黨當局變本加厲、肆無忌憚的「台獨」冒進……即使在仍需中國合作以共同應對全球經濟危機的2010年，歐巴馬也不期望兩岸互動過於熱絡，依然罔顧中方再三抗議，批准巨額對台軍售。可見，正是美台相互勾結並不斷提高實質關係，才使兩岸和平與中國統一面臨更為錯綜複雜的局面。

　　綜上所述，經歷了六十多年風雨，台灣問題已然發生了深刻變化，那麼，在新的形勢下，究竟該如何推動兩岸關係和諧發展，促進和平統一呢？就理論務虛和學術研究而言，只有秉持客觀的立場，從歷史的高度，全面審視兩岸關係，才能為解決實踐難題提供切實可行的方案。台灣經濟體制和運行狀況、政治結構與變革方向，以及社會民風習俗、台灣同胞所獨有的諸如強烈的悲情意識和抗爭性格等等，無疑都與台灣社會長期歷史演進息息相關。只有深入剖析台灣社會的內在機理，而非主觀臆斷或情緒化地理解，才能綜合經濟的、政治的、文化的，乃至社會心理的等各種作用因素，揭示兩岸關係的本質與台灣問題的癥結，進而尋求和平解決之根本途徑。

第一章　台灣地理資訊與戰略價值

　　著眼於台灣自然地理的客觀現實，並立足地緣政治的分析視角，揭示台灣是大陸不可分割的一部分、台灣未來走向不僅直接關係到大陸的安全與發展、而且極大地影響著遠東國際格局的調整和變遷這一事實，誠然有利於進一步明確台灣回歸、和平統一的深遠意義。

一、台灣自然地理概況

　　從地理範圍的解讀切入，基於對台灣地形、氣候、資源等各層面大致情形的縱深梳理，我們可以在總體上把握台灣客觀的「物的因素」。

（一）台灣的地理範圍

在地理上劃清「台灣」的外延，無疑是研究「台灣」的首要前提。

1.「台灣」名稱的由來

　　據中國史書典籍相關記載，台灣曾先後被稱為「夷洲」、「流求」、「小琉球」、「東番」、「大灣」、「大員」等。台灣稱謂的演變及其複雜程度，既是古代海峽兩岸交通不便、瞭解互動不夠全面的真實寫照，也是中華先民對台灣逐步開發的生動反映。

遠在殷商時代，中國古人就十分神往傳說中的「岱輿」、「員嶠」、「方壺」、「瀛洲」、「蓬萊」等「東方海上仙島」。成書於春秋戰國的《尚書·禹貢》還對所謂的島夷進行了整體刻畫，認為：「島夷卉服，厥篚織貝，厥包橘柚」，意即島夷穿著麻織衣物，以貝殼作裝飾，其地方盛產橘柚等。儘管歷代史學家都對「岱輿」、「島夷」等是否即今日台灣及島上少數民族多有爭論，然秦漢以降的史料中有關台灣的文字記錄日益增多卻是不爭的事實。如《漢書·地理志》就記有「會稽海外有夷洲」等字句。目前，已經基本確證的是：三國東吳丹陽太守沈瑩依當時征台見聞所撰寫的《臨海水土志》（約264—280年）乃是關於台灣實際情況的最早歷史文獻。按《臨海水土志》載：「夷洲在臨海東南，去郡二千里，土地無雪霜，草木不死。四面是山溪。眾山夷所居……土地饒沃，既生五穀，又多魚肉……」。而上述「夷洲」被公認為係台灣最初的名稱。

雖然，魏晉南北朝時期中原地區戰亂不止，導致文史書籍中涉及台灣等沿海諸島的記述大多無從查考；但是，自隋唐，經五代，迄宋元，無論官方，還是民間，均長期使用「流求」（或其諧音）稱呼台灣。如《隋書·流求國傳》明確指出：「流求國，居海島之中，當建安郡東，水行五日而至」。《元史》還詳細描繪了台灣的具體位置，即「瑠求，在南海之東。漳、泉、興、福四州界內彭湖諸島，與瑠求相對，亦素不通。天氣清明時望之，隱約若煙若霧，其遠不知幾千里也。西南北岸皆水，至彭湖漸低，近瑠求則謂之落漈。漈者水趨下而不回也。凡西岸漁舟到彭湖已下，遇颶風發作，漂流落漈，回者不一。」

及至明王朝建立，為了方便區分，才改謂與帝國有通貢關係的中山王國（今日本沖繩，洪武五年，即1372年，遣使入貢中國）為「大琉球」，而以「小琉球」指稱台灣。明中葉以後，伴隨著航海技術的不斷發展，海上交通的逐步開拓，兩岸民間往來日益密切，台灣的稱謂也出現了新變化，並趨於通俗、繁雜。如以「雞籠山」稱呼台灣北部沿海一帶，以「魍（網）港—笨港—北港」稱呼台灣中部沿海一帶，以「大員—台員—大灣—台灣」稱呼台灣南部沿海一帶。明政府相關文書則用「東番」統稱全台，以示與四川境內「西番」之區別。

據有關專家考證，採「台灣」之名統稱全島，最早見於明崇禎八年（1635年）

給事中何楷的《靖海策》。何氏在該折中奏稱:「今欲靖寇氛,非墟其窟不可。其窟維何?台灣是也。台灣在澎湖島外,距漳、泉止兩日夜程⋯⋯其地,北自雞籠,南至浪嶠,可一千餘里;東自多羅滿,西至王城,可九百餘里。水送順風,自雞籠、淡水至福州港口,五更可達。自台灣港至澎湖嶼,四更可達。」其後,鄭成功渡海驅荷,一度改稱台灣為東都,鄭經時又謂東寧。1683年(康熙二十二年),清廷進軍台澎,平定鄭氏政權,次年重新設府置縣,並於1727年(雍正五年)正式以「台灣」為官方統一名稱稱謂全島。1885年(光緒十一年),閩台分治,「台灣」作為其單獨建省後之法定名稱一直沿用至今,並為世界各國各地區所公認。

台灣名稱演變的歷史表明:雖然,其命名一方面係源於其本土自我稱呼,如「大員」、「大灣」、「台窩灣」等;另一方面則是島外強權給予的冠名,如大陸封建王朝曾先後以「夷洲」、「流求」、「東番」等謂之,而日本人又號之為「高砂」,西方列強還呼其「福爾摩沙」;但是,中國歷代中央政府對台灣的官方名稱卻始終居於主流地位,如前述明王朝的「小流求」叫法就得到國際社會的普遍認可,當時歐洲出版的東亞地圖就多循此例。事實上,「台灣」一詞乃明末清初以來中國中央政府對台灣本土自謂「台窩灣」等漢字音譯之簡化及其官方定位。這從一個側面也形象地證實了海峽兩岸歷來聯繫都相當緊密。

2.台灣的地理界限

台灣,就地理範圍而言,有廣義與狹義之分,目前大致包括四個層次,即台灣、台灣省、台灣島及附屬島嶼、台灣本島。

所謂台灣,即廣義台灣,指台(灣)、澎(湖)、金(門)、馬(祖)及其附屬島嶼、東沙群島與南沙太平島等,以及與上述島礁鄰接、符合國際法規定的相關水域。長期以來,台灣一直對外宣稱該領域係「中華民國」的「復興基地」或「自由地區」。

若從狹義上理解,台灣又是由眾多島嶼組成的中國海上省份,地處中國大陸架東南緣的東海和南海交界處,位於東經124°34′9″(宜蘭縣赤尾嶼東端)至

119°18´3〃（澎湖縣望安鄉花嶼西端），北緯21°42´25〃（屏東縣恆春鎮七星岩南端）至25°56´21〃（宜蘭縣黃尾嶼北端）之間。從地理鄰接上看，其東臨煙波浩淼的太平洋；南界波濤洶湧的巴士海峽，與菲律賓相鄰（間距約300公里）；西瀕台灣海峽與大陸的福建省中南部、廣東省東部嚮往（最近處為福建平潭至台灣新竹，僅130公里）；北濱東海，東北接日本的琉球群島（相隔約600公里）。台灣省包括台灣本島與蘭嶼、綠島、釣魚島等21個附屬島嶼及澎湖列島64個島嶼，面積為35873平方公里。其中，台灣本島面積為35774.6平方公里，呈紡錘形，南北縱長394公里，東西最大寬約144公里。目前所稱的台灣還包括台灣控制的福建省金門、馬祖等島嶼，總面積36006平方公里。

（二）台灣的地形地貌

台灣雖由眾多海島組成，但其本島不僅山地丘陵連綿不斷，平原盆地錯落分布，而且因中央山脈縱貫南北，整體地貌呈現「中間高、兩側低」的顯著特徵。從空間布局上看，在台灣本島，山地多集中在靠近太平洋一側的東部地區，瀕臨台灣海峽的西部是狹長的平原地帶，中部則以丘陵為主；山地、丘陵大致占全島的70%，而平原、盆地的比例卻不及1/5。

台東山地係高原狀區域，由從東往西縱向排列的海岸山脈、中央山脈、雪山山脈、玉山山脈和阿里山脈等組成。上述五大山脈大體呈東北——西南縱向平行排列，與大陸東南沿海山脈走向基本一致。其中，被稱為「台灣屋脊」的中央山脈偏於本島東側，南北長達330公里，東西寬僅80多公里，擁有139座超過3000米的高峰；海拔3997米的玉山山脈主峰不僅是全台第一高峰，也是中國東南沿海和從日本到菲律賓的西太平洋諸島的最高峰；而山勢平緩的阿里山則以風景名勝見著。

台中丘陵係山地與平原的過渡，呈帶狀分布於阿里山脈以西，總面積約為全島的25%左右，從北端的基隆，經新竹、苗栗，斷續綿延至台中、南投，再跨過嘉義、高雄，南部止於恆春半島，其間還零星散布著桃園、中壢、湖口、八卦等大小台地。

台灣平原多位於台西濱海沖積地帶，北窄南寬，包括嘉南平原（也稱台南平原，面積近4450平方公里，是全台最大的平原及開發最早的經濟發達與人口稠密區）、屏東平原（面積為1160平方公里，係台灣第二大平原），以及面積較小的新竹平原、苗栗平原、彰化平原等。在台東，主要是縱谷平原（面積約700平方公里）、宜蘭平原（又叫蘭陽平原，面積在320平方公里左右）。此外，台灣還有若干盆地，如台中盆地（約400平方公里）、台北盆地（約240平方公里）、埔里盆地、日月潭盆地等。

　　另外，台島還擁有綿長的海岸，其四周的地形地貌也各不相同——東為陡峭斷層，北係海蝕岬灣，西是沙洲潮間帶，南有珊瑚裙礁，可謂多姿多彩、極富變化。特別是由於恰好位於太平洋板塊（海岸山脈及其東側地區）與歐亞大陸板塊（中央山脈及以西地區）連接處，地殼運動較為活躍，台灣不僅形成了諸如大屯、基隆、澎湖等火山群，擁有像北投、陽明山、關子嶺、四重溪等眾多地熱溫泉，而且地質災害頻發，像每年都有大小地震千餘次，光6.5級以上，1654年迄今，就已發生了36次，包括1999年的「9‧21」大地震。

（三）台灣的氣候特徵

　　由於台灣南北狹長，地處溫帶與熱帶之間，北回歸線橫穿台島中部偏南，故其北為亞熱帶氣候，南屬熱帶氣候；但因四面環海，其平地氣候又較同緯度的大陸福建、廣東等沿海地區，海洋性、季風型特徵更為明顯。總體上，台灣大部分地區長夏無冬，雨多風強，四季宜人；唯山區氣候垂直變化極大，且隨山勢逐步升高，常伴有熱、溫、寒三類氣候並存之現象。

　　除高山區域外，全台各地年均氣溫都在20℃以上，雖然南部偏高、北部稍低，但溫差不大，且日照充足，終年不見霜雪（雪線位於海拔3000米以上）。每年的4至11月為夏季，全省平均氣溫可達28℃，其中，7月份最熱；而從12月到翌年3月則為涼爽的「冬季」，在最冷的2月份，全省氣溫最低的台北平均也有15℃左右，與長江下游各省區的秋天相仿，而此時南部恆春的氣溫還徘徊在20℃上下，宛如大陸北方的初夏。

從降水上看，台灣雨量豐沛，年均多在2500毫米以上，為世界平均降水的3倍，屬中國多雨溼潤地帶；但受季風和地形影響，其降水的季節變化與區域分布也有明顯的差異。台島北部是中國少見的冬雨區，圖元有「雨港」之稱的基隆每年都有200多天下雨；中東部的高山則多發暴雨，中央山脈一些地方年降水量甚至超過6000毫米，火燒寮即為中國年降水最多處；而地勢低平的西部雨水卻相對較少，且大部分集中在夏季，尤以6-8月為多。

　　此外，亞洲東部的大陸氣團與太平洋西岸的海洋氣流又多在台海周邊交會，洋流的進退消長還使台灣冬季盛行東北風、夏季盛行西南風，尤其是其附近海面作為颱風的主要通道，每年4到11月更深受颱風侵襲，其中以7-9月最為頻繁，並常常引發台灣嚴重的洪澇災害，像2009年8月8日，「莫拉克」颱風就重創了台中南部地區。

　　（四）台灣的資源狀況

　　早在元代，著名旅行家汪大淵通過實地考察，在其《島夷志略》中就相當詳盡地刻畫了台島的資源狀況：「地勢盤穹，林木合抱……土潤田沃，宜稼穡……水無舟楫，以筏濟之……煮海水為鹽，釀蔗漿為酒……地產沙金、黃豆、黍子、硫黃、黃臘、鹿、豹、麂皮……」。清康熙年間，直接指揮平台作戰的福建水師提督施琅於《恭陳台灣棄留疏》（1683年）中也指出，台灣地方「備見野沃土膏，物產利溥，耕桑並耦，魚鹽滋生，滿山皆屬茂樹，遍地俱植修竹。硫磺、水藤、糖蔗、鹿皮以及一切日用之需，無所不有。向之所少者布帛耳，茲則木棉盛出，經織不乏，且舟帆四達，絲縷踵至……實肥饒之區，險阻之域」。正因為台灣農耕條件比較優越，土特物產極其豐盛，所以，前人多以「山海結秀之區，豐衍膏腴之地」譽之。而事實上，就自然資源而言，台灣雖水力充沛、物種繁多，但土地卻極其有限，礦藏也相當貧乏。

　　1.土地資源

　　儘管台灣僅有3.6萬平方公里的陸地面積，但卻存在著多樣的土地類型，有平

原、高山、丘陵、台地、河川、海埔等等，而且大多壤質肥沃，具備從事各種物質性生產活動所必需的堅實基礎。

依台灣有關方面提供的資料，截至1997年，全台共有耕地86.5萬公頃，人均僅0.23公頃。目前，台灣農耕仍以種植稻米為主，一年兩至三熟，產品質好量高，尤不愧「米倉」之譽。而栽種面積稍次的是品種繁多的蔬菜、水果、花卉，以及甘蔗、茶葉等經濟作物。台灣還素稱「糖庫」，製糖不僅歷史悠久，而且聞名遐邇。

此外，全台還擁有超過210萬公頃的林地，森林覆蓋率高達58.5%，木材儲量約3.6億立方米，其中，天然林占80%左右。台北太平山、台中八仙山、嘉義阿里山係台灣三大林場，主要提供工業與建築用材，副產品包括竹類、菌菇、藥材等，特別是樟腦產量還曾長期排在世界首位。

整體上，台灣西部開發較早，農工商貿發達，環境壓力顯著；而東部多山地，發展相對滯後，人地矛盾也小。而經長期的實踐探索，目前，合理開發、有效利用、依法管理的土地制度也已在台灣初步形成。

2.水力資源

充沛的降水給台灣的河流發育創造了良好的條件，但受地形地貌、地質結構和洋流氣候等因素的交互影響，其又多呈流程短、落差大、水勢湍急、易形成瀑布湖潭、流量季節變化明顯、下游泥沙淤積嚴重等鮮明特徵。

總體而言，全島河流以中央山脈為分水嶺構成兩大水系，並以借地勢向西分流入海為主，其中長度超過100千米的有：濁水溪（186.4千米）、高屏溪（也稱下淡水河，170.9千米）、淡水河（158.7千米）、大甲溪（140.2千米）、曾文溪（138.5千米）和大肚溪（又名烏溪，116.8千米）等。此外，台灣大小河川共計150餘條均無通舟運輸之利，卻便於農田灌溉，且水力資源相當豐富。據估算，全台水能蘊藏量可達530萬千瓦，並以大甲溪148萬千瓦居首位，濁水溪126萬千瓦排第二；而統計顯示，至1999年，台灣已建成水電站39座，輸出電能也占到台灣發電總容量的15.5%。

而與河網密布恰恰相反，台灣湖泊卻相對較少，且也因地勢之故，主要集中在西部地區，並多經人工疏浚與改造。除了南投日月潭（面積約770公頃）、恆春龍鑾潭（面積約137公頃）和花蓮鯉魚潭（面積約104公頃）等三大天然湖泊外，全省各地還遍布有40多座水庫，其中，興建最早的是台南虎頭埤水庫（初創於1846年），而規模最大的要數嘉義曾文溪水庫（又稱大禹潭，1967年動工，1973年竣工，面積約1700公頃）。

需要關注的是：由於降水時空分布不均，各地河川徑流差別變化較大，目前，台灣部分地區生產與生活用水仍須依靠地下水，其抽取量約占全台給水總數的22%左右。而地下水嚴重超抽又直接導致大量地層下陷，並引發海水倒灌、農地流失、土壤鹼化、建築損壞等眾多災害，進而危及台灣民眾的生產、生活。譬如，倘若局部路段的地基下沉無法緩解，十年內北高捷運系統就可能陷入癱瘓。

3.物種資源

千姿百態的地形、溫暖溼潤的氣候，為動植物的生長與繁衍提供了極佳的環境，台灣向有「植物王國」、「動物樂園」和「海洋牧場」的美稱。

據統計，生長於台灣的各類植物在萬種以上，涵蓋了熱帶、亞熱帶、溫帶和寒帶等各品系，植物種類居全國之冠。有珍稀野生植物、屬紅樹林家族的水筆仔，有紅檜、巒大杉、台灣杉、油杉、肖楠等名貴木材，也有柏、櫸、松、櫟、榕、桉、竹等常見樹種，其中，樟科樹木及其提取物更是著名於世，台灣天然樟腦的產量曾占到世界市場的70%以上。此外，全台各地還遍布著油桐、橡膠、檸檬桉、肉豆蔻、金雞納樹、芒香、香茅草等經濟作物；蘭嶼等地還因盛產各種名貴蘭花而得名。

動物方面，台灣大部分物種均源自大陸，後因地質變遷，才逐步形成獨特的海島生態。期間，雖經人類過度開發，但複雜的地形、暖溼的氣候與茂盛的植物，仍使25000多種各類動物得以生存繁衍至今。目前，除了以寬尾鳳蝶、皇蛾陰陽蝶為代表的眾多蝶類與贈送大陸的梅花鹿、長鬃山羊外，台灣還棲息著包括雪山草蜥、

山椒魚等特有物種，藍鵲、帝雉等珍奇飛禽，以及瀕臨絕跡的雲豹、黑熊、獼猴等。

而由於四面環海，海岸綿長，又地處寒暖流交會，台灣周邊海域還有1270多種魚類，如鯨、鯛、鮪、鰹、鯔、鯧、鱒、鯊及旗魚、飛魚、白帶魚、黃花魚、金槍魚等，而鯨、蝦、蟹、貝、藻、珊瑚等其他海洋生物也極為豐富。作為中國重要的產漁區，台島東部岸峻水深，漁期終年不絕；西部海底平坦，貝類多樣、高產；高雄、基隆、蘇澳、花蓮、新港、澎湖等遠洋漁業與近海水產均遠近聞名。另外，近年來，台灣各地還大力發展鰱、鰻、虱目魚、吳郭魚及蝦、蟹、貝等淡水養殖，並不斷提高石花菜、龍鬚菜、鹿角菜、珍珠、珊瑚等產出。

值得一提的是，自1980年代以來，為避免濫墾濫伐、河川汙染等人為破壞，台灣陸續公布了一系列環境保育的法律法規，嚴禁砍伐原始森林，並相繼建成了6個公園、10個野生動物保護區、11個沿海保護區及18個自然保留區等，以保護珍稀動植物和自然原生態。

4.礦藏資源

目前，台灣全省已發現能源、金屬、非金屬三類礦藏110餘種，但受地質構造影響，多數礦床分布不均、儲量不豐，有實際開採價值的僅20多種，且部分礦產還出現萎縮、枯竭之勢，根本無法滿足現代工業發展的需要。

在能源礦方面，至1999年底，全台已探明的煤炭可採量僅1.03億噸，煤田多集中在北部，並以煙煤為主，只有少量焦煤。而同期探明的油氣儲量分別為3.31億升和107.1億立方米，主要分布在中央山脈以西的丘陵地帶、西部沿海平原和台灣海峽東側海域。此外，大屯火山群周邊與東台灣宜蘭一線還蘊藏著較為豐富、可資利用的溫泉地熱。若從趨勢分析，隨著台灣能耗結構的調整與開採條件的變化，油氣正逐步取代煤炭成為影響其經濟發展的重要因素，台灣面臨的能源瓶頸將進一步凸顯。

就金屬礦而言，台灣最為著名的是金礦，至1999年底，探明儲量約580萬噸，

台北瑞芳九份和金瓜石的產金量在歷史上還曾居全國之首；但受先天條件限制，其他金屬礦儲量偏少，工業生產必需的諸如銅（1999年底探明儲量為470萬噸）、鐵（1999年底探明儲量僅200餘萬噸）等礦產品大量依賴進口。

在三類礦藏中，台灣唯非金屬礦較富集，不僅種類多、儲量豐，而且分布廣、採量大。如1999年，全台大理石探明儲量達2997億噸，產量近1780萬噸，且多採自宜蘭、花蓮和台東3縣；排在第二位的砂石蘊藏也超過370億噸，宜蘭至台東各河川溪口沖積扇集中了其中的80%以上，每年除台灣消耗1億噸外，還大量出口外銷；而台島北部大屯火山群一帶優質天然硫磺礦則以已知儲量177多萬噸位居全國前列；此外，嘉義至台南沿海地區還以曬製海鹽聞名，花蓮出產的「台灣玉」也久負盛名、享譽海內外。

5.旅遊資源

台灣山清水秀，人文薈萃，旅遊資源多姿多彩。有森林峽谷（如太魯閣峽谷等），有湖潭瀑布（如日月潭、石門水庫等），有雪山溫泉（如「水火同源」的關子嶺溫泉等），有海濱離島（如墾丁沙灘、澎湖漁火等），有名木佳卉（如阿里山的「眠月神木」等），有珍禽異獸（如藍鵬、帝雉等），有文化遺址（如台北故宮、圓山文化層等），有古堡民居（如億載金城、安平古堡等），有寺廟觀堂（如雲林北港朝天宮、台南孔廟等），有先賢祠陵（如顏思齊墓園、吳鳳故居等），有城鄉風情（如媽祖崇拜、原住民祭祀等），有特色美食（如台北士林夜市、高雄六合夜市等）……自然景觀與人文景觀可謂交相輝映。

尤其是1980年代中後期以來，台灣為促進第三產業發展，在確定18處重點保護的一級古跡的同時，還專門對眾多風景名勝與遊樂場所進行規劃建設，並如前述，基於保護環境，恢復生態，又相繼建成了多個公家公園、野生動植物保護區及自然保留區，豐富了台灣觀光產品，也有力地推動了2008年後開放大陸居民「赴台遊」與「自由行」，進一步擴大了兩岸民間交流和融合。

小結：從上述台灣的自然地理基本資訊看，一方面，由眾多島嶼組成的台灣

具有相對便利的農業生產條件——肥沃的土壤、暖溼的氣候、眾多的物種……但在直觀上，其既沒有廣闊的經濟腹地，也缺乏工業發展所必需的富饒的礦藏與能源，實現現代化的物質基礎並不充分。另一方面，台澎諸島又恰好處於大陸、東南亞國家與朝韓日俄之間，周邊海域是遠東各國聯繫交往的重要通道，擁有從事國際溝通與商業貿易的天然優勢。換言之，近代以降，台灣經濟成長與社會進步在很大程度上取決於其能否成功地「揚長避短」，能否切實地發揮自身特殊地理位置所蘊涵的難以替代的積極作用。

二、台灣地緣戰略價值

所謂地緣政治，簡單地說，就是從地理環境的歷時性和共時性的空間角度出發，探討不同地理單元之間經濟與政治權力的互動以及各自戰略策略的安排。由於台灣既是中國東南疆域的有機組成部分，又是太平洋西緣島鏈不可或缺的重要環節，在地理從屬上具有雙重性，因此，其難免成為海洋時代降臨後中外各種勢力布局博弈的聚焦和交鋒衝突的前列。就地緣價值而言，台灣不僅對大陸的安全與發展至為關鍵，而且對遠東格局的調整與穩定也極其重要。

（一）台灣和中國大陸的安全與發展

誠如廈金民歌所唱：「半屏山，半屏山，一半在大陸，一半在台灣……」，民間也曾有傳言，「沉東京，浮福建」，意即在東京（今北部灣）附近發生地陷時，福建局部漂移到東海上，台灣是自福建拆離、懸浮在海面的部分。這一切都生動、形象地揭示了台灣本島與大陸之間具有極其密切的地理關聯。

1.台灣與大陸的地緣關係

關於兩岸間的地理聯繫，早在南宋時期，登臨福州鼓山的理學大師朱熹即觀察到「五虎山入海，首皆東向」，並大膽地推斷台澎諸島係閩中山嶽「氣脈渡海」後「展根」而成，且留下了「五百年後海外當有百萬人之郡」的預言。令人匪夷所思

的是，當代科學發展和如今社會現實卻相繼給予此推測與想像以確定的答案。

　　從地質學角度分析，台灣島形成於地質年代的第三紀末，是喜馬拉雅造山運動導致地殼沉潛隆起的結果與產物。進入第四紀後，因世界範圍的氣候變化導致大規模的海退及海侵交互出現，台澎諸島與閩粵沿海曾數度相連又多次分離。直到距今14400年至5400年間，由於更新世晚期全球氣候再次轉暖，東海海平面大幅回升，海水才逐漸橫亙在大陸與寶島台灣之間。迄今台灣本島與東南各省依然大體一致的地形地貌和基本相同的岩層構造，以及其瀕臨太平洋一側的海岸狀況，都相當直觀地表明：台灣與大陸原本山川相連，道路相通；台灣並非太平洋中的孤島，而是亞洲大陸的邊緣高地。而現代遙感觀測也證實，在台灣海峽確實有一條東西走向的海底隆起地帶，從福建南端的東山島一直延伸至澎湖列島並與台灣本島西南連接，學術界稱之為「東山路橋」。

　　海峽兩岸緊密的地緣聯繫還可以從考古發掘中得到驗證。像從事田野考古的台灣學者已在台灣多次發現諸如古菱齒象、德氏水牛、中國犀、劍虎、四不像、麋鹿等來自古代大陸的大型脊椎動物的骨骼化石。不僅史前生物如此，經對比考證，台灣迄今為止已知的最早人類——「左鎮人」，在體質、形態等方面也與福建出土的「東山人」、「清流人」等基本相同，都繼承了中國直立人的一些特性，均屬於舊石器時代華南地區的晚期智人，存在著共同起源，還與眾所周知的「山頂洞人」具有親緣性。而打撈自閩台海域、後被考古界稱為「海峽人」的古人類化石，則更進一步確證了早期人類曾生產、生活在「海峽谷地」，其活動足跡已從大陸沿海踏及台澎諸島。

　　上述地質勘探與考古研究的大量證據表明，台灣的土地連著大陸內地，海峽兩岸地緣一體無疑是以古作憑、有古為證、自古而然的客觀事實。

　　2.台灣對大陸的戰略意義

　　台灣雖地處大陸東南海域邊陲，但對中國內地的安全與發展卻至關重要。清初，福建總督姚啟聖通過參與指揮平台戰役，即敏銳地意識到漠視台灣戰略地位的

危害性，並在上呈康熙皇帝的奏本中精闢地分析道：「姑為一時暫安之策，棄金廈而不守，置台灣而不問，以至耿逆變亂，鄭逆鼓棹相應，占奪惠、潮、漳、泉、興、汀七府，燎原之勢，幾不可制」，倘不剿滅台澎割據勢力，則「五省之界不能還，六省之海不能開，沿海長鯨，後患無底」；而「今幸克取台灣矣，若棄而不守，勢必仍做賊巢，曠日持久之後，萬一蔓延再如鄭賊者，不又大費天心乎？」「況台灣廣土眾民，戶口十數萬，歲出糧錢似乎足資一鎮一縣之用，亦不必多費國帑。此天之所以為皇上廣輿圖而大一統也，似未可輕言棄置也」；主張循明季巡防颱澎之例，「今亦應踵而行之，成唇齒輔車之勢」。後親歷實地考察的福建水師提督施琅在《恭陳台灣棄留疏》中更明確指出：「台灣地方北連吳會，南接粵嶠，延袤數千里，山川峻峭，港道迂迴，乃江、浙、閩、粵四省之左護」，且其「野沃土膏，物產利溥」，「一切日用之需，無所不有」，「實肥饒之區，險阻之域」；著眼於台灣地理位置牽動東南沿海防務、台島經濟極具開發潛力、不可予歷來垂涎台澎之外人以染指機會等，強調「台灣一地雖屬海外，實關四省之要害，勿謂彼中耕種，尤能少資兵食，固當議留。即為不毛荒壤，必藉內地輓運，亦斷之乎不可棄！」認為應同時兼守台澎，使「沿邊水師，汛防嚴密，各相犄角，聲氣關通，應援易及」，從而達到杜絕邊患，永固海防之目的。

及至清末，伴隨著接踵而至的海疆危機，特別是1874年（同治十三年）日本出兵入侵瑯嶠（今恆春），挑起台灣內山主權爭議，朝野上下在震驚之餘，更深刻意識到台澎諸島對大陸沿海安全的重要性。像時任兩江總督李宗羲指出，「台灣一島，形勢雄勝，與福州、廈門相為犄角，東南俯瞰噶羅巴、呂宋，西南遙制越南、暹羅、緬甸、新加坡，北遏日本之路，東阻泰西之往來，宜為中國第一門戶，此倭人所以垂涎也」；福建船政大臣沈葆楨也認為，「年來洋務日密，偏重在於東南，台灣海外孤懸，七省以為門戶，其關係非輕」；江蘇巡撫丁日昌則強調，「唯台灣有備，沿海可以無憂；台灣不安，則全域殆為震動」。從解禁招墾、開山撫番，到添設府縣、廣推政教，及整頓營務、充實軍備等，晚清政府開始重視並逐步強化了以禦外為主的台防措施。特別是中法戰爭前後，為進一步鞏固東南海防，當時的洋務大員紛紛倡議對台澎實施更積極的經略。如直隸總督兼北洋通商大臣李鴻章就多次密奏：台灣「內則屏蔽閩、粵、江、浙諸省，外則控扼日本、琉球、呂宋諸島」，「東洋有事，台灣實當要衝」，「故論中國海防者，當以台灣為第一重門

戶」；台灣第一任巡撫劉銘傳也反覆上疏：「台灣為東南七省門戶，各國無不垂涎，一有釁端，輒欲攘為根據。今大局雖云粗定，而前車可鑑，後患方殷，一切設防、練兵、撫番、清賦諸大端，均須次第籌辦」，力陳建設台灣的必要性；兩江總督兼南洋通商大臣左宗棠則從轄治疆域、經濟財政、開發潛力、戰略地位等角度進行深入分析，突出強調「台灣雖係島嶼，綿亙亦一千餘里，舊制設官之地，只海濱三分之一」，但其「每年物產關稅，較之廣西、貴州等省，有盈無絀。倘撫番之政果能切實推行，自然之利不為因循廢棄，居然海外一大都會也。且以形勢言，孤注大洋，為七省門戶，關係全域，甚非淺鮮」，極力主張「將福建巡撫改為台灣巡撫，所以台澎一切應辦事宜，概歸該撫一手經理。庶事有專責，於台防善後有大裨益」。1885年10月，清廷最終議定，「台灣為南洋門戶，關係緊要，自應因時變通，以資控制。著將福建巡撫改為台灣巡撫，常川駐紮。福建巡撫事，即著閩浙總督兼管」，正式設立台灣行省。由此，台灣作為中國「東南鎖鑰」、「七省藩籬」的海上戰略要衝地位進一步突顯。

總體上看，自近代以來，整個中國版圖大致呈現為相互關聯的三個地理單元：一是大陸東部地區，即以人口地理線（黑龍江黑河至雲南騰衝的連接線）為界，其以東、以南的陸地領土。該地區歷來都是中國政治、經濟、文化等核心利益的分布區域，目前仍集中了約八成左右的全國人口和絕大多數的現代產業。二是大陸西部地區，即黑河──騰衝線以西、以北的陸地領土。該地區作為國家安全的戰略縱深與天然屏障，不僅擁有60%以上的國土面積，還有相當豐富的自然資源，但經濟社會發展卻長期滯後。三是主權海區，即大陸海岸以東、以南的主權島嶼和相關海域。該地區呈半弧狀環護大陸東面與南面，除個別島嶼外，至今絕大部分區域尚未得到有效開發和合理利用。而在上述戰略腹地及兩緣側翼的周邊，伴隨著晚清遠東國際格局的解構，周邊鄰邦紛紛獨立且日漸強大，原先賴以緩衝的朝貢藩屬及利益邊疆業已完全消失。

從地緣形勢分析，一方面，充當兩翼的大陸西部地區與主權海區開發與發展相對遲緩，不僅力量單薄，而且還衍生了諸多問題，尤其是東面和南面海區，不但無法為核心利益區提供強有力的支撐與拱衛，反倒相應地分散和耗損了大陸東部地區的大量實力。另一方面，在核心利益區形成的歷史進程中，自黃河、長江中游逐步

向四周擴散，其內在張力已趨於極限——溫帶種植農業止步於浩淼的海洋、寒冷的凍土、險峻的高原和炎熱的叢林；儘管擁有了廣闊地域，也塑造了充足的迴旋空間，但在現代戰爭條件下，其安全防範卻面臨著極大困難，基本上已無險可守；特別是從東北經東部與南部海岸至西南的邊緣暴露，局部地段甚至與外國直接接壤，極易導致「門戶敞開」，一旦有效防禦失利，就將深陷全域被動。當年日本侵華即先取台澎、東北，而後從華北、華東長驅直入，最後攻陷華南，打通大陸架，佔領大半個中國；冷戰期間，美國對華遏制也著眼於搶佔東亞大陸南北兩個犄角——印度支那與朝鮮半島，嚴密封鎖中國東部、南部海域，並在台澎金馬與台灣海峽實施滲透、突破，從三個方向壓迫中國核心利益區。

可見，著眼於戰略布局，中國所面臨的安全和發展的客觀環境並不樂觀。而無論是立足防禦，還是採取攻勢，台灣無疑都是紓解上述被動的重要支點。因為，台灣雖西隔海峽與大陸相望，但其地理方位適中，恰好處於中國東部與南部海域中間，即傳統意義的南北洋分界處，離中國海陸南北界點——北崙河口和鴨綠江口均在1000千米以內，距中國經濟最繁榮地帶——長江三角洲和珠江三角洲都不足500千米，且與舟山群島、東沙群島、海南島等呈弧狀拱衛著中國東南主權海疆，並和海南島、太平島相呼應，扼控著南中國海廣闊海域及周鄰重要的海峽航道。若在台灣部署一支作戰半徑為500千米的現代化部隊，借助與舟山、海南的相互支持，就足以控制台灣海峽，屏障沿海經濟發展，促進主權海區開發，進而增強國家整體實力。倘將攻擊範圍達1000千米的海空力量投放到台灣，其活動區域將涵蓋整個大陸東部地區與西太平洋廣大洋面，不僅有助於改善戰略腹地的防禦脆弱，實現近海保衛，而且能向深海遠洋有效延伸國家利益。可見，「中華民族應以台灣為據點向海呼吸。為國家百年大計，必如此」，「台灣是中國一隻看海的眼睛，未來我們的國防，尤其對外貿易，台灣很重要。」

不僅如此，解決台灣問題，完成兩岸統一，還將從根本上扭轉當前中國的地緣劣勢，實現戰略全域的縱深突破和優化重組。一是台灣回歸大陸意味著「台獨」陰謀徹底破產，中國領土與主權的完整性得到切實維護，這將有效地震懾和遏阻境內外分裂勢力顛覆、肢解中華之任何企圖。二是台灣回歸大陸不僅使美國等國際行為主體喪失制約、要脅中國的重要籌碼，喪失「以台制華」等戰略與策略的著力點；

而且還將成功地衝破美國為首的西方聯盟長期經營的對華「島鏈封鎖」，實現向太平洋深處的突圍與發展，增強了國家持續前進的後勁。三是台灣回歸大陸也向國際社會表明，中國已擁有足以平衡中美關係的強大實力，這將有利於提高中國的國際地位和聲望，進一步擺脫蘇東劇變所造成的意識形態孤立，進而贏得對外交往的主動。

概而言之，作為中國海防前列和戰略重地，台灣在中國國家安全與發展中具有「牽一髮而動全身」的效應。「台灣既是大陸海岸線的屏障，也是進入大洋深處的踏腳石，台灣對於中國地緣安全的重要意義怎樣評價也不過分」。

（二）台灣與遠東國際形勢變遷

如前述，台灣既是中國大陸架的邊緣海島，與內地各省，特別是東南沿海往來便捷，聯繫緊密；又恰好位於太平洋西側日本琉球與菲律賓呂宋的交會處，其北至千島群島與南到印尼約略等地，扼控著溝通東北亞與東南亞的航道咽喉；加上自身還擁有眾多優良的深水港口，因此，自16世紀中葉以來，伴隨著海洋時代的降臨，作為連接中國大陸與朝韓日俄及南洋各國的海上交通樞紐和貿易中轉站，台灣就一直處於遠東國際鬥爭的焦點上。

1.殖民東方的商貿據點

最遲至元代，中國人對台灣在中外航運交通與商業貿易中的重要地位就有比較清醒的認識，如汪大淵在《島夷志略》中即確切記載：「海外諸國蓋由此始」。而16世紀中葉後，台澎諸島之所以成為各方勢力競相爭奪的目標，無疑與當時大陸朱明王朝的長期國策息息相關。1368年，朱元璋建立大明帝國，基於防範北方蒙元殘餘勢力再度南侵，以及應對東南地區日益猖獗的海寇騷擾，大幅調整了宋元時期所奉行的積極拓展海外商貿的開放態勢，轉而採取閉關鎖國、重農抑商等消極政策，以維護政權安全，鞏固專制統治。但從總體上看，明政府厲行全面海禁，壟斷朝貢貿易，不僅嚴重損害了沿海百姓的切身利益，致閩粵等省走私販私、逃役偷渡不斷滋長；而且還人為阻滯了正常的民間互市和國際通商，使武裝盜搶和海上劫掠越演

越烈。而也正是在這種大背景下，既擁有地利之便又長期游離於明官方視野的台灣才逐步成為各種矛盾衝突的演繹空間。據明代相關史料記載，當時在該區域出沒的既有為數眾多逃避苛捐雜稅或其他原因、迫於生計的內地農夫、漁民、商販等，也有不少以之為巢穴、頻繁進行武裝走私和搶掠沿海地區及過往商船的海盜、倭寇，還有數量有限的為打擊或追剿海盜、倭寇而奉命行使軍事與行政管轄的明朝軍隊與官吏，以及後來紛至遝來的大批西方殖民者。

值得注意的是：就在朱明王朝悄然「轉身」，中西海上貿易受阻、停滯之際，在西亞快速興起的鄂圖曼土耳其於1453年攻陷了君士坦丁堡（今土耳其伊斯坦堡），擊滅了拜占庭帝國，壟斷了東西方陸路交通，西歐各國在強烈衝擊下被迫將商業網路從地中海地區轉向大西洋沿岸，並由此邁入了從封建社會向資本主義過渡的急劇陣痛。而伴隨著資本主義生產關係的逐步確立，為尋求新市場，攫取更多財富，歐洲列強紛紛踏上了海外拓殖的道路。1488年，迪亞士繞過好望角，由大西洋跨進印度洋；1498年，達伽馬抵達南亞次大陸；1492年，哥倫布橫渡大西洋，發現了美洲；1519年至1522年，麥哲倫完成了首次環球航行，溝通了太平洋與大西洋。借助上述新航線的開闢，西歐國家相繼闖入了遠東，作為侵略中國的前哨和遙控南洋的樞紐——台灣，難免成為其爭奪的對象與角逐的場所。

繼明正德八年（1513年）葡萄牙人侵入廣東沿海，1553年（嘉靖三十二年）竊據澳門，介入大陸沿海貿易後，接踵而來的西班牙人奪取了馬尼拉，並於1626年（天啟六年）強佔了北台灣的雞籠（今基隆）和淡水，力圖控制對華商貿權益。令人遺憾的是：儘管義大利人利瑪竇於1583年（萬曆十一年）已為中國帶來了火槍、日晷等西方科技創新成果，但並未引起習慣於把玩瓷器玉石、講究綱常倫理的儒家士大夫高度關注，中西差距由此漸次拉開。而伴隨著葡西勢力逐步衰微與英法深陷國內危機，有「海上馬車夫」之稱的荷蘭人也趁機染指東方。1602年（萬曆三十年），專門從事殖民侵略的荷屬東印度公司剛成立，即遣韋麻郎船隊騷擾澳門、登陸澎湖（1603—1604年），並派馬提利夫船隊進犯南澳、要求互市（1607年）。由於明官方的強力抵制，設在日本平戶的荷蘭商館於1613年（萬曆四十一年）暗中建議征占台灣作為中日貿易中繼。1620年前後，荷蘭巴達維亞（今印尼雅加達）總督府再次預謀從爪哇派兵攻略台澎。1624年（天啟四年），遭遇明朝福建當局軍事

干預的雷約茲艦隊自澎湖敗退，被迫轉往台灣大員（今台南安平），旋即就地修城築堡，建立殖民機構。1642年（崇禎十五年），荷蘭人又以武力迫使西班牙人放棄台島北部，壟斷對台殖民統治與沿海商貿利潤，從而使台灣成為其亞洲商業殖民網中舉足輕重的據點。

必須強調指出的是，17世紀早中期中國國內形勢的變化，對台灣部分淪為西方殖民地具有極大影響。雖然，早在1499年（正統十四年）土木堡事變後，明中央即有意識地強化北部邊防，並逐步改善與蒙古各部的關係，甚至還實現了與韃靼之間的互市通商；但是，在總體上，帝國內部的民族壓迫與階級矛盾仍日趨尖銳。伴隨著努爾哈赤創設八旗，統一建州，1616年（萬曆四十四年）建立後金汗國，並在1619年（萬曆四十七年）薩爾滸戰役中重創明軍主力，1636年（崇禎九年）皇太極又於盛京（今遼寧瀋陽）稱帝，東北形勢一直牽引著明政府的「中樞神經」。而與明清在遼東一線形成膠著對峙幾乎同時，1628年（崇禎元年），因苛捐雜稅與自然災害，陝北又爆發了大規模民變，並迅速襲捲大半個中國，明政府頓時陷入了腹背受敵、內外交困的境地。1643年（崇禎十六年），李自成創建大順政權，翌年攻破北京，朱明王朝滅亡。換言之，進入17世紀後，窮於應付關外滿清威脅和境內農民起義的大明帝國已處於風雨飄搖之中，根本就無暇顧及台灣局勢的發展。

從史書文獻記載看，1617年（萬曆四十五年），明軍還曾渡海入台追擊倭寇。但至1621年（天啟元年），顏思齊因密謀推翻幕府事敗逃離日本，率眾自笨港（今雲林北港）登陸，嘯聚台島中南部，明官方就已無可奈何，無力處置了。而對1624年荷蘭人佔據安平一帶與1626年西班牙侵入台灣北部，明政府也只好「睜一眼，閉一眼」，放任自流。後鄭芝龍迅速崛起，1628年接受招撫，1636年（崇禎九年）基本肅清東南沿海倭患，剿滅流竄各處海寇，進而掌控進出海峽的主要商路，形成足以與盤踞台灣的荷蘭殖民者分庭抗禮的強大實力，明當局根本無法加以有效節制，更談不上駕馭兩岸情勢、左右台澎動態了。及至1644年（順治元年）清軍入關，1646年（順治三年）分兵閩粵，朱明政權土崩瓦解，為保存海上貿易既得利益，鄭芝龍選擇了降清，而鄭成功卻在金廈舉兵。大陸王朝更迭動盪與各政治勢力相互廝殺直到1659年（順治十六年）鄭成功北伐失敗、各地反清力量被大部消滅後才漸趨平息。而隨著內地秩序的逐步恢復，清朝統治的不斷穩固，統一局面也日益明朗，

為了捍衛明朝正朔，鄭成功始決意規劃台澎、經略閩海，1661年（順治十八年）毅然率軍東征，次年擊潰荷人，結束其在台38年的殖民統治。當然，此時歐洲列強爭霸與各國實力消長，尤其是1652—1673年荷蘭又陷入與英國的持續戰爭，根本無力東顧，也是其最終放棄殖民、自台退卻的重要誘因。

2.列強侵華的前列跳板

1683年，清廷平定台灣，完成統一，中國社會迅速迎來又一個近百年的盛世大發展。憑藉著並不遜色於資本主義列強的封建國家綜合實力，大清帝國在廣闊的亞洲大陸東部地區重建並主導了以藩屬朝貢為核心的國際體系。但遺憾的是，康雍乾時期統治集團並未對台灣進行有意識的開發和大規模的建設，長期的消極治理使台灣總體發展水準依然遠遠落後於大陸內地。而隨著19世紀開始的新一輪西勢東漸，以及大清王朝的逐步沒落，東洋日本的日益強盛，遠東秩序的漸次解構，命運多舛的台灣就難免再度被推到歷史的前台。

從17世紀末到19世紀中葉，西方各國實力對比發生了深刻的變化，葡萄牙、西班牙和尼德蘭革命所造就的荷蘭相繼衰微，取而代之的是：代表新興資產階級利益的英國與法國的不斷擴張，以及美國、德國、義大利、俄羅斯、日本等陸續崛起。其中，英國無疑又是這一大變革時代脫穎而出的佼佼者。1588年，英國海軍擊敗了不可一世的西班牙「無敵艦隊」；1640—1689年，英國完成了資產階級革命，通過了《權利法案》，確立了君主立憲的資產階級專政；1652—1673年，通過三次對荷戰爭，英國終於成為名符其實的「海上霸主」；1756—1763年，英國又戰勝法國，贏得七年戰爭，並在此期間率先拉開了工業革命的序幕，成功地構築了龐大的「日不落」殖民帝國。儘管其在北美的13個殖民地宣布脫離轄治，並在法、荷支持下贏得了1775—1783年的獨立戰爭，建立了美利堅合眾國，但這並不妨礙英國長期扮演世界最發達資本主義國家的角色。

唯英國殖民勢力抵達遠東時，遠不如葡萄牙人、西班牙人和荷蘭人「走運」，閉關自守的大清帝國仍然貌似強大、不容侵犯地雄踞其間。1793年（乾隆五十八年），抵達北京的馬加爾尼使團並未如願以償地建立與中國的正常商業關係；直到

大陸對臺灣問題析論

19世紀中晚期，幾經周折的英國人方從可恥的大宗鴉片買賣中謀得對華貿易的巨額暴利；也正因為如此，虎門銷煙後，1840年（道光二十年），英國才悍然派兵侵入中國沿海。而耐人尋味的是：其一，戰爭存續期間，英軍居然先後五次竄犯並非主戰場但鴉片走私曾極為猖獗的台灣，儘管「不得一利」，反被台澎軍民「兩擊走，一潛遁，兩破其舟，擒其眾而斬之」。其二，在終止戰爭的《南京條約》中，英方逼迫清廷開放「五口通商」，其中，福州、廈門歷來就與台澎地區聯繫緊密。也就是說，當時英國殖民當局似乎已經隱約地意識到台灣在整個對華戰略布局中的特殊性與重要性。

鴉片戰爭後，以英國為首的西方列強通過一系列不平等條約，打開了中國門戶，並攫取了協議關稅、領事裁判、片面最惠國待遇等在華特權。特別是借助東南沿海的通商口岸，西洋各國艦船罔顧清政府的一再警示，頻繁進出台澎水域，導致中外商教衝突不斷，並最終迫使清政府將淡水、雞籠、安平、打狗（今高雄）等地相繼開埠。由於列強不僅向台灣大量傾銷鴉片，而且大肆掠奪糖、茶、樟腦等，使得台灣經濟社會發展嚴重受阻，並逐步半封建半殖民地化。至1883年（光緒九年），法國恣意挑起中法戰爭，次年，又悍然將戰火擴大到中國東南——突襲馬江，佔領澎湖，封鎖台海，炮轟基隆，登陸淡水，從而引發中國海防全線危機，台灣已儼然成了列強脅迫滿清朝廷屈服的銳利武器，成了列強侵略大陸內地的前列「跳板」。

作為中國近鄰，日本覬覦台灣可追溯至明萬曆年間（1573—1620年）。先是侵入朝鮮的豐臣秀吉遣原田喜左衛門、欽門墩等赴台招諭催貢（1593年），後有德川幕府兩次武裝進犯台灣（即1609年有馬晴信侵台與1615—1616年村山等安侵台），但均招致明朝官軍與當地居民的聯手抵制。而即使在「鎖國時代」，日本朝野也從未放棄過侵略擴張、吞併台灣的「雄心」。如吉田松陰在1854年指出，「若要國家保持強盛，不應僅僅滿足於不失去已經得到的，而應當進一步獲取目前還未到手的。現如今必須加緊進行軍備，一旦軍艦、大炮得到充實，便可開拓蝦夷、封立諸侯，乘隙奪取堪察加半島，搶佔鄂霍次克海，曉諭琉球……警示朝鮮……北則割據中國的東北，南則掠取台灣及菲律賓群島，顯示漸次進取之勢」；後在近代大陸政策確立時，山縣有朋又加以進一步闡揚，「蓋國家獨立自衛之道有二：一曰守

衛主權線，不容他人侵害；二曰保護利益線，以不失自己之形勝。何為主權線？國疆是也。何為利益線？同我主權之安危有密切關係之區域是也……要維護一國的獨立，僅僅守衛主權線是不夠的，非保護利益線不可」。對日本來說，台灣與琉球、朝鮮相對於堪察加、鄂霍次克和菲律賓，距其本土較近，不僅是其「利益線」的重要環節，也是其登臨大陸、征服中國、稱霸亞洲的前哨陣地。因此，1868年明治維新後，奉行「脫亞入歐」基本方針的日本在全面學習西方的同時，開始積極對外「開疆拓土」，如前述1874年蓄意挑起台灣內山主權之爭，1876年強迫朝鮮訂立不平等的《日朝修好條規》，1879年乾脆廢藩改縣，武力吞併琉球。進入1890年代後，日本更悍然將台灣列為其海外侵略的首要目標。像《日清戰史草稿》就披露：「假如中國在今後的大決戰中獲勝，清求和時，為了維持東洋和平之戰略需要，應要求清廷割讓若干地區……澎湖地區水深灣廣，是一個風和浪少的良港。它扼守台灣海峽，佔據黃海、支那海的關隘，與我對馬同為東亞最重要之要衝。因此，假如將其與旅順、威海衛一併歸我佔有，以此來扼制清國之首尾，不僅會大大削弱其抵抗力，對將來中國掌握東亞霸權，控制太平洋的制海權也是極其必要的」。1895年（光緒二十一年），日本借《馬關條約》，正式對台澎實施殖民佔領。而在1931—1945年的侵華戰爭中，台澎更逐步成為日本軍國主義實施封鎖大陸、滅亡中國，挺進南洋、奴役亞洲的重要平台。

3.遏制中國的冷戰棋子

1945年8月，抗戰勝利，台灣光復並回歸大陸。但在隨即爆發的國共內戰中，國民黨政權迅速崩潰，蔣介石集團倉皇退踞台灣，且妄圖東山再起，伺機反攻大陸。而此時正值東西方冷戰對峙持續升溫，為全面遏制蘇聯及共產主義影響，確保「自由世界」安全，美國大幅調整了其全球戰略部署——在亞洲，重新糾合反共勢力，協同圍堵紅色中國，難免成為其政策的中軸。但最終促使美決策當局再度選擇與蔣合流，粗暴介入中國內政，卻並非完全基於意識形態的考慮，關鍵還在於台灣固有的特殊地緣價值。作為海上交通中樞，台灣既是大陸中國進入太平洋的最直接門戶，又扼住遠東資金技術南下與礦產資源北進的必經之路；控制一個與中國內地事實分離的台灣，可西堵中華，北遏日韓，南懾東盟，不僅攸關亞太的整體穩定，而且符合美國的長遠利益。

從目前已經解密的相關資料分析，最遲至1949年初，美國官方即對台灣的戰略重要性達成相當一致的認識。如美國家安全委員會（National Secu-rity Council，簡稱NSC）編號為NSC37的檔就冠以「福爾摩沙的戰略重要性」的標題，並明確指出，如果任由「中共佔領台灣」，其一，戰時美國將無法掌控台島海空設施與中國大陸東南各省鐵路樞紐，並將丟失利用該島作為「前進基地」以集聚兵力實施空中打擊或封鎖毗鄰海域的「戰略便利」；其二，失去台灣所提供的糧食、人力等資源支撐，日本工業重建與經濟復甦必將延緩，日本非但不可能變成美國在亞洲的「戰略資本」，反倒可能成為美國的「戰時包袱」；其三，憑藉與中共的密切關係，蘇聯將輕而易舉地控制從日本到馬來西亞之間的海上通道，並將危及沖繩、菲律賓乃至美國西海岸安全。反覆強調，環亞洲大陸沿海各島是美國在西太平洋的戰略依託，而台灣的「得失」則直接關係到未來美國在亞太的總體布局。

伴隨著中國內戰「塵埃落定」、中蘇結盟及新中國快速崛起，美國對華戒備與對台「歸屬前途」的擔憂也與日俱增。如1950年4月頒布的NSC68號檔就明顯誇大了「來自北京的威脅」；而時任駐日美軍總司令的麥克阿瑟也宣稱：「一旦台灣受控於敵方，美的『防禦圈』將不保」，「在美蘇發生戰爭的情況下，福爾摩沙對共產黨人來說，不亞於一艘永不沉沒的航空母艦或一座海軍潛艇補給基地；其戰略位置是如此理想，不僅能直接支持蘇聯的戰略行動，還能阻礙我於遠東前線中及南段發動的任何攻擊實施」，認為，「在經濟上，台灣擁有800萬人口，糧食每年盈餘60萬噸，這對日本經濟重建有重要意義。而在政治上，台灣對維護西方意識形態的重要性，不次於任何東方地區」，而「台灣的最終命運，主要依賴於美國。美國如不想放棄在遠東的政治和軍事戰略陣地，就應立即以台灣劃線，阻止共產主義擴張，採取措施防止『中共奪占』台灣」。

由於朝鮮戰爭爆發、美國第七艦隊侵入台灣海峽，以及中國人民志願軍隨即入朝參戰並重創美軍，導致全面遏制新中國迅速地上升為美國亞洲政策的核心，台灣的戰略重要性進一步突顯。杜魯門「6・27聲明」的發表，標誌著美國對華政策已決定性地轉上敵視軌道。1951年初，圍繞著重新支持蔣介石政權而編制的NSC101系列檔再次強調，應採取經援與軍援雙軌並舉的措施，幫助中國國民黨鞏固在台統治，進而長期阻止中國共產黨「奪取」台灣；同年5月，NSC又通過了對新中國實施

冷戰遏制的NSC48/5號檔，使極端排斥中國大陸成為此後二十餘年美對華政策凝固不變的「基本特點」；9月，美國還與其他西方國家一道，繞過海峽兩岸中國人，以締結片面的「舊金山對日和約」，刻意模糊台灣法律定位，企圖從國際法層面阻撓人民解放軍解放台灣。

至1953年艾森豪拋出所謂「放蔣出籠」的對華新策略，美國遏制中國的總體戰略構想已臻成熟。在重新評估中國政治、經濟和軍事實力及發展前景的基礎上形成的NSC166/1與NSC146/2號檔，較系統全面地描述了冷戰時期美國的對華政策。概括地説，主要有兩個方面，即：一要努力協同其他西方國家，積極扶植東亞日、韓、台灣以及印度支那和東南亞的反共勢力，在中國周邊地區構築起嚴密的對華政治、經濟和軍事包圍圈；憑藉以韓國——台灣——印度支那為前列、以日本為支柱、以美國為後盾的外層遏制，通過政治孤立、經濟封鎖、軍事進逼，極力阻撓中國發展，伺機破壞中蘇友好，進而最終摧毀新中國。二要充分利用中國內部政治紛爭，離間並推動一部分中國人反對另一部分中國人，實現以華制華；應把台灣納入美國「遠東防禦陣地」，儘快將其建設成「亞洲自由世界光彩奪目的櫥窗」，使之成為能與大陸展開全方位對峙較量的強固堡壘，成為能引領諸如西藏、新疆等中國境內其他地區反共分離勢力（內層遏制）的骨幹力量。

由於對華政策成敗關乎美國在遠東的戰略全域，而台灣又恰居美國防範和遏制中國崛起的內外線的交會處，因此，儘管自1972年中美關係實現了正常化，並逐步邁上互利雙贏的發展軌道，但美國決策高層卻始終沒有放棄利用台灣問題制約和要脅中國，即使是中美正式建交的1979年，美國國會依然不顧中方再三反對，通過了所謂的《台灣關係法》，繼續操弄台灣統「獨」走向，甚至不惜製造緊張危機，變相慫恿「台獨」冒進，企圖以「不統不獨，不戰不和」主導海峽局勢發展，實施對華戰略牽制。兩極格局終結後，中美關係之所以一波三折、跌宕起伏，究其根源，也與美國未能徹底擯棄冷戰時期遺留下來的思維定勢，沒能擺脫、跳出「以華制華」的政策框架息息相關。換言之，為維護自身的亞太霸權，在本質上，美國並不樂見中國強大，防範和遏制中國崛起將是其對華戰略長期不變的政策底線，台灣也仍將是可資其利用的對華施壓的重要「棋子」。

小結：由此可見，第一，16世紀以降，台灣之所以成為遠東各種勢力競相爭奪的目標，在很大程度上取決於其獨特的地理方位與特殊的地緣價值。作為聯繫中國大陸、朝韓日俄與南洋各國的交通中樞，台灣不僅便於海盜、倭寇搶掠、藏匿、逃避追剿，也比較適合先期抵達東方的殖民者進行沿海商貿中轉，而且還有利於資本主義列強崛起後對更廣闊市場的尋求，其中當然包含了對中國大陸的侵略與遙制。第二，台灣地居遠東樞紐，攸關亞太各國命脈，更與中華國運休戚相關。凡中國內部和諧，國力強盛，台灣必然穩定；反之，若大陸動亂或政權軟弱，勢必遷延台灣，導致危機迴圈加劇，甚至引發外敵入侵、強權干預。「台灣被外國侵佔有兩個原因，一個是當時中國政府腐敗無能；一個是近代資本主義殖民勢力來自海上，台灣首當其衝。」歷史的經驗教訓值得汲取！誠如鄧小平所言：「中國最終要統一。能否真正順利地實現大陸和台灣的統一，一要看香港實行『一國兩制』的結果，二要看我們經濟能不能真正發展。中國解決所有問題的關鍵是要靠自己的發展」。

第二章　台灣族群結構與社會文化

　　台灣不僅和大陸地理相連，兩岸同胞血脈親情更是弄不亂、斬不斷、否定不了的。無論是台灣少數民族，還是先後移入的閩南人、客家人和「外省人」，雖經世代生息繁衍，但與大陸居民仍有著密不可分的血緣聯繫，都是中華民族的有機構成。從文化上看，儘管地域特色濃郁、「西化」格調鮮明，但傳統倫理、儒家韻味依然是今日台灣無法抹去的整個社會底蘊。

一、台灣人口的構成

　　台灣是一個地狹人稠的地區。據統計，截至2000年底，全台人口自然增長率為8.08，人口總數達2221.6萬，主要集中於西部平原都市區，平均人口密度約在每平方公里615人（其中，以台北市人口密度最高，每平方公里近萬人）。雖然，近三十年來，由於出生率與死亡率逐步降低，全台65歲以上人口比重大幅上升（1995年即占到7.6%，1999年更升至8.4%），整個社會已邁入老齡化階段；但在總體上，目前台灣勞動力資源還較充足，15歲以上人口比例1999年仍達75.73%（同期勞動參與率為57.93%），且受教育程度普遍較高（1998年識字率為93.3%，受中等以上教育者占80.15%）。而在台灣居民中，少數民族只有一小部分，漢族卻占了98%以上。

　　（一）台灣少數民族

台灣少數民族係台灣早期土著居民的後代，亦稱台灣世居少數民族，即我們以往習慣上所謂的「高山族」。

據相關文獻記載，早在三國時期，大陸封建王朝就對古代台灣世居先民有所認識。如沈瑩在《臨海水土志》裡就詳細描述了「山夷」（或稱「夷」、「夷洲民」）的生產生活與風俗習性，並明確意識到「此夷各號為王，分劃土地人民，各自別異」，尚處於氏族部落階段，還未形成統一的社會組織與民族形態。自隋唐迄宋元，大陸官民雖大多用台灣當時地名尾碼人，如「流求（或其諧音）人」等，統稱島上早期居民，但也已觀察到其內部的細微差別。像《隋書·流求國傳》在敘及流求人喪葬習俗時專門指出：其南境「風俗少異，人有死者，邑里共食之」；宋朝樓鑰的《汪大猷行狀》、趙汝適的《諸蕃志》等還對流求人與毗舍耶人進行了比較區分。明中葉後，隨著兩岸溝通的日益頻繁，人們對台灣世居人類的瞭解也進一步深入。如周嬰所撰的《東番記》稱台灣中南部土著部落為「東番夷人」，另以「淡水夷」別稱北部土著部落。而此時闖入遠東的西方列強則將島上少數民族統稱作「福爾摩沙人」或「福爾摩沙土著」（Formosa Aborigines）。及至鄭成功復台，除了概稱當地世居百姓為「土番」、「土民」外，還沿用了荷據時代出現的肖壠、麻豆、新港、目加溜灣等社名以示區別。到清代，朝野關於台灣土著居民的認知更為全面。像郁永河於《裨海紀遊》中認為：「番有土番、野番之別」，可分成「東番」、「西番」、「野番」、「傀儡番」等不同類別；黃叔璥則在《台海使槎錄》的《番俗六考》與《番俗雜記》篇中提出：「番社不一，俗尚各殊，比而同之不可也」，應以「熟番」、「化番」、「生番」，按照歸化與否和漢化深淺詳加分別並給予命名（後為官方所採納）。而漢族群眾又常常根據活動處所判斷「番民」歸屬，謂居於平原者為「平埔番」，以「高山番」指稱居於山地者。1895年，日本侵佔台灣，殖民統治當局將台灣土著統稱為「高砂族」或「蕃族」，後通過田野調查又嘗試著加以若干細分。將台灣世居民眾冠以「高山族」或「山胞」稱呼出現於抗戰勝利與台澎光復後，直到1994年台灣進行第三次「修憲」，才正式更名為「原住民」。而1950年代初，新中國開展民族識別、界定民族成分時，由於兩岸尚處隔絕狀態，難以赴台獲取實證材料，只能沿襲「高山族」用以通稱台灣世居少數民族。

事實上，迄今為止，台灣少數民族尚未完成向現代意義的民族過渡與融合，並

不存在能被普遍接受的統一族稱。由於生產力低下，經濟長期落後，社會發展相當緩慢，雖歷經千年，散布台灣各地的世居少數民族卻仍處於鐵器時代或金石並用的部族聚落階段，既沒有創設出自身的文字系統，更沒有形成內在的共通性語言（雖同屬南島語系，但彼此語言又極不相同，跨族群交流主要依賴外來語言媒介，如殖民時代靠日語、光復後靠漢語），甚至連風俗習慣也存在巨大差異。而結合實地考察，按名從主人的原則，民族學者也努力對島上少數民族族群進行確切的分類，但截至目前都未達成一致。歸納專家們的意見，台灣世居少數民族概略包括了「高山九族」與「平埔十族」，即阿美、泰雅、排灣、布農、卑南（漂馬）、魯凱、曹（鄒）、雅美和賽夏等九個仍保有其獨特文化和語言的族群，以及邵、噶瑪蘭（蛤仔難）、凱達格蘭、雷朗（路易朗）、道卡斯、巴宰海（巴則海）、巴布拉、貓霧抹（巴布薩、費佛朗）、洪安雅和西拉雅等十個已失去其固有文化和語言的族群。

從人類學角度分析，台灣少數民族的遠祖大部分直接來自中國大陸，僅少數係由華南經東南亞間接轉進而來。雖然，迄今台灣發現的最早人類——「左鎮人」是否即台灣世居少數民族的祖先尚有待進一步論證；但是，大量的考古發掘已確切表明，新石器時代廣泛分布於長江中下游及其以南地區的百越（百粵）與台灣少數民族存在著緊密關聯，具有大體一致的謀生手段和生產方式。而民俗研究也發現，古越人與現台島少數民族在衣食住行與婚喪禮俗等基本生活習慣方面有著驚人的相似，如都盛行鳥蛇崇拜、斷髮鑿齒、紋身繡面、獵首示功，均採取干欄式建築、崖葬與犬祭等。這也進一步印證和支持了史學家翦伯贊所謂的「台灣的番族，是百越之族的後裔」的論斷。據考證推測，約在距今2000-3000年間，部分古越人為了躲避諸如吳越爭霸、越被楚滅、秦征嶺南及閩中、漢伐閩越與東甌等大規模戰亂，陸續渡海移居台澎，並與先前漂流而至的東夷人，以及後來遷徙入島的馬來人、印尼人、琉球人（均與東夷、百越有一定的血緣關聯）等逐步融合，共同形成了現今的台灣少數民族。可見，海峽兩岸可謂血脈相通，源遠流長。

另據台灣有關人口統計，近百年間，台灣少數民族人數雖不斷增長，但占全台總人口的比例卻逐步下降。1905年，少數民族合計113195人，占台灣總人口的3.62%；1945年，升為167195人，在總人口中所占的比重卻退到2.5%；1979年，增至296718人，也只占台灣總人數的1.7%；1998年，達到39.2萬人，仍僅維持台灣總

人口的1.79%。目前，分布在東海岸的阿美族約15.4萬人，是台灣最大的少數民族族群；其次是泰雅族（分布於台灣中北部山區，人口逾8.4萬）和排灣族（分布於屏東與台東境內，約7萬人）。與此同時，16世紀以降，伴隨著台灣開發進程的逐步深化，台灣世居少數民族傳統生存模式在總體上已面臨近現代文明日益嚴重的侵襲。

（二）台灣漢族居民

現今台灣的漢族人多為不同歷史時期拓殖台灣的大陸漢族移民的後代。從宋元設治管轄澎湖的史實記載與散見台灣各地的出土錢幣和考古文物可知，當時大陸東南的漢族人即已在澎湖諸島定居並從事漁耕，且有少數人因捕撈作業或貿易交換前往甚至登臨台灣本島，但此際早期住民及其文化形態在台灣仍居主導地位。

至明代，官方雖屬行「海禁」並對澎湖實施「墟地遷民」，但零星、自發移居台灣的閩粵沿海漢族人仍日漸增多。按施琅平台時估算，崇禎元年前，「中國之民潛至，生聚於其間者，已不下萬人」，或「二三萬人」。而同期，海盜、倭寇、西方殖民者也頻繁進出、滯留、隱匿於台灣及周邊區域。雖然，當時台灣本島的民族成分與文化形態呈現多元化趨勢，但是，1621年顏思齊率眾入台後，隨著往附的漳泉民眾逐步聚落成村，自給自足的小農經濟、儒家理學之意識形態和封建宗法式社會結構也被帶到台灣，漢族與漢文化的主體性已愈益顯著。1630年（崇禎三年），針對閩南連年大旱與饑荒，鄭芝龍又極力建議並出資襄助福建地方當局招募貧民入台墾殖，該措施不僅使台灣生產力得以跨躍式發展，還形成了中國歷史上第一次有組織、有計劃的大規模對台移民，極大地推動了台灣社會漢化程度的持續深入。另需專門提及的是，荷蘭殖民者占台期間，為提高糧食產出，也曾鼓勵和招徠大量的閩粵等省民眾入台墾荒務農。

1661年，鄭成功率軍東渡，次年即驅荷復台，創建反清復明新基地。而經其祖孫三代共同努力，除了大陸王朝一整套封建統治模式被順利地移植到台地，儒家倫理日益成為台灣文化主流之外；還帶動了沿海與內地大量漢人或迫於日常生計，或基於政治歧見，紛紛投奔並移居台灣，導致台灣再次出現了人口激增趨勢。據測

算,鄭氏政權存續期間,全台人口已陡升至22萬左右,其中,漢族約有12萬人,開始在數量上超過少數民族(合計10萬左右)。

明鄭割據平滅後,由於清廷認定「台灣之患率自內生,少從外來」,應嚴密控制,強化彈壓,才能根除禍亂,並相繼採行了「內遷台民」、「禁止私墾」、「拿辦偷渡」、「嚴限入台」、「禁攜眷屬」等一系列措施,從而使台灣在相當長一段時期裡人口遞減、田地荒蕪、生產凋敝。儘管清初消極治台政策曾一度人為抑制了台灣人口增長,然地狹人稠的閩粵沿海歷來都不乏不堪封建剝削或逃避政治迫害而冒險偷渡台海與遠涉南洋者。在屢禁不止的情況下,清政府也被迫逐步放寬並最終廢除了限制官民徙台的各項律令,甚至還在1790年(乾隆五十五年)正式設立官渡,開放福州五虎門至淡水八里坌、泉州蚶江至彰化鹿港的航線,東南各省由此掀起了新一輪的漢民遷台高潮。正如清初台灣知府周元文1711年(康熙五十年)報告:「自數十年以來,土著之生齒日繁,閩粵之梯航日眾,綜稽簿籍,每歲以十數萬計」;至1763年(乾隆二十八年)清代首次稽核台地人口,總共666040人,若扣除納入戶籍的少數民族人數,漢人當在50萬以上,遠遠超出了少數民族人數的最高靜態估計值(15萬左右),一個典型的漢族移民社會已在台灣形成。另據清廷官方戶口編查檔案顯示,1811年(嘉慶十六年)全台共有241217戶,2003861人;1887年(光緒十三年)劉銘傳推行清賦保甲時,造報人數就已高達320餘萬。其中,前期的人口增長因當時台灣男多女少、性別比例嚴重失調,自然增殖並不顯著,主要還源自漢族移民大量湧入。而閩南粵東成批漢人進台墾荒開發,不但使當地勞力缺乏得以緩解,生產技術得以提高,經濟民生得以改善,也為各族居民的溝通交往提供了便利的物質條件,像較早接觸漢文化的「平埔族」後來就逐漸融入了漢族。

值得注意的是:1895年,清王朝因甲午戰敗被迫將台灣割讓予日本。根據《馬關條約》相關條款,台灣各族民眾尚擁有國籍選擇權及兩年猶豫期;但因珍惜祖先艱辛創業,愛戀故鄉土地田園,又顧及身家性命財產,絕大多數台灣人民面對實際困難並無更多的迴旋餘地,只能心不甘、情不願地成為日本臣民。而由於吞併朝鮮、佔領「滿洲」,基本上消解了本土人口過剩壓力,加上日人安土重遷及難以適應台地氣候,故日本長期都僅在台保持殖民統治所必需的低限員額。按相關資料彙

編披露,在台常住的日人多為殖民地行政官員、各類產業指導者和有關商業人口,1908年共計77925名,1932年增至247569名,1937年升為299280名;後因台灣成為日本南侵基地,大批軍事人員相繼進駐,到1942年,在台常住日人才達384847名,而戰爭結束時,自台遣返的各類日僑也只有47萬。儘管日本未對台實行武裝移民,然其殖民當局卻實施了一系列縝密的社會調查,涉及人口、土地、林野、習慣等諸多領域,並以此為基礎,於1940年前後在台推進所謂的「皇民化運動」,將日語與日本風俗強行注入台灣民間,企圖使台人徹底背棄固有的語言文化與民族歸屬。但因台灣百姓竭力維護傳統習俗,頑強傳承中華認同,日本殖民者的「皇民化」政策並未達到預期效果,至日本投降,儒家教義與倫理思想依然是光復前後台灣民間社會的文化主流,重歸大陸懷抱的近600萬台胞的主體仍保持著鮮明的漢民族特性。有鑑於此,1945年10月25日,中國政府莊嚴宣告:「從今天起,台灣及澎湖列島已正式重入中國版圖,所有一切土地、人民、政事皆已置於中華民國國民政府主權之下」;次年1月12日又專門發布第01297號訓令:「查台灣人民原係中國國民,以受敵人侵略致損失國籍,茲國土重光,其原有中國國籍之人民,自34年10月25日起應即一律恢復中國國籍。」從法律上對廣大台胞的國人身份予以重新確認,從而使散居各地的近10萬台人相繼返鄉,重建家園。

從1946年至1949年,國共內戰在中國大陸爆發,各地民眾(多數還是漢人)紛紛湧向台灣。據統計,全台人口在1946年時僅609萬,到1949年已激增為739萬,1951年更竄升至786萬,前後才五年,即有約180萬人陸續遷入台灣。而在此期間,潰敗的蔣介石政權倉皇退台,顯然對這一有史以來最大規模地對台移民產生了極大的推波助瀾作用。直到1952年底,伴隨著經濟形勢逐步穩定,社會秩序日漸恢復,混亂局面基本結束,台灣機械性人口波動才趨於平緩。但隨即而來的逐年生育高峰卻持續至1960年前後才從高位遞減(人口出生率由40左右降至15上下,自然增長率則從30跌破10)。雖然,國民黨當局自1965年始即提倡「一個不算少,兩個恰恰好」的生育政策(為應對人口老齡化問題,1990年修訂為「兩個恰恰好,三個不嫌多」;由於出生率不足8,為全亞洲最低,2010年,台灣已研擬再次調整政策以鼓勵生育),但是,全台人口1958年就已突破1000萬大關,1989年又翻了一番,達到2010萬。特別是漢族居民,由於人口基數相對較大,在戰後經濟社會發展帶動的台灣人口增長中,膨脹效應更為顯著。

小結：在今日台灣，漢族無疑是構成其人口的主體，從來就不存在所謂的「台灣民族」。從血緣聯繫上看，無論是台灣少數民族，還是先後移入的閩南人、客家人和「外省人」，雖經世代生息繁衍，但歸根溯源，都來自大陸，兩岸有著密不可分的血緣聯繫，兩岸都是中國人，同胞親情是弄不亂、斬不斷、否定不了的。兩岸是休戚與共的「命運共同體」。

二、族群衝突與台灣意識

台灣人口變遷的進程表明，基於歷史的原因，台灣是一個典型的由移民向定居斷續轉化的動態社會，存在著多元的族群及其複雜的互動。尤其是1949年前後，台灣出現了極為特殊的「本省——外省」的族群結構，引發了相當尖銳的省籍衝突與族群矛盾，更刺激了台灣意識的進一步滋長、異化，並使兩岸和平統一面臨著新的變數。

（一）台灣的族群結構及其演變

從理論上講，族群僅指「因為擁有共同的血緣、語言、文化、宗教、或祖先，而被其他人或自己認為是構成獨特的社群的一群人。」作為一種非社團性的利益集團，早在漢人大規模移入前，台灣就已經存在著眾多的少數民族族群，既有「高山族」的，也有「平埔族」的，雖然擁有各自獨立的部落活動空間，族群界線也比較明確，但利害糾紛與彼此攻伐也時有發生。直到漢族民眾陸續遷台後，相對於侵奪其利益的漢人，少數民族各族群間原有的差異才「慢慢縮小」，並逐步組合成一個獨特的泛族群共同體。

與此同時，徙居台地的早期漢民群體卻因祖籍地與方言不同，又漸次聚合生成了「閩南人」（俗稱福佬人、河洛人，約占漢族移民的八成）、「客家人」（占漢族移民的15%左右）等大小族群。誠如清中期台灣道姚瑩所稱：台灣之民不以族分而以府為氣類，漳人黨漳，泉人黨泉，粵人黨粵，潮雖粵而黨漳，眾輒不下數十萬計。這些漢人族群形成後，除了因侵佔、私墾土著區域，與原住民族群發生摩擦、

碰撞外，相互之間圍繞著土地、田園、山林、水源、生意等利益爭執，也頻繁上演激烈的分類械鬥。據統計，在清代台灣動亂事件中，漢土衝突居首位，超過200起；而大規模分類械鬥也層出不窮，僅1768—1860年（乾隆三十三年至咸豐十年）間就有47起，幾乎每兩年就爆發一次。由於清政府長期貫徹較為公正的民族政策，嚴禁漢人越界侵墾濫伐，即使在同光年間實施「開山撫番」，也極力宣導各族和睦共處、互利合作，因此，漢土衝突儘管頻率高，但多屬偶發性，且一直都在可控範圍內，從未出現擴大化跡象，對台地社會秩序的衝擊並不顯著。反倒是基於移民社會內部結構的不穩定性，加上清廷對台拓殖政策中的墾首制又極大地助長了地緣群體意識，漢人各族群之間的分類械鬥不僅波及廣泛，歷時持久，而且官方管控不易，彈壓不止，對台地生產發展與人民生命財產帶來的破壞更大。

直到19世紀中期，經歷長時間的爭鬥、磨合，尚未漢化的少數民族退入台東山區，客家人聚集於桃園、新竹、苗栗一線及南台灣的高屏地帶，閩南人則主導台灣其餘區域，各族群地域分布格局基本形成，民間組合法則也逐步地由原來的祖籍地緣聯結轉向認同現居地的新地緣關係和以傳統的血親紐帶為主，再加上清廷不斷擴充機構，夯實行政，推進教化，整個台灣社會才從俗稱的「三年一小反，五年一大反」的震盪中逐漸趨於定居融合。至1895年日本佔領台灣時，廣大台人即團結一致，同仇敵愾，奮起反抗，並在與殖民高壓統治的持續抗爭中，開始形塑涵蓋少數民族、閩南人和客家人等不同族群的「本省人」觀念與台灣意識。

而如前述，台灣光復後，大陸內地各省又有數百萬人先後渡台，並因此形成了與1945年前即已定居台地的「本省人」在政治情感和價值取向上略有差別的「外省人」新族群。據台灣有關方面1990年底統計，在全台2039萬人口中並存著四大族群：一是閩南移民後裔，約1450萬左右，超出總人口的七成；二是客家移民後裔，大致290萬人，占人口總量的14.3%；三是1945年至1950年前後遷台的外省人及其後代，人數在270萬上下，為總人口的13.5%；四是少數民族，僅34萬人，在總人口中所占比重不及2%。由於「外省人」的到來，侵佔和剝奪了「本省人」——無論是少數民族，還是閩南人和客家人的眾多發展機會，使得本就有限的台灣生存空間更為局促，從而導致並無文化和血緣根本區分的「本省人」與「外省人」之間圍繞著各種資源的分配與再分配展開了激烈的競爭。

儘管伴隨著台灣經濟社會快速發展及工業化基本實現，最近一輪的移民衝擊已被漸次消化，「客家人與外省人雖然和原籍閩南的台灣人有次文化的差異，但其基本文化則都屬於漢文化，加以晚近各族群間婚姻交換和語言學習的普遍，這幾個漢人族群間的族群界限漸趨模糊」，社會也逐步回歸均衡、有序狀態；但是，政治資源的競奪卻遠未結束，由於少數「外省人」曾長期把持、瓜分政治權益，占人口絕大多數的「本省人」根本無法有效參與，「本省——外省」的權力分野依然持續映射到民間，不僅造成「本省——外省」族群界限及其對立狀態無法徹底消退，而且還使一種相對於「外省人」及其政權所代表的「大中國意識」、本著伸張「本省人」權益的「台灣意識」進一步滋長蔓延，並從經濟、社會、文化等各個層面，集中向政治與意識形態領域匯攏，進而成為了戰後台灣社會族群衝突的矛盾聚焦。

（二）省籍矛盾尖銳化與台灣意識流變

若究其本質而言，台灣意識實際上就如同福建人有八閩意識、北京人有首都意識一樣，只是建立在鄉土認同基礎上，以重視和強調台灣地方利益為取向的台灣人的思想觀念。

從歷史的縱向看，伴隨著大陸移民逐步成為台灣人口組成的主體部分，台灣意識即已萌芽，並首先表徵為帶有濃郁的閩粵地域特色的最基本的風俗習慣與生產方式，雖然其中摻雜著些許拓荒者的冒險與進取，也隱約包含了按省籍地域劃分的族群利益衝突，但在總體上依然保持和傳承著中華文化及其道德傳統。而這種承認自己本是中國人，然後才是台灣人的觀念形態，在反抗異族入侵中表現得更為淋漓盡致。像1661年鄭成功渡海驅荷，台灣百姓即「男婦壺漿，迎者塞道」。而當馬關割台的噩耗傳入台灣，全台民眾即「驚駭無人色」，「哭聲達於四野」，發誓「願人人戰死而失台，決不拱手而讓台」，繼而奮起抗日。1945年台灣光復，重歸中華，台灣更是家家馨香祭祖，人人歡天喜地。可見，早期的台灣意識及其主流是在「一個中國」的架構下，從鄉土本位出發，宣導和維護台島經濟、政治和社會等各種利益的，其並不主張切斷兩岸血肉聯繫，相反，還弘揚了愛祖國、反侵略的中華民族精神。尤其是在其成形時，台灣意識的核心指向顯然還在於反抗日本的殖民統治。

令人遺憾的是：抗戰勝利後，國民黨當局對台灣的接收及1947年爆發了震驚中外的「2.28」事件，1949年自大陸敗退後又封鎖海峽，厲行白色恐怖，進行反共宣傳，致使台灣人在思想深處衍生了相當嚴重的反國民黨暴政、恐共反共及疏離大陸的情結，一部分人甚至萌發了「台獨」的想法。特別是為確保在台統治與「法統不墜」，國民黨當局在政治上主要依靠和信賴「外省人」，並藉口「戡亂」，長期實施戒嚴體制，僅允許有限的地方選舉與民眾自治。如此「經濟民主，政治專制」與「封閉中央，開放地方」，難免導致極少數「外省人」幾乎壟斷了整個上層權力空間，絕大多數「本省人」則淪為「政治邊緣人」。而政治權力省籍分配的嚴重失衡，又直接釀成了台灣族群結構中「本省——外省」的衝突主軸。也就是說，台灣意識在戰後的更多時候集中反映為台灣尖銳的省籍矛盾（即使在國民黨威權高壓下呈隱性狀態），突出表現為圍繞著經濟與政治資源的分配與再分配，「本省人」因處於相對不利的態勢而產生的「打拼」精神與自我保護觀念，以及推翻「外省人」壓迫，實現當家作主與「出頭天」的強烈訴求。

伴隨著戰後台灣逐步工業化，一方面，經濟上崛起的「本省人」更加迫切地希望獲得更多的社會承認與相應的政治地位，對「外省人」獨佔高層權利資源的不滿也與日俱增。而正是在此起彼伏的政治反對運動中，1986年，民進黨宣告成立，並對國民黨當局的「合法性」提出強烈質疑，對「外省人」的統治形成強有力挑戰。另一方面，經過數十年的接觸交流，同學、共事、通婚，以及世代更迭，到1980年代中後期，「外省人」多已基本台灣化，區隔「本省——外省」的族群界限也漸趨模糊。恰如當時台灣「立法委員」趙少康所言：「不要以為本土化就是指本省人，外省人也包括在內。大家同舟一命，在公平的原則下，無所謂本省、外省。大家都一樣，只不過一者是三百年以前的移民，一者是四十年之前的移民」，在地化、本土化也已成為國民黨及其政權無法規避的現實選擇。對此，晚年蔣經國在論及「我是中國人，也是台灣人」時，深有感悟地提出應「根植台灣，放眼大陸」，力圖既在政治領域突出「台灣意識」，又在文化層面強調「中國意識」，並使兩者相互調和，在維繫兩岸血脈關聯的同時，降低省籍衝突，化解省籍矛盾，鞏固國民黨在台統治。然事與願違，儘管「台人治台」格局在李登輝上台及其「憲政革新」中已經基本落實，但至2000年，國民黨還是在台灣首度政黨輪替中喪失了政權，而且，原有的「本省——外省」的族群動員與抗爭在選舉操弄中也日益被省籍情結的全面台

灣化所取代。

特別是李登輝、陳水扁之流為攫取權力，滿足私欲，不惜鼓噪台灣民粹，反覆強調「台灣優先」、「台灣命運共同體」與「新台灣人意識」等，表面上標榜要超越狹隘的「本省——外省」族群對立，實質還在於誇大、渲染「台灣——大陸」兩岸間的差異性，企圖藉口台灣社會歷史的「特殊性」，刻意突顯其所謂的「主體性」，進而消解台灣民眾心中的「中國結」，對抗大陸的和平統一誠意，並為其推廣「台獨」理念培植更為深厚的社會基礎，為其分裂國家與民族的可恥行徑張目造勢。調查顯示，經李登輝、陳水扁等近20年的瘋狂炒作，包含著「中國心」的台灣意識已被逐步地「去中國化」，並漸次篡改成「認同台灣，抗拒大陸」的「台獨」意識，從而也使台灣民眾的國家與民族認同出現極大混亂。如從1994年與2007年的兩組資料對比看，台灣民意「統降獨升」的總體傾向相當明顯，僅僅13年，要求急統與緩統的人數即由27%滑至15%，而廣義「台獨」的比例則從24.5%升到39.1%；其中，自認身份只是「台灣人」的從20%攀至43%，而還承認「是台灣人也是中國人」的卻降到不及10%。

誠然，在當代台灣，族群及其族群意識褊狹化不僅淪為了政黨政治的選舉工具，充當了權力資源的配置槓桿；而且一旦被別有用心者利用，使前及台灣意識過度膨脹，甚至還成了台灣部分民眾國家與民族認同異化的觸媒，以及倡言、追隨「台獨」分裂的濫觴。

（三）「台獨」緣起及其發展

所謂「台獨」，概指二戰後在台灣及海外產生和發展起來的意欲改變「兩岸同屬一個中國」事實，使台灣脫離中國主權管轄而成為「獨立國家」的思潮與運動。

從歷史上看，「台獨」發端於1945年8月，值日本宣布投降，駐台日軍右翼少壯力量不甘心失敗，勾結當時台灣漢奸，陰謀策動「台灣獨立」，但因日駐台總督安藤利吉反對而流產。1947年「2.28」事件後，廖文毅等在香港發起「台灣託管運動」，並於1948年初成立「台灣再解放同盟」，「台獨」始引發世人關注。鑑於海

峽兩岸、國共兩黨的「零容忍」立場，早期「台獨」大多流亡海外，1970年代前，對台尚有殖民情結的日本一直是「台獨」活動的大本營。像1950年秋，廖文毅等在東京創建了首個「台獨」政黨——「台灣民主獨立黨」，1956年初，又在日本組織了「台灣共和國臨時政府」。直到中日關係逐步正常化，在日「台獨」才趨向衰微，「台獨」活動的重心也悄然移至美國。1970年初，「世界台灣獨立聯盟」成立，並在全美各地展開巡迴宣教，鼓噪「武裝反抗」、「自決獨立」，旋即製造了刺殺蔣經國（1970年）、炸傷謝東閔（1974年）等暴力恐怖事件。1974年秋，「世界台灣同鄉聯合會」也將總部由歐洲遷往美國，並明確提出「建立一個新而獨立的台灣國」之主張。1982年，專門致力於爭取美國政商精英支持「台獨」的「台灣人公共事務協會」組建……

1970年代後，「台獨」在美進一步整合、發展，且長期公開以美國為據點絕非偶然，其與華盛頓推行「以獨控台，以台遏華」政策密切相關。早在1942年春，美國國防部下屬的遠東戰略小組就曾向麥克阿瑟進言，從日本手中奪取台灣，由美軍暫時接管，戰後再通過「台灣民族自決」，成立「台灣共和國」，並著手培訓了一批「接管」台地的行政人員。1949年初，NSC相關文件也提及，「亦宜扶植台灣自主分子，俾使其發動台灣獨立時，可含美國之利益。」至1957年，美國參議院發布《康隆報告》，仍公然提議「中共入聯合國，承認台灣共和國為美國保護國」……而中美建交後，在「台獨」組織的「公關」與遊說下，美國國會還頻繁動議提升美台關係、支持「台灣加入聯合國」等。

儘管「台獨」草創階段，國民黨當局採取了相當嚴厲打壓措施，包括制定具體詳細的「列管黑名單」等，但台灣「台獨」案事件依然層出不窮。1950年2月，史明與部分「2.28」倖存者組織了「台灣獨立革命武裝隊」，專事暴力反蔣活動；後其偷渡日本，專心篡改歷史，1962年拋出「台獨」經典——《台灣四百年史》，聲稱「台灣不是中國的一部分」，叫囂遂行「台灣民族主義」。1964年9月，台首屆「傑出青年」、台灣大學教授彭明敏炮製了《台灣自救宣言》，認為「一中一台」早已是「鐵的事實」，台灣「應建立新國家，成立新政權，制定新憲法，加入聯合國」；1970年，這位「台獨教父」潛逃美國，繼續鼓吹「台灣地位未定論」、「台灣民族自決論」。1971年，基督教長老會開始在台灣吶喊「住民自決」；1978年，

「黨外」一致聲明「台灣的前途應由台灣全體住民共同決定」……形形色色的「台獨」不斷「粉墨登場」，為民進黨創建後「台獨」迅速壯大奠定了基礎。

　　1986年9月，民進黨成立，台灣「土獨」與海外「洋獨」逐步合流、聚攏在其旗幟下。像在爭取「返鄉權」運動中「闖關」入境或地下潛回的流亡「台獨」大多加入了民進黨，「台獨聯盟」甚至整體落戶民進黨。由此，1988年，民進黨修改了建黨時「住民自決」的立場，通過了《4.17決議文》，明確提出「人民有主張台灣獨立自由」；1990年，在《10.07決議文》中，民進黨更拋出了「台灣事實主權不及於中國大陸及外蒙古」之主張。後因1991年10月通過的「建立主權獨立自主的台灣共和國」新黨綱引發了台灣民眾廣泛疑慮，民進黨才逐步改變策略，轉而認同、接受「台灣已經事實獨立」，並在1992年底「二屆立委」選舉中獲得近三分之一席位。1999年5月，「台灣前途決議文」著眼於「公投」，更為民進黨贏得了八年執政權，也使以「去中國化」為核心漸進式「台獨」經「小步快跑」得以具體落實、不斷膨脹。

　　相比民進黨「法理台獨」傾向，國民黨的政治立場略有不同，也較為隱晦。但受李登輝當權期間加速「在地化」與「兩國論」的影響，當前，國民黨不僅在實際上背棄了「統一中國」的理想信念，而且從公開主張「獨台」，一再標榜「中華民國是一個主權獨立國家」，到反覆強調「改變現狀須由2300萬台灣人民決定」，徹底滑向「事實台獨」，其政治追求已向民進黨大幅靠攏、趨同。而令人擔憂的是：經國、民兩黨及其政治人物二十餘年的選舉折騰、權力競爭，加上人權、民主等西方價值理念的鼓噪，台灣民眾的國家與民族觀念已出現極大混亂，「拒統求獨」的心態正逐步蔓延、擴散。

　　（四）台灣身份認同異化的深層誘因

　　身份認同，即社會授予、社會維持和社會轉化的社會心理，包含兩個基本向度——一是自我判定，即個體的固有信念和內在感受，縱使他者不予承認，改變也難以發生；二是他者辨別，一般按對象的膚色血統、生活習俗、思維方式等作出判斷。事實上，身份認同的建構及確立，既是社會化的結果，也深受社會變遷的影

響，其具體地反映為自我觀點和他者看法等內外因素的複雜互動。就台灣來說，研究表明，自明季以來，漢族所占的人口比重在總體上呈上升趨勢，目前已穩居九成以上；而無論語言文字，還是風俗習慣，時至今日，整個台灣社會一直都充斥著濃郁的中國特色與地道的儒家氣息；顯然，與大陸同胞一樣，台灣民眾也是中國人。但相關資料卻顯示，自1990年代以來，台灣民眾認同「中國人」身份的比率卻逐年下滑，包括2008年馬英九執政後，雖對民進黨當局瘋狂的「去中國化」政策進行「撥亂反正」，並正式開啟兩岸「三通」，但2009年的抽樣統計依然不容樂觀——受訪者中認為自己是中國人的僅占29.6%，而選擇「只是台灣人」的竟達64.6%。台灣民眾自我身份判定緣何出現如此明顯的「去中趨台」的錯位？

1.地理層面：華夏邊緣與孤島心態

眾所周知，自然環境雖不能決定社會形態及其更迭，但卻會極大地制約人們的生產活動與認知過程。在地理鄰接方面，台灣東臨煙波浩淼的太平洋；南界波濤洶湧的巴士海峽，距菲律賓約300千米；西瀕台灣海峽與大陸的福建、廣東相望，最近處僅130千米；北濱東海，東北與日本琉球群島相隔600千米左右。作為中國東南與日韓朝俄及南洋諸國的海上交通樞紐，台灣不僅擁有得天獨厚的地緣便利，同時兼具了海疆邊陲與島嶼生態等多重特性，並因此形塑著台灣民眾的身份認同。

首先，由於海峽「天塹」的約束與物質技術條件的限制，16世紀前，雖有夷、越等族相繼東渡，但未見大規模的移民徙台；直到晚明，迫於日益突出的人地矛盾，閩粵邊民陸續「下海」討生，大陸政權與漢族同胞對台拓殖才漸次由自發走向自覺。特別是1621年顏思齊入台，漳泉往附民眾聚落成村，中華文化星星之火開始撒向全島；1630年鄭芝龍資助福建當局廣募饑民赴台墾荒，不僅促進了台地生產力跨躍式發展，也帶動了漢番融合的進一步加速；1662年鄭成功驅荷復台，創立政權，並將封建經濟、儒家理學、宗法結構全面植入，台灣的「中國屬性」日漸凸顯；1683年康熙平台後，經清政府200餘年的治理，台灣漢化水準更愈益提升。換言之，華夏文明向台地輻射、播遷相對較遲，且在整體上根基較弱，直到19世紀中後期，台灣社會開發程度還遠遜於大陸，故在身份認同上，台灣民眾猶被冠以「化外之民」，如在1874年處置牡丹社事件中，即有士大夫漠視台東山地主權，力圖以

此藉口搪塞日本。

其次，儘管外部辨識，包括跨入近代後大陸給予的身份認同帶有些許歧視，但絕大多數台灣民眾依然堅信自己還是中國人。像台灣官紳士民驚聞馬關割台消息後即明確表態：「台灣屬倭，萬民不服……台灣為朝廷棄地，百姓無依，唯有死守，據為島國，遙戴皇靈，為南洋屏蔽……台民此舉，無非戀戴皇清，圖固守，以待轉機」。然因身處海疆前列及交通咽喉，時常接觸異域的人、事、物，容易感悟外來文化的不同，在多元比較與華夷選擇中，台灣民眾也難免產生這樣或那樣的困惑和質疑。尤其是伴隨著殖民時代的降臨，台灣率先承受到歐風東漸的猛烈衝擊——從荷蘭、西班牙入侵到日本佔領，再到美國援助，西方文明與儒家文化持續不斷的碰撞，帶來了不僅僅是對國家和民族貧弱處境的憂慮，還有對洋人堅船利炮的潛在畏懼與推崇，從而也在一定程度上衝擊和動搖了台灣民眾內心深處的「中國心」。

第三，台島孤懸海外、山高林密，加之氣候與地質災害易發、多發，因此，在相當長的歷史時期裡，除了瀕海港灣，台灣大部分地方內外聯繫並不便捷，從入移民轉向定居後，極易形成安土重遷、相對閉塞的生存態勢。倘若兩岸還在政治上陷於對立、僵持，往來溝通更加困難，上述情形就越發嚴重。一方面，基於重返大陸故里無望，台民勢必倍加珍惜當地的田園房舍，並將聚居地視為安身立命之所，以寄託、緩解思鄉之情，而在地化又難免催生、培植了日趨濃厚的本土意識。另一方面，迫於生計，多數台民終日忙碌經營，根本無暇關心、過問時局變動，鮮有對報導、傳聞進行深入考證與理性辨析，常常道聽塗說、人云亦云，甚至以訛傳訛；一旦別有用心者乘隙而入，散布歪曲資信、妖魔化大陸，在受蠱惑、被矇騙的台民心目中，日漸遙遠的大陸形象將更加負面，並相應地挫傷其對「中國人」的身份認同。事實上，民進黨與深綠地下電台正是深諳此道，通過不斷擺弄民粹，使南台灣更具「台獨」滋長的社會土壤。

2.歷史層面：移民心結與悲情意識

從歷史的縱向剖析，台灣民眾身份認同顯現令人擔憂的「去中國化」傾向絕非偶然，其既是當前台灣「藍綠」政爭、「統獨」糾葛，以及「國消民長」、「統降

獨升」的真實寫照，更是長時間民間潛意識沉澱、發酵、外溢的必然結果。深入考察斷續入台的人口特徵，以及重大事變對台灣社會的衝擊，無疑有助於準確理解、切實把握台灣民意流變的整體脈絡。

如前述，按明代有關文獻記載，當時活躍於台灣的既有以之為巢穴進行武裝走私、搶掠的倭寇、海盜，也有奉命追剿賊匪的軍隊與實施行政管轄的官吏，還有來自遙遠歐洲的殖民者，但數量最多的則是逃避苛捐雜稅或迫於其他原因的內地農夫、漁民、商販等。的確，自顏鄭入台迄國民黨退台，在一撥又一撥向台遷徙的漢人中，不得志的淪落者占了絕大部分。他們要麼經濟破產，要麼政治失敗，在大陸多有不愉快的經歷或不堪回首的往事，加上背井離鄉、顛沛坎坷，悲愴出走後對故土的眷念難免黯淡，甚至還夾雜著些許的恨意。

而台灣民眾意識深處對大陸觀感急轉直下、內心悲情油然而生又概始於1895年。雖然當時認為自己還是中國人的仍占大多數，但甲午戰敗的清政府被迫將台灣割讓日本，讓台灣民眾直接承受亡國滅種的重大變故，卻徹底撕裂了台灣社會的「心路」歷程。儘管當年內地也發生了諸如公車上書等保台運動，然台地、台人最終還得面對被大陸突然「拋棄」的殘酷現實，以致於無暇深思自身多舛命運的真正誘因，未能真正意識到日本帝國主義的蓄意侵略與清朝政府的腐朽無能才是個中的罪魁禍首。淪為日本治下的二等公民後，台灣民眾又飽受了半個世紀的殖民壓迫與種族歧視，倍感心靈失根，成了無從著落、可憐無助的「亞細亞孤兒」，更加深了對「親生母親」的怨恨。1990年代以來，李登輝、陳水扁等鼓噪「台獨」，正是刻意利用上述歷史悲情，大肆宣揚「台灣人命運共同體」，不斷煽動台灣民粹，力圖斬斷「兩岸一中」的內在聯繫，進而培植和建構台灣的「新國家意識」。

而回溯歷史，我們還發現：無奈出走、逆境打拚、忍辱求存的入台移民及其後代又向來不缺叛逆、抗爭、自主的秉性與「出頭天」的觀念。尤其在面臨激烈的外在競奪時，這種不服輸的複雜個性更會淋漓盡致地展露無遺。譬如，因土地、田園、山林、水源、生意等利益瓜葛，祖籍地不同的遷台漢人之間相互爭執，曾頻繁引爆大規模的族群分類械鬥，像僅1768—1860年就達47起。也是基於「三年一小反，五年一大反」、患自內生的客觀形勢，清政府治台政策才長期重在消極防內、

疏於積極禦外。再如，1895年5月，不甘俯首事仇的台灣民眾還發出「願人人戰死而失台，決不願拱手而讓台」的鏗鏘誓言，並自組「台灣民主國」，開展轟轟烈烈的抗日救亡。誠然，今日台灣朝野政黨、輿論媒體之所以熱衷於片面渲染「大陸導彈威脅」、「解放軍圖謀武力犯台」等，關鍵也在於極力製造「台灣被打壓」的幻象能刺激、鼓動台灣民眾「反中」情緒，進而裹挾、綁架社會民意，達成拒統偏安，乃至「獨立建國」的險惡目的。

3.經濟層面：依附美日與「台灣優先」

眾多史前遺址考古發掘揭示，自西元前後迄16世紀，台灣曾長期徘徊在金石並用階段，尚未完成向鐵器時代的全面過渡。而同期，大陸封建經濟已蒸蒸日上，至明中葉，高度發達的江南局部還出現了資本主義萌芽。直到成批漢人先後抵達，台灣「空山無人」的原始狀況才被逐步打破，台灣社會才漸次擺脫蠻荒，確立了小農生產方式的主導地位。儘管總體發展仍有差異，但在清代，兩岸商貿已相當活躍，台灣不僅向大陸提供了大量稻米、蔗糖，還從閩粵等省不斷輸入日用消費品和建築材料，形成了日益緊密的跨海峽經濟聯繫。特別是進入1870年代後，為應對此起彼伏的邊疆危機，清政府將治台重心由防內轉向禦外，1885年，台灣單獨設省，近代事業迅速推廣，經濟進步更加顯著。但與大陸境遇一樣，洋務革新並未從根本上遏止台灣社會朝半封建半殖民地化方向滑落。淡水、雞籠、安平、打狗等地相繼開埠，不僅為列強搶掠原料、資源，傾銷洋貨、鴉片，打開了方便之門，而且還導致英美等入侵資本滲透、掌控了台灣航運貿易與生產經營，衝擊、破壞了台地自然經濟形態和兩岸經貿互補格局。

1895年，日本侵佔台灣，殖民當局強行推進「日台經濟一體化」，通過落實「工業日本，農業台灣」，使台灣經濟快速淪為日本本土發展的附庸及對外侵略的工具。1931年，為配合軍事擴張需要，台灣總督府雖採取戰時動員與經濟統制，啟動了台灣工業振興計畫，但台灣經濟畸形狀況依然沒有根本扭轉。像工業結構中，以製糖為主的食品加工業比重一直明顯高於基礎重工業；在資本領域，日商憑藉政治特權，長期壟斷對台投資，至1941年，台灣20萬元以上股份有限公司的台資份額僅占8.3%，日資比例高達91.1%。誠然，「當時台灣經濟發展的主要目的是為了日

本帝國得益，而並非是為了台灣民眾」。唯台灣總督府出於政治統治與經濟掠奪的雙重目的，曾斥資興修水利、道路、港口等基礎設施，並在「皇民化運動」中普及初等教育，客觀上也助推了台灣民生改善和民智開啟，以致今日仍有一小撮「台獨」分子罔顧事實，竭力為殖民者「歌功頌德」，蠱惑部分民眾盲目「親日反中」。

抗戰勝利後，台灣經濟脫離了日本體系，經歷了從官僚資本占主導地位，到官私二元並存，再到公營事業民營化，逐步確立了以私有制為基礎、以市場為導向的現代資本主義經濟形態。在此期間，由於兩岸深陷對峙僵持，跨海峽往來幾乎斷絕，台灣經濟的「自力」成長與創造「奇蹟」不得不更多地倚重美日等西方國家。從1951年到1968年，僅美國就向台灣提供了總額為14.68億美元的各種援助。正是在美援支撐下，蔣介石集團才擺脫了退台初期台灣經濟混亂與民生困境——繼1952年生產恢復至戰前水準、重新步入增長軌道，以及貫徹「以農養工」和「進口替代」方針，1960年，台灣經濟已初具「起飛」條件。也是在美國扶持下，自1960年代初制定「十九點財經計畫」，創設加工出口區，拓展勞動密集型產業，形成外向型經濟模式和美日台三角貿易格局；到1973年經濟危機後啟動「十大建設」，利用既有物質技術平台，承接發達國家外移的重化工業，落實高級「進口替代」，提升工業化水準；台灣抓住了戰後資本主義兩次國際分工調整，完成了產業結構重組，實現了經濟質變跨越，進而躋身新興工業化的行列。由此，在情感上，台灣民眾多與美國更親近，對大陸較陌生，再加上長期隔絕還使兩岸思想觀念、生活水準出現顯著差異，當時發展略快的台灣民眾難免會強化本土身份認同，從而對其與大陸同胞同為「中國人」的定位造成負面衝擊。

1980年代末，台灣經濟開始從「以商品為中心」向「由服務占主導」過渡，無論產業結構、貿易布局，還是投資意向、市場規劃，都面臨著新一輪的調整壓力。而長期所依賴的美日等國又深陷「滯脹」，景氣、需求普遍不足，以中小企業為主的台灣資本只能尋求新的出路。此時恰逢兩岸民間往來重啟，「大陸熱」持續升溫，有識之士為此提出了以大陸為腹地的「亞太運營中心計畫」等，力圖借助海峽緩和、大陸崛起，實現台灣經濟再轉型。然而，伴隨著兩岸經濟融合與利益聯結，「拒統求獨」的李登輝、陳水扁等又危言聳聽，頻繁藉口「維安」，相繼拋出「戒

急用忍」、「有效管理」等限制性政策舉措，力圖干預、阻止台商、台資大規模「西進」，最大限度地降低大陸的「磁吸效應」。特別是在台灣輿論引導上，一方面，不斷強調「台灣優先」，反覆鼓吹「台灣命運共同體」，另一方面，又刻意凸顯兩岸差距，將開放「三通」視作「親中」、汙為「賣台」，進而促成了適合本土身份認同強化的社會氛圍。

馬英九上台後，國民黨回歸「九二共識」，並有意識地對大陸政策進行鬆綁。2008年「兩會」復談，旋即展開密集協商，並迅速達成15項協議與多個共識，跨海峽交流合作空前邁進為台灣經濟再現繁榮創造了相對有利的契機；但事實上，當前兩岸關係呈現和平發展態勢，既與馬英九當局調整政治立場、採取務實政策密切相關，更離不開大陸的寬容與讓利。像在公布的ECFA早期收穫清單中，大陸對台灣539項產品實施零關稅，而台灣僅給予大陸267項產品零關稅，相差了兩倍多，利益明顯不對稱。值得關注的是，實踐中，若國民黨仍一再標榜「台灣利益至上」，甚至不顧大陸方面的關切，漠視大陸民眾的權益，極力索取一切便利與好處，片面追求物質利益最大化，諸如企圖借助ECFA平台與其他經濟體商簽FTA，實現「擺脫大陸、布局全球」等，最終不僅會影響到兩岸均衡發展與長遠互動，而且還將進一步固化台灣本土身份認同。

4.政治層面：反共拒和與「仇中趨獨」

台灣民眾「中國心」出現空洞化趨勢，既是兩岸經濟社會近百年分隔的產物，亦是台灣外政治影響使然。雖然，1945年的光復結束了長達半個世紀的日本殖民統治，但是，回歸的喜悅與重為「中國人」的自豪被接踵而來的國民黨接收、行政無能、「2．28」鎮壓等轉瞬衝散，台灣民眾心目中的大陸形象在一連串重創後瀕臨坍塌，極端者甚至得出「豬不如狗」的結論。而1949年以來的兩岸政治對抗與台灣政治運作更使台灣民眾與大陸漸行漸遠，既畏懼「白色中國」，也抗拒「紅色中國」。

從外部環境看，1940年代中後期拉開的東西方冷戰深遠地影響著中國政局及其發展。一方面，內戰中勝出的中國共產黨在大陸實行社會主義，落敗的國民黨則盤

踞台灣，繼續實行資本主義。兩種制度長時間隔海角力，不僅使原本同文同種的雙方民眾產生了「你我有別、彼此不同」的想法，同時也刺激了台灣本土意識的滋長，並致使其身份判定出現錯位。儘管前意識形態的鬥爭業已退潮，然各方政策上區隔考量的慣性至今仍依稀可見。像大陸不僅要求台港澳民眾往返內地須申領「台胞證」或「回鄉證」，對內地民眾進出台港澳也實行許可管理，而台港澳地區亦有類似規限。另一方面，基於自身戰略利益的考慮，美國趁朝鮮戰爭爆發，再度介入中國內政，重新實施「援蔣反共」，並夥同西方盟國，長期給予「中華民國」以外交承認，竭力圍堵中華人民共和國，致使兩岸紛爭不斷加劇，台灣民眾與大陸的情感紐帶進一步斷裂。而伴隨著「兩個中國」、「一中一台」陰謀的破產，以及中華人民共和國恢復在聯合國的合法權益與中美關係逐步正常化，美國才從「兩岸一中」的認知出發，公開承諾僅保持與台灣非官方聯繫，但在實際操作中，卻又多方支持台灣抗衡統一，甚至暗中縱容「台獨」勢力製造危機，進而達成「以獨控台、以台制華」的既定目標。美國對華政策的雙軌選擇不但動搖了台灣民眾對「中華民國」的一貫堅守，同時也強化了其對建構本土「國家」的熱切期盼，並使其身份認同「去中國化」持續加速。

　　從內部治理分析，退台後，兩蔣當局雖始終堅持「一中」原則，堅決反對「台獨」分裂，但又極端反共、頑固拒和，不僅刻意阻擾、斬斷跨海溝通、交流，而且極力醜化、抹黑大陸，人為擴大兩岸隔閡與誤解，致使台灣民眾的國家觀念、身份認同出現不同程度的扭曲、混亂。而為維繫「黨國法統」與偏安格局，蔣氏父子還在台灣確立軍事戒嚴，厲行專制統治，致使長期被剝奪當家作主權利的大多數「本省人」滋長了總受「外省人」欺壓的感覺，甚而擴展為對「外來政權」的仇恨、對大陸的敵視。威權崩解後，整個台灣政治體制迅即本土化，並形成了獨特的政治構架與思想體系。先是李登輝以「憲政革新」為幌子，從多方標榜「台灣經驗」，極力凸顯兩岸差異，到一味強調「台灣優先」，片面放棄中國代表權，再到公然拋出《台灣的主張》，肆意妄言特殊「兩國論」，在逐步達成「棄統趨獨」的過程中，不斷煽動台灣民眾不滿、排斥大陸的情緒，著力培植台灣社會「反中」、「仇中」的偏執心態；繼之政黨輪替後，以「台獨」為宗旨的民進黨利用執政優勢，更頻繁推出「去中國化」舉措，諸如大肆篡改中小學教科書，對新一代台灣人強行灌輸「台獨」史觀，以及陳水扁悍然炮製「一邊一國論」等；若再加上出於震懾「台

獨」分裂，大陸從未承諾放棄非和平方式，又被台灣媒介歪曲、渲染，造成「大陸武力犯台」的假像，台灣民眾更難對大陸、對統一抱負應有熱情。馬英九執政後，即便重提「一中各表」，但其「不統不獨不武」的政治立場與政策基點也非強調「不武」就「不獨」，而實重在「維持現狀」，突出「不統」，係較隱蔽的「事實台獨」主義。實際上，「一中」、「統一」等在當今台灣已成為相對負面的概念，不僅民進黨與獨派勢力斷然拒絕，「泛藍」和國民黨也不敢正面碰觸；相反，馬英九團隊似乎更願意追隨「台獨」，主張「中華民國是一個主權獨立國家」、「台灣前途由2300萬台灣人決定」；由此，台灣民意「統降獨升」，身份定位「去中趨台」更日益明朗。

誠然，台灣民眾身份認同異化集中反映了獨特地理、歷史情節與近現代經濟、政治活動交互作用下台灣本土意識的抬頭與「一中」認知的模糊。尤其是經李登輝、陳水扁前後近二十年的持續「去中國化」，「到台灣」、「在台灣」的「中華民國」被逐步演繹成「是台灣」；而以「台灣」替代「中華民國」，剝離了與大陸之間的淵源，又勢必對「兩岸一中」造成直接衝擊，並在台灣形成「台灣是台灣，中國指大陸」的認識誤區。像現在台灣民眾多已習慣「中國——台灣」的兩分法，鮮有使用「大陸——台灣」來描述兩岸關係。

從根本上講，台灣民眾身份認同的「非中國化」已經與大陸努力爭取和平統一、寄希望於台灣同胞等對台方針、政策背道而馳！那麼，該如何糾正並扭轉這種趨勢呢？據台灣《聯合報》調查，目前已有超過四成的台灣民眾曾去過大陸，他們對大陸同胞、政府印象良好的占50%、38%，分別比沒去過大陸者高出17個與9個百分點。可見，在統一訴求尚未成為今日台灣社會主流話語的情況下，當務之急，應一如既往地推進民間往來與跨海互動，強化兩岸經濟合作和文化交流——因為，只有加深相互瞭解，培植共同利益，才能累積互信，達成共識，進而改善台灣民眾對大陸、對大陸的觀感，修復其內心深處業已破損的「中國心」。

小結：通過剖析台灣歷史的創造者——台灣民眾及其觀念形態的演變，必須清醒地意識到：第一，海峽兩岸不僅地緣相連，而且血脈相通，無論是台灣少數民族，還是被稱為「早住民」的閩南人與客家人，以及「新住民」的「外省人」，都根源於

大陸內地，都是中華民族的有機組成，所謂的「台灣民族」根本就不存在。第二，儘管主張「維持現狀」依然是當前台灣民意的主流，但經李登輝、陳水扁等蓄意操弄，在台灣，認可「既是中國人，也是台灣人」的比率逐年下滑，「台獨」認同有所抬頭也是不容忽視的客觀事實，攜手具有光榮愛國傳統的台灣同胞共同致力於大陸統一大業，將是一項極其複雜的「民心工程」，需要付出細緻而艱辛的努力。第三，當歷史地、辯證地看待中國意識、台灣意識以及「台獨」意識，對台人、台地的一些想法、做法，不應苛責求全，須設身處地，耐心宣教，並以實際行動積極爭取，進而逐步糾正、修復其內心深處的「中國結」。

三、台灣社會文化特徵

廣義上，文化指人類創造的一切財富的總和，既包括物質的，也包括精神的。文化是人類社會特有的現象，人類是文化賴以生長的載體。有什麼樣的人群，就會產生與之相應的文化類型，人群的內在特質對其文化的形成及其走勢具有不可替代的重要作用。作為人類實踐的產物，文化直接導源於人類行為。人群行為的方向及其變更深刻地影響著相應文化的發育。而人群行為的發生不僅取決於其內在特質，在很大程度上還受制於其外部導因。可見，揭示台灣社會文化機理的生成與發展，應在瞭解台灣經濟建設與政治運作的基礎上，著眼於考察台灣人群的特性，以及在外因作用下其觀念思維與行為模式的變動。

如前述，台人絕大部分來自大陸東南沿海，尤以閩粵籍為多，因此，台灣風土民情與海峽西岸基本一致，整個社會文化一直都承載並體現著獨特的中國韻味，特別是伴隨著兩岸關係的解凍與溝通交流的持續擴大，台灣與大陸的文化連接正進一步加深。但長期孤懸海外，加上遍歷「歐風美雨」，如今的台灣文化又迥然不同於內地，不僅具有濃厚的地域特色，同時還帶有相當強烈的「西化」色彩。

（一）兩岸文化同根同源

台灣文化源自內地，根在大陸。即使在日本殖民期間，兩岸文化的同根同源也

從未改變。而時至今日，正是兩岸同胞共同傳承和弘揚著中華文明，「台獨」分子和「台獨」勢力各種「去中國化」的努力才難以完全得逞。台灣社會發展始終延續著中華文化傳統，說中國話、用中國字、訴中國情、表中國心，到處充斥著中國元素。

1.通用漢語中文

從純技術角度分析，除少數民族語言屬南島語系外，台灣民間流通語言，無論台灣自稱的「台語」（俗稱河洛話、福佬話），還是客家話，均係大陸早期移民帶去的，與閩粵方言有著共同的淵源，其音韻系統、語法結構等都具有明顯的漢語特質，都是毫無疑問的漢語分支。如所謂的「台語」，實際上就是閩南話，原係中古時期流行於中原一帶的漢語，唐朝（618—907年）時，隨著漢族大舉南遷，自河南光州（今河南信陽）傳入福建南部並保留至今。據統計，目前台灣民眾說閩南話的約占57.1%，講客家話的約占21.4%，採少數民族語言的約占2%，用其他漢語方言的約占19.5%。而戰後國共兩黨又幾乎同時致力於普及中文拼音，推廣標準現代漢語（普通話），更使台灣各地與海峽兩岸消除了方言困擾，實現了語言統一，不僅為促進交流創造了條件，同時也為增強認同奠定了基礎。像如今廣大台胞前往內地探親訪友、投資經商、求學就業就不再有1940年代中期返回大陸時恍若「異國他鄉」的陌生感了。

在書寫方面，台灣少數民族並沒有形成自身獨特的文字系統，雖然，官方文牘與民間契約在日據時代曾一度被迫改採日文，像學術研究等也間或使用英文，但從古到今，台灣人一直都主要依靠漢字來認知世界。作為象形、單音節、單獨具有意義的方塊字，漢字系中華民族的智慧結晶，是中華文化的精髓所在，其鮮明的特色及與其他民族文字的區別一目了然。目前，縱因大陸實施了漢字改革，使兩岸之間存在簡繁體之分，但相互溝通與理解並沒有出現明顯的障礙。

共同的語言文字造就了高度一致的民族與國家認同。長期以來，中國人正是憑藉獨特的漢語言文字認識和維繫中華文化傳統。當年，日本殖民者曾試圖通過日式教育與普及日語，逐步消弭和抹殺台灣人固有的中國語言文字及蘊藏其中的中華民

族的思維方式，使台灣人徹底轉變為馴服天皇的臣民，但所謂的「皇民化運動」並無法斬斷台灣人內心深處中華文化的根。對此，李純青先生在台灣光復時作過精彩的描述：「……歸來又過埔里，我應該插一件小事。成群的小孩，在探望汽車中人，抱著擠著。我用台灣話——閩南話問其中一個小孩：『你幾歲？』他沒有答話。我想他是日本人，用日本話問。那小孩用日本話答我。旁邊一個小孩忽然跳起來，指著那小孩悻悻然地罵：『混帳！你這個混帳！做一等國民，不懂自己的話，講日本話。』一等國民的光榮，普照在台灣人的心上。你不能想像，他們多麼憎恨日本話。我常常聽見如此勸告『喂，不要講四腳的話了！』……聽說一個日本教員說『支那』，台灣學生認為是汙辱，圍上去，硬迫他道歉。那日本教員無限感慨，告訴他的同胞：『日本在台灣五十年同化教育，完全失敗了。』……」可見，使用共同的語言文字，並以之認同一樣的民族傳統，形成相同的思維模式，形象生動地反映了兩岸文化的同根同源。

2.沿襲華夏習俗

儘管歷史上台灣曾多次遭受外來侵擾，甚至異族統治，較早接觸西洋文明，但台灣同胞的根本信仰與內心皈依卻始終歸宗大陸。早期進入台灣的大陸移民篳路藍縷，歷經艱辛，在應對各種困難和挑戰時，家鄉的民間神祇很自然地成為他們的精神支柱。如：他們千里迢迢，東渡海峽，受盡風濤艱險，為了帆檣平穩，一路平安，唯賴天后慈航；他們身在異鄉，水土不服，屢遭疾病侵襲，為了康健強壯，消災祈福，敬祀保生大帝；他們背井離鄉，羈旅勞頓，為了恪守信義，發家致富，尊崇關聖帝君……如此香火傳承，供奉一模一樣的神靈，採取毫無二致的祭祀，兩岸民間信仰始終相同。

按荷蘭檔案記載，占台後，殖民當局曾派眾多傳教士深入台灣村社辦學佈道，強迫當地民眾接受耶穌，但台民獲悉鄭成功行將東渡，即載歌載舞焚毀荷文書籍、驅趕基督教牧師。而在日據時期，殖民統治者企圖以日本神道取代和壓制民間宗教活動，妄想從靈魂深處徹底抹去台灣人的中國意識，強行割斷台灣與大陸之間的文化源流和精神紐帶，但也遭到台灣同胞的堅決抵制。如台民眷念家鄉故土，多寄託媽祖信仰以抒發情懷，為此，他們曾不顧日本殖民者的高壓，掀起修建媽祖廟宇的

熱潮，據統計，至1930年，全台共有大小媽祖廟宇335座，比1894年淨增了238座。

而伴隨著大陸移民逐漸成為台灣社會的主體，台灣民俗文化也日益與大陸趨同。像台胞喜聞樂見的布袋戲、歌仔戲就源自泉州木偶表演與漳州薌劇。如今，台灣人的飲食起居、生老婚嫁、年節習俗、信仰觀念均與大陸（特別是閩南粵東）沒有太大區別。如：在台灣，孩子出生後有做滿月、賀周歲等慣例；嫁娶時有合婚、下聘、迎親、回門等儀式；治喪中有發喪、入殮、下葬、完墳、戴孝、超度、百日祭、周年忌等遺規。再如，台灣的傳統節慶也與大陸基本相同，春節的壓歲、拜年、祭祖、禮神，端午的包粽子、賽龍舟，中秋的家人團聚、分享月餅，重陽的登高、敬老，等等。這些祖祖輩輩、世世代代努力傳承的習俗觀念，是中華文化極為重要的組成部分，是中華文明與禮儀之邦的形象展示，也是中華民族凝聚力生成的活水源泉。海峽兩岸可能被人為的政治衝突、軍事干預所暫時阻隔，但已經溶化入民族血脈與靈魂的風俗習慣卻不會因此被割裂、被斬斷。

3.認同儒家倫理

台灣的文治教化始於明鄭時期，1666年（康熙五年），鄭經接受陳永華建議，在寧南坊（今台南市南門路）興建孔廟、創設明倫堂，從此，各種學社義塾在全台各地相繼興起，科舉取士也逐步推行，儒家文化與封建正統教育體制開始大規模移植台灣。清朝統一台灣後，教育的進一步普及，更加速了兩岸社會文化的趨同，並使中華傳統的倫理道德與價值理念日漸深入地紮根台灣。典型的如面對日本殖民當局聲勢浩大的「皇民化」運動，飽受外族侵略和政治壓迫的廣大台胞也始終未改中國人的本色，仍千方百計地利用私塾、詩社等中國特有的文化傳播形式，頑強地固守著民族傳統，始終延續著與大陸的文化聯繫。再如，日本殖民者曾以暴力禁止台灣人供奉祖先，而祖宗祭祀歷來又是中華民族極力宣導的人倫與孝道的根本，但直到1945年12月25日，台灣民眾才徹底解除長期以來的「地下」祭祖狀態，「……此夜台灣同胞，家家馨香祭祖。不知幾家在笑，不知幾家在哭。但無論笑，無論哭，人也自由，鬼也自由了。家家驅除以前被迫奉祀的天照大神神像，再讓自家祖宗的神主坐上廳堂……」。

雖然，如今台灣民眾的思維取向或多或少地趨於西化，但經1960年代中期國民黨當局發動「中華文化復興運動」的政策強化，世代傳承的民族基因至今依然深刻地影響著台灣民眾的道德判斷。諸如強調「天下興亡，匹夫有責」，以國家和民族的前途命運為重的人生價值；提倡「天行健，君子以自強不息」，積極進取、奮發有為、堅韌不撓的自主骨氣；講究「殺身成仁，捨生取義」，慎操守、重名節、堅持真理、不畏犧牲的立身原則；遵循「以人為本，天人合一」，崇尚禮義、敬老愛幼、恭謙合和的人文精神；宣揚「天下為公、大公無私」，愛國惠民、勤政廉潔的處世風範；還有儒家思想中「大一統」主張、「忠恕仁愛」理想、「君舟民水」觀點，以及「修齊治平」理論，等等，中華文化精髓仍然是建構當代台灣思想的重要因素。

（二）當代台灣社會文化特徵

獨特的地理方位與特殊的歷史際遇，尤其是戰後經濟發展和政治轉型，使當代台灣社會文化呈現出開放多元的態勢，除了與大陸存在共性，具備深厚的中國底蘊之外，還兼有自身的地域特色，並烙刻著諸多西方印記。

1.次生性

如前述，16世紀中葉後，伴隨著閩粵移民陸續遷入與台澎地區漸次開發，台灣文化形態悄然變遷並逐步漢化，不僅較早接觸漢人的「平埔族」逐漸淡化了固有特性，其他世居少數民族的生存模式也日益解構。從人口統計角度分析，大致在清代乾隆年間，一個主要由漢族移民及其後裔構成的台灣社會已經形成；儒家封建文化也在台確立了相應的主導地位。也就是說，兩岸文化同根同源，台灣傳統文化在總體上並非原生性文化，而是一批又一批大陸移民將母體文化攜入台灣，並在長期實踐中不斷吸納其他文化因數才最終發育生成的次生文化。由此，台灣文化勢必帶有明顯的移民載體痕跡，同時又深受島嶼環境的影響。

據史料記載，在遷台者中，絕大多數是東南沿海的破產農民，他們迫於生計，冒險遠涉，相信「愛拚才會贏」，祈盼有朝一日能「出頭天」；還有一部分系政治

鬥爭落敗而渡海逃亡，他們或企圖偏安苟且，或希望東山再起。因為受物質技術條件的限制，在相當長歷史時期裡，中央政權一直難以對台實施強有力的統治，相對大陸而言，台灣的經濟剝削輕薄，政治氛圍寬鬆，比較適合上述弱勢群體釋放悲情，抒解失意，重新出發。但由於空間狹小，個體又時常面臨生存窘困，在更多時候不得不尋求必要的民間組合，特別是早期，祖籍地緣聯結與合約式宗族的出現，以及頻繁爆發的分類械鬥即為突出的例證。而台人遊俠義氣、尚武好鬥、敬畏權威等個性也多與此相關。此外，身處海島生態還養成台民行為崇本務實，如歷來注重發揮地利優勢，大力拓展對外貿易，遲至明代中葉，台灣業已成為遠東商業與航運樞紐；但島嶼環境也在某種程度上限制了他們的視野，尤其是草根階層，只顧埋頭從事生產經營，易急功近利，唯利是圖，較缺乏遠見卓識。

即使人間蹉跎，世事滄桑，然經一代又一代台胞的生聚教訓，薪火相傳，至今，先輩的移民情結與島民心態仍不時鮮活地閃現。譬如，國民黨高壓專政就直接誘發了戰後台灣的省籍矛盾及其尖銳化，由於極少數「外省人」壟斷了上層政治資源，剝奪了大多數「本省人」相應的政治權益，致使其產生了強烈的「叛逆性」訴求，力圖推翻「外省人」壓迫，實現當家作主；而一旦打拚經濟顯露成效，以「本省人」為主的政治反對運動風起雲湧便在所難免了。再如，本地誕生的民進黨及其政治人物顯然更諳熟台灣民間動態，在與國民黨抗爭中，就常常主動付諸悲情，千方百計地煽動民粹，博取同情，打壓對手，甚至不擇手段地欺騙並利用選民的狂熱和盲從，鼓吹所謂的「台灣命運共同體」，為「台灣獨立」張目造勢。

2.相容性

中華文化歷來都具有海納百川的恢弘氣度，同樣，台灣文化也講求多元並蓄，並在衝突中逐步融匯。伴隨著早期移民群體的不斷壯大，進入台灣的大陸文化首先與當地既有文化發生強烈的碰撞，從前及清代台灣發生的200多起漢土糾紛即可窺其一斑，但在官方理番措施與民族政策的引導下，經相互激盪與彼此溝通，漢文化的先進性漸次包容了少數民族的游耕漁獵方式，也消除了荷蘭商業殖民色彩，並確立了自身在台灣的主體性地位。此外，遷台漢民內部各族群之間，特別是「閩南人」與「客家人」的文化差異與激烈爭鬥，經長期磨合，到清中葉也趨於平和。如

「客家人」供奉的三山國王成為台南等地福佬人聚落的保護神，彰化平原的漳州裔與客家子孫在道光年間一同將雙方鄉土神奉為共同守護神，等等。而祭祀圈的擴大不僅表明祖籍區別的淡化與定居社會的出現，同時也意味著文化整合與認同的實現。

進入19世紀後，快速崛起的資本主義列強再次闖入遠東，地處商貿交通要衝的台灣率先感受到工業文明的猛烈衝擊，並在中西論戰與洋務維新中拉開了近代化序幕，成為中國最早的「改革試驗田」之一。雖然，物質層面的巨大進步使台灣躋身於大清帝國最先進省份的行列，台灣文化發展也面臨著前所未有的新契機，但遺憾的是，在中西文化分野中尋求突破的多番努力，卻因1895年的日本侵佔而被迫中斷。據台期間，日本殖民當局實行文化扭曲與同化政策，企圖通過「皇民化」運動，普及日語教育，推廣和式生活，封殺中華文化，但成效總體不彰，其影響在光復後已基本肅清。像「那時在台灣，無論是城市還是鄉村，都在抵抗日本的『皇民化』，誰都不願改名，到二次大戰結束後一統計，只有2%到3%的改了，而這些人還是在當時為了生計、工作，為了對付日本人的。我們在家裡照樣講漢語，穿自己的衣服，就是從心底對日本的『皇民化』很反抗」。除了諸如「便當」等少數詞彙與經營管理領域的個別做法至今仍被採用外，李登輝式的「倭奴」實屬極其罕見。

1940年代末，兩岸陷入戰爭對峙，台灣文化再度與母體脫離。由於國民黨當局主要依靠美國援助才穩定台灣局勢，1960、1970年代又抓住資本主義發展的難得機遇，引導台灣民眾創造了「經濟奇蹟」，從而使美式價值理念與西方生活方式在台灣備受推崇和仿效，思想文化界也因此爆發了激烈的中西文化大論戰。而蠢蠢欲動的「台獨」勢力還在美日暗中支持下，恣意誣稱省籍矛盾為種族與文化衝突，深陷「文化大革命」的大陸內地又正瘋狂地摧毀「腐朽」傳統，為此，1966年底，國民黨當局啟動了歷時二十餘年的「中華文化復興運動」。撇開其「反共復國」及對大陸實施「文化戰」等政治目的，這場以「中體西用」為核心的運動在客觀上對於消除台灣殖民殘餘，促進台灣經濟發展，保存並帶動中華文化現代轉型，實現東西文化互動融合等都發揮了積極的作用，並留下了諸多寶貴的經驗和有益的啟示。

1987年兩岸民間交往重新啟動，「斷根」的台灣文化雖重新與母體接續，台灣

也通過法律手段等對少數民族文化進行保護,逐步邁向政治自由化後各種社會思潮更風起雲湧;但不可否認,在多元並存與發展中,西方文化的形塑作用依然相對突出。典型的如1990年代「修憲」所導致的台灣政體變遷,無論是權力布局、議政方式,還是政黨運作、競選活動,均完全沿用了「歐美模式」,憲政架構的「中國特色」已日益消退,甚至連孫中山的三民主義在官方意識形態中的主導地位也今非昔比,逐步動搖。

3.現代性

現代性既是現代化的必然結果,也是現代化進程的根本屬性;其不僅反映為自西方啟蒙以來社會結構的逐步轉型,即伴隨資本主義世界體系建構,與生活世俗化、市場全球化相應的民族國家及其行政組織、法律機制等相繼創建;而且體現在思想文化領域裡確立了以人為本的原則,形成了強調個體自由與個人價值為核心的反思性認知系統,實現了知識創造、教育、傳播的規模化,以及社會思潮與學科流派的多元化。簡言之,現代化主要從政治學、經濟學和社會學等層面描述人類從傳統農業跨入工業社會所發生的經濟增長與生產方式變化,以及政治民主化、生活都市化、觀念理性化、教育普及化等巨大進步;現代性則在類似闡釋的基礎上觸及哲學的思辨高度,著眼於觀念態度與行為方式,全面審視從傳統到現代的變遷,把握現代的社會屬性,概括現代化的本質特徵。

就台灣而言,雖然從1953年到1960年,工業產值年均增長了10.0%,但其經濟仍以農業為主;直到1961年至1972年間,台灣工業成長率達19.4%,結構比重由25.0%攀到40.3%,而農業僅漲了6.3%,相應比例也從31.6%跌至14.2%,整個經濟形態才轉向以工業為主。1976年至1979年,台澎工業化程度進一步提高,工業比重由42.7%升到45.1%,成為台灣主導產業,此後繼續擴張,所占比例也從1983年的45.0%上揚至1986年47.1%的歷史高點,1987年雖略有下降,仍有46.7%;同期,農業卻不斷衰微,由總產值的7.3%減至5.3%;服務業則基本持平,從47.7%稍調到48.0%。而自1988年服務業占GDP總額首度突破50%始,二、三產業比重快速拉大,到2002年差距超過36個百分點(67.1:31.0),台灣經濟呈現出由「商品中心」朝「服務主導」過渡的發展新態勢。統計顯示,台灣三大產業就業比例在1989年為

0.69:26.71:72.62，至1999年已變成0.41:21.32:78.28，農村人口進一步萎縮，工商都市階層日益壯大。也就是說，台灣社會已於1980年代中後期徹底擺脫了農業形態，並在大體完成工業化的基礎上逐步向後現代轉進。而與經濟飛躍發展相適應，台灣政治也漸次趨向「民主化」，整個社會正經歷著翻天覆地的結構性變化，現代性愈益突顯。如何適應快節奏的生活變遷，顯然，以家庭為中心的傳統觀念體系與行為模式已難以提供取捨尺度，個體必須儘快現代化，將更多的精力投入社會工作，才能求得生存，實現發展。由此，代表工商文明的西方理念及其影響勢必擴張，社會文化主流也不再集中反映相對靜態的農業生產方式了。

而值得特別關注的是，台灣民眾中個體的覺醒及其現代化，對1990年代台灣意識發展所產生的負面作用。在後現代背景下，由於市場力量對民族國家及其主權造成瞭解構性衝擊，大眾媒體又肆意顛覆傳統價值，加上選擇方案的多元並存，以及台灣特有的政治鬥爭譜系，導致台灣民眾認同歸屬不再單一，僅憑政治權力、經濟實力與軍事強力，或訴諸意識形態「神話」，已難以完美地詮釋國家的合法性，達成「出頭天」訴求的台灣民眾也因此不斷地質疑近百年來中國知識精英所精心建構的民族理論，甚至採取極端手段挑戰中國的國家主權，力圖尋求並培植能引發共鳴的新觀念。然而台灣「主體意識」從「自在」走向「自為」，同時也加劇了「主體」的個體性，致使集體認同陷入混亂與危機，並演化出無數唯我主義者，既漠視一切他者的存在，不願意理解別人，又片面要求他人給予理解、提供支持，從而造成台灣族群持續對立和兩岸關係危機叢生，並直接危害到台海地區的和平與穩定。

小結：考察台灣社會文化演進軌跡，其變遷不僅體現在物質層面上，今日台灣已成為新興工業化地區，資本主義工商貿易相當發達，民主政治與法制建設也不斷發展；而且反映為載體——廣大台胞的思維導向與行為方式既包涵著儒家道義，如恪守家庭倫常、提倡鄰里和睦等，又具備了現代理念，像注重自由競爭、講求公平效益等。台灣文化是中國文化的一部分，兼有濃郁的中國特色與強烈的西方烙印，是在激烈的價值衝突中，保存和發揚中國傳統文化優秀因數，吸納、融匯西方文化合理內核，進而實現中西合璧、創新發展的結晶。而整個文化的生成脈絡及其內在機理還確切表明，中國傳統文化並非一無是處，其現代轉型依然能推動時代進步；西方文化也不是包治百病的靈丹妙藥，現代化絕不意味著全盤西化。

第三章　台灣經濟歷程及經驗辨析

　　目前，大量的文獻資料與發掘的考古證據已從不同的角度充分揭示了中華先民篳路藍縷開發台灣的歷史事實。正是一代又一代大陸移民帶去了先進的技術工具、先進的生產方式和先進的文化理念，才大大加速了台灣社會進步的整體歷程。可以說，台灣的開拓和發展，凝聚著包括當地少數民族同胞在內中國人民的血汗和智慧，也是中華燦爛文化的有機延伸與不可或缺的重要組成部分。

一、台灣早期經濟成長回顧

　　眾所周知，漢族發祥於黃河流域，而後由北向南逐步墾殖宜耕地區，越是南方，開拓相對越遲；而台灣孤懸海外，與大陸又阻隔著一道波濤洶湧的海峽，以農耕為主的漢人介入拓殖自然就更晚；但自漢族移民陸續東渡徙入，台灣即逐步由蠻荒邁向了富庶。從歷史的縱向分析，台灣早期經濟成長大致經歷了三個時期。

　　（一）拓荒期（16世紀以前）

　　由於缺乏相關的文字記載，史前人類對台灣進行初步開拓的事蹟大多湮沒無聞；但從台灣1500多處史前遺址出土的先民骨骸、原始工具與文物器皿等，我們依然能夠推測當時人們的生產和生活場景。從考古發掘看，現在可以確證：早在3萬年前的舊石器時代晚期，諸如「左鎮人」等古人類就已生息繁衍於台灣本島，其中，又以長濱文化居民為典型代表。他們來自大陸，依靠採集、狩獵、捕魚等維持

生計，後因氣候變遷，台灣成為海上孤島，生產才相對滯後，且未能進一步發展成新石器時代早期文化，而於距今5000年前後消失。台灣新石器時代係由另一支從大陸沿海漂流入台的大坌坑文化人群開創的。他們已能製作較為厚重的粗繩紋陶器，使用經打磨加工的石質工具，並在距今4500年至7000年間逐步進入刀耕火種的原始農業階段。但直到2000年至5000年前，新石器時代中晚期以鋤耕為主的農作形態才陸續在台灣各地出現，如北部的圓山文化、芝山岩文化、植物園文化，中南部的牛罵頭文化、營埔文化與牛稠子文化、大湖文化，以及東部的卑南文化、麒麟文化，等等。而無論是大坌坑文化，還是以降的台灣新石器時代各文化，大量出土的生產工具、生活器皿、喪葬遺存，都能在中國大陸同期的史前遺址特別是環渤海的東夷文化中找到相同或類似的特質。對此，比較合理的推論是：為躲避商紂虐殺與周公東征，或因其他緣故，曾有多支擅長航海的東夷人先後抵達台灣，並在勞動實踐中形成了各自的文化形態。而基於與東夷人相似的緣故，戰國末期至秦漢之際，不同的越人群體也陸續從大陸遷往台灣，並創造了像十三行、番仔園、蔦松、靜浦等諸文化，不僅形象地展示了台灣社會經由金石並用階段向青銅與鐵器時代漸次過渡的歷史進程，而且還生動地反映了自西元前後到17世紀（相當於內地從漢朝至明代）兩岸緊密聯繫的形成和發展。如十三行遺址曾搶救發掘出東漢五銖錢、盛唐開元通寶與乾元重寶，以及北宋太平通寶、淳化元寶、至道元寶和咸平元寶等眾多古錢幣。

可見，即使海峽水域變幻莫測，古代交通極不發達，航程跋涉也異常艱險，但中華先民開拓台灣的步伐從未停歇，多元併發的台灣史前文化歸根結底皆源自大陸。當然，若從縱向分析，我們不排除先後入台的東夷與百越在文化上具有某種遞進傳承關係；而從橫向比較，我們還須承認台灣不同族群、不同地區的文化確實存在著一定的差異，但也有共性特徵，並曾發生過程度不一的交流與互動。此外，由於地理環境的約束與物質條件的限制，在漢民大規模移入之前，台灣諸島多「空山無人」，整體經濟社會發展相當遲緩，基本上還沒有擺脫蠻荒、蒙昧的原始狀態，雖然不少族群內部也產生了貧富差距現象，已處於階級形成的前夜，但奴隸制並未完全確立，仍滯留在父系氏族部落時期，尚殘存著母系社會的眾多痕跡。而同期，大陸早就經歷了從奴隸社會向封建專制的轉變，明中葉以後，在自然經濟高度發達的江南局部地區甚至還萌芽了資本主義因素。

而正是兩岸間格外顯著的發展落差，才導致16世紀前大陸王朝難以對台灣實行長期規劃和積極治理。因為，從工藝和技術層面上看，廣州古造船工廠遺址發掘表明，早在漢代，中國就能建造適合遠洋航行的大型樓船；另據《漢書・地理志》載，當時的海船能連續行駛數月，並曾抵達馬來半島和印度洋沿岸許多國家與地區；所以，穿越海峽，涉足台地，在理論上並無難以克服的潛在障礙。事實上，繼夷越東渡後，閩粵沿海仍有不少民眾持續往返於兩岸之間，否則，230年，孫權也不會貿然派衛溫、諸葛直率軍「遠規夷洲，以定大事」。儘管三國孫吳跨海用兵是中國官方正式經略台灣的先聲，也是有文字可考的大陸與台灣首次大規模的接觸和交流；但此番「浮海求夷洲」除「得夷洲數千人還」及深化台島風物認識外，不僅沒達成壯大實力的預期目標，反倒「軍行經歲，士眾疾疫者十有八九」，非遇強敵勁旅乃因蠻荒水土與瘴癘毒氣致損失慘重而草草收場。至魏晉南北朝，中原板蕩，士族與民人紛紛避居江南，大陸東南迅速開發，海外貿易也逐步興盛，兩岸聯繫勢必進一步加強。如《隋書・流求國傳》提及，大業3年（610年），隋煬帝遣虎賁中郎將陳稜與朝請大夫張鎮州率兵伐流求，島上土著「初見舡艦」，還「認為商旅，往往詣軍中貿易」。但同樣由於氣候不適、民風未化，隋軍行動亦僅限於考察風俗習慣，並擄男女居民數千而歸（按明代何喬遠的《閩書》描述，福州福廬山，即今福清龍田西北，至萬曆年間還有50戶當年被隋軍擄掠的流求人後裔），並未在台地建立相應的統治機構。

伴隨著唐末北方游牧民族頻繁入侵，中原漢族士民再次大舉南遷，大陸經濟重心也不斷南移，北宋以降，原本地曠人稀、發展滯後的福建逐步演變成民生繁榮、經濟發達地區。但因耕地有限，人口激增導致人地矛盾日趨突出，也使八閩成為當時中國國內最主要的人口輸出地，這為向台澎持續移墾提供了可能。從目前的文物發掘和史料檢索看，大致在唐宋交際，已有成批漢民開始拓殖澎湖。晚唐詩人施肩吾曾留下《島夷行》一詩，據專家考證，「腥臊海邊多鬼市，島夷居處無鄉里；黑皮少年學採珠，手把生犀照鹹水」即是對當時澎湖風情的生動刻畫。而宋王朝正是關注到閩南民間開發澎湖的趨勢，以及澎湖在兩岸貿易中中轉地位，才吸取歷史教訓，放棄對台實行單純的宣慰招撫與直接的軍事征討，改在已有相當數量漢民聚居的澎湖建置軍事與行政機構，實施有效轄治，進而遙制台灣。南宋乾道七年（1171年），泉州知府汪大猷在既有「春秋戍守」的基礎上，將澎湖編戶劃歸泉州晉江管

轄，並採取「遣將分屯」，以常年駐軍保護當地漢人生產生活、管理閩台互市與往來商旅。自此，台灣正式併入中國版圖，台灣社會經由兩岸民間經濟交流的推動也日漸開化。

　　蒙元興起後，基於躲避戰火與反抗民族壓迫，大陸民眾徙居澎湖或前往台島者更日益增多。據連橫《台灣通史》稱，「蒙古崛起，侵滅女真，金人泛海避亂，漂入台灣。宋末零丁洋之敗，殘兵義士亦有至者」，至元大德年間（1297—1307年）「澎湖居民日多，已有一千六百餘人，貿易至者歲常數十艘，為泉州外府」。而由各族移民帶去的先進的生產方式、技術工藝及文化理念，勢必對當時台灣經濟社會開發產生極大的促進作用。如汪大淵在《島夷志略》中載有「海外諸國蓋由此始」等，表明：元代台澎已是大陸南航呂宋、或東至沖繩與日本的必經之地，已成為中外貿易與航運交通的海上要衝。因此，元政府也相當重視對台經略，1291年（世祖至元二十八年）、1297年（元貞三年）曾兩度發兵征撫瑠求，並在澎湖設立負責治安巡邏、查緝罪犯、兼辦鹽課的巡檢司，具體落實當地的民政與治權。應該說，宋元兩朝積極開發與台灣本島近在咫尺的澎湖，進一步加強了兩岸民間溝通往來，為後續官方移民拓殖台灣，廣泛傳播儒家文化，促進台灣全面開發，提供了更為便利的條件。

　　（二）開發期（16世紀初至1894年）

　　台灣本島開發是一個漫長的歷史進程。繼遠古人類之後，一代又一代大陸移民踏上台島，特別是進入16世紀後，明清政權與漢族同胞對開拓台灣由自發日益走向自覺，規模越來越大，程度也愈來愈深，中華文明的星星之火逐步點燃了全島各處，美麗之島才最終變成了名副其實的大陸的寶島。與此同時，快速崛起的西歐諸國開始將殖民擴張的觸角伸向東方，台灣作為侵略中國的「前進基地」，難免成為列強競相爭奪的重要目標，從而也在客觀上對加快台灣發展步伐產生了明顯的刺激作用。

　　1368年朱元璋建立大明王朝後，為了維護帝國安全，鞏固專制統治，長期都將厲行海禁作為基本國策加以貫徹。1388年，明政府正式撤廢澎湖巡檢司，實施「遷

民墟地」，企圖通過堅壁清野，防止和杜絕東南沿海的盜寇滋擾。總體而言，明官方上列舉措不僅人為中止了宋元以來大陸王朝對澎湖行使主權及以澎湖遙制台灣的努力，對兩岸經濟文化交流及台灣持續拓殖產生了消極負面影響；而且該政策執行的具體成效並不理想，一方面，東南沿海百姓迫於生計仍不斷鋌而走險前往台澎從事漁耕商貿，甚至嘯聚形成多股海上武裝集團，另一方面，官方勢力主動退出後，澎湖反被倭寇與海盜據為巢窟，對大陸閩浙粵地區造成更大危害。因此，1563年（嘉靖四十二年），總兵俞大猷督帥明軍追剿海寇林道乾，曾留偏師駐守澎湖，巡哨鹿耳門，並一度恢復巡檢機構以遙控台灣，但旋即又裁汰。後因「日本伐朝鮮，沿海戒嚴，哨者謂有將侵淡水雞籠之議。明廷以澎湖密邇，議設兵戍險」，但直到1597年（萬曆二十五年），明政府才正式增設「澎湖遊兵」，實行「春冬汛守」，恢復澎湖軍事防務。另據考證，1603年初（萬曆30年底），都司沈有容率軍強渡海峽，大破侵台倭寇，切實維護了東番各族百姓的利益。而圍繞此役善後事宜，當時朝野即有在台建置郡縣、實施直接轄治的主張，如周嬰在《東番記》中指出：「疆場喜事之徒，爰有郡縣彼土之議矣」；時任福建巡撫的黃承玄甚至還形成了在台灣行屯墾、設郡縣的專門計畫。而按陳第《東番記》載，台灣少數民族「居山後，始通中國，今日則盛，漳泉之惠民，充龍、烈嶼諸澳，往往譯其語，與貿易」；事實上，從「植薑投藥」、「赤崁汲水」等傳說看，1405—1433年鄭和七下西洋時，大陸與台灣就已存在某種程度的經濟聯繫，另自1567年（隆慶元年）閩海開禁後，明官方也始終都將雞籠、淡水、北港等視同大陸沿海港口納入貿易管理，並不存在政策歧視或差別對待。可見，明中葉時，不僅兩岸民間貿易初具規模，經濟聯繫與文化交流日益密切；而且明政府雖未設官置吏，也已將台灣當作中國的自然領土。至明末天啟、崇禎年間（1621年至1644年），伴隨著移墾漢人愈益增多，台灣也從蠻荒之野漸成文化之邦。特別是1621年顏思齊入台，漳泉往附民眾聚落成村；1630年鄭芝龍資助福建地方當局，廣募饑民赴台墾殖，使封建經濟、儒家理學與宗法結構逐步植入台灣，不但有力地推動了當地生產力的跨躍式發展，也持續影響著台灣社會的變遷與漢化。

就在中國逐步強化對台經略的同時，進入16世紀後，台灣也開始成為西方列強覬覦的對象。如17世紀初，荷蘭繼葡萄牙、西班牙之後參與對遠東的殖民掠奪，並曾兩度侵入澎湖（1604年和1622年），企圖控制大陸沿海商貿，但均遭到明朝官方

的強力抵制。1624年,在明軍沉重打擊下,退出澎湖的荷蘭殖民者逃往台島西南部,並在大員一帶修城築堡,建立據點。兩年後,西班牙人也從呂宋派兵侵佔了台島北部的基隆和淡水。1642年,荷蘭又以武力驅逐西班牙,壟斷在台殖民權益,直至1662年被鄭成功擊潰。荷蘭殖民者在台實行了38年的血腥統治,其橫徵暴斂與大肆掠奪對台灣生產力造成了極大破壞,也嚴重阻滯了台灣經濟社會的進一步開發。像據台期間,荷蘭殖民當局居然將所有的土地據為己有,並強制推行所謂的「王田制」,對租種耕作的漢族移民課徵名目繁多的苛捐雜稅。研究表明,荷殖民治下的漢族移民不僅負擔著極為沉重的田園租賦(相當於清初的兩倍多),而且不分男女老幼,凡七歲以上,每月均須繳納額度頗高的人頭稅。此外,荷蘭人還透過強買強賣、巧取豪奪,從原住民手中搜刮了至少100萬張鹿皮(僅1638年就有15萬張鹿皮輸往日本),以及大量的黃金、稻米等實物,並對台灣資源進行瘋狂開採。按《巴達維亞城日記》載,僅1640年12月,荷蘭商船一次就從台運走初製硫磺10萬斤。荷屬東印度公司正是以台灣為支點,將中國大陸的生絲、瓷器等運往東南亞及歐洲,把荷蘭的金屬、藥材與南洋的香料、鴉片等販入大陸沿海,同時還向日本出口台灣的米糖(該公司1636年售日台糖共計12萬斤,1648年在台生產砂糖約90萬斤,1658年猛增至173萬斤,而當年對日輸出竟高達60萬斤),透過掌控遠東區域轉口貿易,從中牟取巨額利潤(占其亞洲商業盈利總額的1/4左右)。概略統計顯示,荷蘭殖民者年均從台灣掠得的財富總價值大致折合黃金4噸,這在當時歷史條件下是極其可觀的。

從單純的地理空間上看,顏鄭北港開墾與荷蘭安平拓殖雖相距甚近,然目前尚缺乏兩者之間存在或發生關聯互動的有力佐證,包括領導反荷起義的郭懷一是否為鄭芝龍部屬也無從考證;但可以肯定的是:在台灣由原始漁耕進入早期農耕階段,漢族移民帶去的封建生產關係要遠比殖民主義者引入的奴隸制先進,對台灣經濟開發與成長的促進作用無疑更加顯著。及至1662年,鄭成功驅荷復台,創立政權,台灣經濟社會在肅清殖民殘餘的基礎上迎來了新一輪大發展。

鄭氏治台期間,不僅致力於修整軍備,設置府縣,草創法制,推廣文教,敦睦土番,將大陸一整套封建統治模式移到台灣;而且寓兵以農,格外注重農耕生產,並積極開拓海外貿易,努力富實台灣民眾,使長期停滯於原始階段的台灣得以快速

跨入封建社會的大門。在農業方面，明鄭當局不僅積極募民拓荒、獎勵屯墾，還大力興修水利、普及農技，通過主動調整生產關係，促進生產力提高。經官民二十餘年的共同努力，拓殖田園以承天府（今台南）為中心漸次擴展，南達瑯嶠，北及淡水、雞籠，包括官田、文武私田、營盤田，合計達18443甲，較荷據時期（10000甲左右）擴大了近一倍，不僅實現了台灣糧食自給有餘，而且還帶動了植蔗製糖、曬鹽熬腦、伐木燒瓦等其他行業的同步發展。在貿易領域，憑藉海上商貿崛起的明鄭集團歷來重視對外經濟聯繫，尤其是針對清廷實行嚴厲的「遷界」封鎖，一方面，仍千方百計地維繫著台廈之間暗中通商管道，從大陸獲取布帛等台灣緊缺的日常生活用品；另一方面，又想方設法地拓展對日本、呂宋、暹羅等地的通洋貿易，甚至還與英國東印度公司締結商約，以從中營利並換取大宗軍需物資。誠如郁永河在《偽鄭逸事》中所描述：鄭氏「交通內地，遍買人心。而財用不匱者，以有通洋之利也。本朝嚴禁通洋，片板亦不得下海，唯商賈壟斷，厚賄守口兵弁，潛通鄭氏，以達廈門，然後通販各國。凡中國之貨，海外之人皆仰資鄭氏。於是通洋之利，唯鄭氏操之，財用益饒」。當時台灣的海外貿易對象不僅多元並存，而且數量相當巨大，即連橫所謂：「是諸國者，皆與台灣貿易，歲率數十萬金」，「是台灣者，農業之國，而亦商務之國也」。而發達的對外貿易，又進一步加快了台灣開發進程，「從此台灣日盛，田疇市肆不讓內地」。

　　1683年施琅平定台灣後，清政府立足於「治台重在防颱」，對台政策在總體上趨向消極、保守，並曾一度造成台灣人口銳減、生產凋敝。但相對而言，台灣租輕賦薄，官方又允許私墾，加上1713年（康熙五十二年）宣布「滋生人丁，永不加賦」，1725年（雍正三年）豁免「番婦丁稅」，1736年（乾隆元年）推行「丁銀減半」等諸多利好因素，東南沿海仍有大量漢人冒險「闖關」，湧入台灣，從而導致大規模拓殖由南到北、由西向東在台灣全面展開。凡歷康雍乾嘉四代，台灣經濟社會發展重新步入了正軌，並取得了令人矚目的成就。截至同光年間，不僅可耕地區已悉數開發，台東後山也得以拓墾，並以濁水溪為界，大致形成了「南糖北米」的農業布局。而農技推廣與水利興修，還有力地促進了台灣農產品增產與外銷。這一時期，通過「台南三郊」等商業組織，台灣不僅向大陸提供了大量的稻米和蔗糖，並從閩粵等地輸入日用消費品和建築材料等，兩岸貿易相當活躍；而且還向許多國家和地區行銷烏龍茶等，樟腦產量與輸出量更居世界首位。也就是說，在農業發展

的帶動下,台灣榨糖茶、熬腦、曬鹽等傳統手工業亦日益發達,不僅生產技術不斷提高,而且生產規模持續擴大。此外,全台各處大小工商城鎮還不斷湧現,像台南、鹿港、艋舺即號稱當時「三大港市」,而台北更在兩百年不到的時間裡由蠻荒之所矗立為全台首善之地。然而,遺憾的是,即使清朝兩百餘年的治理使台灣封建經濟蒸蒸日上,社會文明程度愈益提升,但由於統治集團長期都未對台灣進行有意識的開發和大規模的建設,其生產力總體水準依然遠遠落後於大陸內地。

1840年鴉片戰爭爆發,西方列強憑藉堅船利炮轟開中國國門,攫取了協議關稅、領事裁判、片面最惠國待遇等在華特權,特別是通過一系列不平等條約逼迫中國開放通商口岸。像淡水、雞籠、安平、打狗等地相繼開港,不僅為列強大肆掠奪台灣原料及資源,大量傾銷鴉片和洋貨,打開了方便之門;而且還導致英美等外國入侵資本牢牢地控制了台灣對外貿易與航運交通,甚至直接滲入生產經營,使台灣原有的以家庭小農與手工作坊相結合的自然經濟,以及兩岸貿易互補格局遭到極大破壞。而1870年代以來此起彼伏的邊疆危機中台灣的特殊處境也迫使清政府將治台政策重心由防內改為禦外。1874年,沈葆楨奉旨入台實施更積極的經營策略;1885年台灣單獨設省後,劉銘傳又大力推行清賦保甲與自強新政,架電線、設郵局、造鐵路、買艦船、製武器、增炮台、開煤礦、立公司、創學堂,把眾多新式事業集中於一省(其中有些建設專案在當時全國都尚屬首創,如1893年建成的台灣鐵路,北起台北,南抵新竹,為台灣第一條鐵路,也是全國最早集資修成的官辦客運鐵路),使台灣迅速邁向近代化,資本主義因素也漸次萌芽。雖然至甲午戰爭前,台灣已儼然成為當時中國最先進的省份之一;但是,與大陸境遇相同,清末洋務革新及其多方努力,並沒能從根本上阻止台灣經濟社會朝半封建半殖民地化方向逐步陷落。

(三)日據期(1895年至1945年)

1895年,日本通過《馬關條約》,對台灣實施殖民侵佔,台灣早期經濟發展由此邁入了一個特殊時期。據台後,日本殖民當局厲行總督專制統治,一方面,依靠嚴密的員警手段,殘酷鎮壓台灣民眾反抗;另一方面,全面推行奴化教育,千方百計地扼殺台灣百姓的中華觀念和自主意識。在經濟領域,日本殖民者則視台灣為原

材料供應地、商品銷售市場和資本輸出場所，使台灣經濟迅速附庸於其本土發展，並服務於其對外擴張。概括而言，台灣經濟的殖民地化前後經歷了兩個不同的階段。

1930年代前，為落實「日台經濟一體化」及「工業日本、農業台灣」總體布局，當時台灣總督府一是借助土地、林野、人口普查，以改租、增稅、收買等方式，強佔台灣大量耕地（如僅台灣糖業公司就佔有耕地10多萬公頃，約為全台耕地的1/7）與幾乎全部林地（合計75萬甲，占林地總面積的96%），並有目的地採取資金與技術扶持，改進農業生產，實施掠奪式的「米糖中心」政策，進而導致台灣經濟結構趨向單一。據統計，當時，台灣農業生產的六成和工業生產的七成為米糖經濟所包容，而台地產出的近一半稻米與80%的砂糖都被搶運輸往日本。二是依靠控制關稅，統一度量衡與貨幣，確立鴉片、食鹽、樟腦、煙酒等專賣制度，創設現代銀行、農村信用社和各種壟斷性經濟社團，利用政治權力和資本力量，極力排斥、驅逐西方經濟勢力，為日商控制關鍵產業、獨佔對台投資與貿易、搜刮台灣巨額財富提供強有力支撐。如相關資料顯示，在1897年至1930年間，對日貿易占台外貿的比重呈明顯攀升，由1897年僅占18.7%至1930年已達83.4%；同期，對日出口比率從14.2%增到90.6%，對日進口比率也由22.7%升至73.2%。而正是在嚴重畸形的市場依賴關係下，殖民者以本土剩餘工業製成品與台灣農副產品進行不平等交換，自1905年始，還使台長期處於對日貿易的出超狀態，1930年總額已擴大為9550萬日元，台灣巨額經濟盈餘被無償掠奪並絕大部分轉移到日本。

1931年日本製造了「九・一八事變」，悍然入侵中國東北，為了配合軍事上對外擴張，台灣總督府開始有意識地調整其殖民政策，逐步將重心由農業開發轉向戰時工業化。特別是1937年發動全面侵華後，殖民當局明確提出「南進基地化」等口號，規劃實施了台灣工業振興計畫，持續加快了與軍事相關的諸如石化、煤炭、冶金、機械、電力、船舶等產業的投資與建設。截至1939年，台灣工業產值已達5.7億日元，占台灣總產值的45.94%，首次超過原本強勢的農業（當年產值為5.5億日元，占總產值的44.49%），成為經濟主導產業之一。1941年底太平洋戰爭爆發，總督府又將台灣「要塞化」、工業「戰場化」，在台灣實行戰時總動員與經濟統制，集中一切人、財、物，甚至從日本國內與華南淪陷區招攬資金、遷移設備，全力發

展軍需產品。具體地說，台灣工業內部結構在此間出現了細微的變化——以製糖為主的食品加工業發展明顯放緩，比重有所下降，從1931年的69.5%下滑到1942年的54.6%，回落了14.9%；同比，化工業則由6.1%上升至12.1%，提高了6個百分點；金屬工業由2.0%上升至6.4%，提高了4.4個百分點；機械工業也由2.3%上升至4.3%，提高了2個百分點。可見，台灣現代工業的興起與初期發展，並非完全是經濟自由發展的結果，而是日本帝國主義侵略擴張政策與戰時經濟統制的產物。

此外，值得注意的是：在台灣早期工業經濟中，不僅如前述製糖業的比重明顯高於基礎重工業，結構畸形程度相當嚴重；而且在資本方面，憑藉總督府賦予的特權，三井、三菱、住友、安田等日本財閥長期居於壟斷地位，掌握著台灣整個經濟命脈，而台灣本地投資的積累和發展卻極其有限。如從1941年的統計資料看，台灣20萬元以上股份有限公司的實繳資本中，台資僅占8.3%，日資比例卻高達91.1%。顯然，1895年至1945年間，日本對台殖民掠奪的獲益要遠大於台灣客觀經濟生長成效。「當時台灣經濟發展的主要目的是為了日本帝國得益，而並非是為了台灣民眾」，日本對台澎的殖民統治根本就不存在所謂的「德政」與「善行」！

小結：從台灣早期經濟成長看，首先，必須充分肯定：台灣擺脫蠻荒、邁向文明始自大陸漢族陸續徙入、墾殖，是一代又一代中華移民的辛勤耕耘，才造就和奠定了今日台灣的物質根基。其次，應當清醒認識：無論荷蘭侵佔，還是日本殖民，雖在客觀上有助於台灣經濟發展，但想方設法攫取台灣資源、盤剝台灣民眾利益，進而奴役和遏制中國，才是列強真正的意圖。

二、台灣現代經濟發展概略

如前析，台灣現代經濟啟動於1930年代的台灣第一次工業化，當時日本殖民者出於對外侵略擴張的需要，從單純發展「米糖」農業轉向兼顧與軍事相關的重化工業建設。儘管現代工商產業已初步建構，但直到1945年日本投降，台灣各地在總體上仍恪守「以農立國」的中華傳統，還以自給自足的耕作農業為主，尚處在封建經濟向殖民地經濟、自然經濟向商品經濟過渡階段。抗戰勝利後，台灣經濟脫離了日

本體系,經歷了從公營經濟主導、壟斷,到公營和民營二元並存,再到公營企業民營化,逐步確立了以市場為導向,由資本主義私有制占統治地位的現代形態,並在「自力成長」與「創造奇蹟」的道路上,漸次融入了世界經濟大潮。

(一)恢復起步階段(1945年至1960年)

戰後初期的台灣面臨著極其嚴峻的經濟形勢,從外部環境分析,擺脫殖民地經濟形態後,台灣經濟所依附的日本市場及其供需關係也隨即喪失,新的替代「鏈條」又一時難以形成。因為,經歷了長期戰亂的中國大陸,一方面,社會總體發展相對滯後,資金、技術還極度匱乏;另一方面,新一輪的政治動盪與經濟蕭條又接踵而來,根本就無法為台灣重建提供強有力的援助。而就內部條件看,情形更不容樂觀——不僅工礦企業、交通運輸、水利灌溉等各種設施不同程度地遭受戰爭損毀,資本積累出現了大幅縮減;而且日本倉促撤離還導致專業人才大面積流失,並使組織管理趨向「真空化」,工農業生產陷入停頓。據粗略估計,當時台灣約有3/4的工業設備、2/3的發電機組以及一半以上的運輸網路處於癱瘓狀態,管理與技術人員短缺超過3萬名,並因此造成生產效能明顯萎縮,物資供給嚴重短缺。如1945年全台稻米產量僅64萬噸,遠不及86萬噸的當地消費最低限,從而引發了大規模米荒。再加上國共內戰所造成的財政大量透支與人口不斷湧入的推波助瀾,台灣物價更是飛速上揚,民眾生活也急劇滑坡,整體經濟在超負荷運轉中已瀕臨崩潰的邊緣。

雖然,1945年至1949年,台灣省政當局在接受日產的基礎上,圍繞著恢復生產、抑制通脹,制定政策,頒布措施,邁開了廢墟重建的第一步;但統計表明,相對戰前最高紀錄,截至1949年底,最主要農作物——稻米產量僅逐步回升至86.7%,製造業產值也只修復到44.0%,而遏止持續、惡性通脹的兩次幣制改革與多方開源節流卻未能如期奏效,1948年10月至1949年6月間,物價月均漲幅仍創下53%的歷史高點,經濟前景依舊一片黯淡。

伴隨著新中國建立,蔣介石集團敗退台灣,國共隔海對峙漸次形成,以及朝鮮戰爭爆發,美國軍事力量進駐台海,兩岸經貿聯繫完全中斷,台灣經濟暫時游離了

大陸經濟圈,開始走上「自力成長」的發展道路。而因應內外政經形勢的深刻變化,在美國經濟援助的支持和配合下,台灣採取了一系列穩定金融、保障供應、促進生產的新舉措,如開展土地改革、進行貿易管制等,才逐步扭轉了混亂局面。至1952年底,台灣經濟狀況已明顯好轉,並大致恢復到戰前最高水準。如1950年全台稻米產量即超出光復前140萬噸的上限記錄,達142萬噸,1952年更升到157萬噸,增長了10.6%;在工業產能方面,雖仍無法充分滿足台灣市場的需求,但1951年非食品製造業實現淨增值1.11億元(新台幣,下同),也超過了1940年1.10億元的峰值,其占製造業的比重則從1940年的46%提高到1952年的90%。也就是說,經過長達七年的緩慢復甦,台灣經濟基本上擺脫了困境,重新步入了成長軌道。

就幾項關鍵性指標綜合分析,至1950年代中後期,台灣經濟已實現了初步發展。1953年至1960年間,台灣不僅物價波動明顯回落(年均批發物價漲幅降到8.8%),儲蓄存款快速上升(年均遞增24.0%),經濟形勢趨向穩定;而且保持著年均7.3%的GNP總量增長與3.5%的人均收入成長,產業結構也朝有利於工業化方向調整(在生產總值中,農業比重由38.3%跌到32.9%,工業比重卻從17.7%升至24.9%)。從政策面上看,台灣基於「穩定中求發展」的指導思想,在這一階段主要實行了「恢復農業,以農養工」方針與「進口替代」策略。因為,當時台灣經濟總體上仍以農業為主,由於土地改革完成、耕作制度改進與農業投入增加,勞動生產率和農產品供給不斷提高,如稻米產量從1953年的164萬噸升至1960年的191萬噸,增長了16.5%。農業的大幅增產在有效滿足台灣基本需求的同時,還有大量剩餘提供出口創匯,以進口工業原材料與機械設備,支援工業資本積累與建立生活日用品製造體系,替代消費品進口。統計顯示,同期,農產及其加工品占出口總值的平均份額高達85.5%,而消費品進口比重則從17.2%降到8.1%。具體地說,台灣「犧牲農業,扶植工業」的政策傾向體現在:積極引導大量廉價的農業過剩勞力實現轉移,主動促進技術含量較低的勞動密集型工業擴張,並通過肥料換穀、強制收購等不等價交換,將農業利潤直接轉入工業部門;在工業方面,則根據台灣資源供需狀況,擬定產業開發計畫,運用財政、金融、貿易等保護性手段,鼓勵和扶持本地工業發展壯大,除重點開發電力外,還初步建立了肥料、紡織、食品、建材、塑膠、家電、成衣等輕工體系,僅僅八年,整個工業淨產值即從34.2億元猛增至124.97億元,平均年增率達20.3%,扣除物價上漲因素,實際成長仍有10.0%。顯然,在跨入

60年代之際，台灣已大體具備了實現經濟起飛的各項條件。

（二）快速發展階段（1961年至1987年）

1960年代初葉至80年代中期，資本主義世界經濟先後經歷了兩次全球範圍的分工調整，也相繼經受了兩次大規模經濟危機的嚴重衝擊，既有空前的繁榮和發展，也有可怕的蕭條與「滯脹」。在此期間，台灣經濟一方面面臨著難得的機遇，另一方面也承受著極大的風險，但在總體上，由於政策到位，舉措得當，不僅成功地實現了產業結構的兩次重大突破，而且迅速躋身於新興工業化國家和地區行列，順利地完成了經濟發展中的質變跨越。

研究表明，經戰後初期的恢復與重建，至1960年代，美、歐、日經濟已再度呈現出高速增長、不斷擴張的趨勢，國際分工的模式也由單純的工農差別深入到工業內部，傳統的勞動密集型產業因發達國家著力發展資本與技術有機構成更高的重化工業而逐步轉向勞力充足、工資低廉的發展中國家和地區。而此時，又恰逢台灣內部市場趨向飽和，繼續實施「進口替代」政策已無法進一步推動經濟發展，相反，各種矛盾和問題卻因此滋長且日益突出。在內外經濟環境變遷的巨大壓力下，台灣以「十九點財經改革措施」為藍本，果斷調整經貿體制，採取創設專門加工出口區等投資優惠及獎勵，逐步建立了大力發展輕紡工業、積極鼓勵出口擴張、全面帶動經濟增長的有效機制，從而有力地促進了台灣經濟起飛。

按各項指標反映，台灣經濟在1961年至1972年間實現了第一次飛躍：一是物價漲勢平穩，年均僅上浮2.0%（批發類），經濟總體運行安定；二是GNP快速增長，平均每年遞增了14.7%，扣除物價上漲因素，實際成長率仍達10.5%；三是收入水準明顯提高，1972年台灣人均收入已升到482美元，名列發展中國家和地區前15位，而且在民間中小企業大量湧現、勞動收入有所增加等因素共同作用下，整個收入分配也趨向均衡；四是產業結構變動劇烈，工農業地位互換，其中，工業產值以年均19.4%增長，結構比重從25.0%攀至40.3%，而同期，農業卻只有6.3%的增幅，相應比重也從31.6%跌到14.2%，整體經濟形態已由農業型轉向以工業為主；五是以加工出口工業為龍頭的外向型經濟發展格局初步形成，但自日本進口機械設備與關鍵零

配件、在台灣完成生產組裝、往美國銷售加工製成品的「日本——台灣——美國」三角貿易模式，以及所導致的台灣經濟對美日等國際市場的高度依賴，如美日兩國曾分別壟斷台灣出口的42%（1972年）與進口的44.9%（1971年），也愈益顯現。

進入1970年代後，世界經濟形勢發生了重大逆轉，不僅以美元為中心的國際貨幣金融體系出現崩解，而且全球性糧食與石油危機又接踵而來。受此影響，台灣經濟旋即陷入自50年代初以來最為嚴重的低迷和衰退。據統計，1974年，台灣批發物價猛漲了40.6%，揚幅超出過去12年總和，整個市場一片蕭條；而扣除物價上漲因素，實際經濟成長率卻從前年度的12.8%慘跌至1.2%，創下恢復起步後的歷史新低，工農業生產出現急劇萎縮。台灣之所以會遭遇輸入性經濟危機全面而深刻的衝擊，如前及，主要還在於其經濟過分依賴外部市場，原材料、能源及生產設施需要進口，加工完成的產品需要出口，外貿依存度在1974年就達91%。

針對同步並行的「滯脹」困擾，台灣通過適時緊縮，陸續頒布並採取了控制物價、提高利率、減免稅收、調節外貿等配套舉措，積極抑制通貨膨脹，努力刺激景氣復甦。1975年，台灣批發物價就止漲反跌，降幅達5.1%，實際經濟成長率也略有回升，遞增了4.2%，儘管仍面臨著諸多困擾，但經濟整體面似已躍出低谷，開始新一輪的快速擴張。而在此期間，美、歐、日等發達國家因受第一次能源危機的打擊，紛紛致力於開發耗能少、附加值高的高新技術產品，並將部分能耗大的重化工業轉至發展中國家和地區，打破了不同工業部門間初級產品與加工產品的國際垂直分工體系，形成了同一工業部門內高端產品與中、低檔產品的水準分工模式，以及技術密集、資本密集和勞動密集等三種分工級別。戰後國際分工的再度調整，使危機之後的台灣得以在已有產業平台與技術水準的基礎上，承接和發展從發達國家轉移出的部分重化工業，不斷提升工業化層次，從而實現了高級形式的「進口替代」與第二次經濟飛躍。

經過數年震盪與調整，台灣經濟在1970年代後半期再度迎來了穩定增長的局面。特別是在十大建設的帶動下，1976年至1979年，GNP年均增幅達19.4%，扣除物價上漲因素，實際增率也有10.9%。同期，固定資產投資逐步擴大，台灣工業化程度進一步提高，工業產值所占比重從42.7%上升到45.1%，成為主導產業；其中製

造業依然是工業建設的重心，占GDP的比重也從32.5%增至34.6%。在對外貿易方面，四年間，台灣進出口總額由158億美元攀到309億美元，年均遞增了25.1%，累計盈餘達44.06億美元，成為全球第12大貿易體（然其外貿依存度於1979年卻突破了百點大關，升至106.9%，從而也對整體經濟的健康發展埋下了隱患）。此外，在收入不斷提高的過程中，台灣分配狀況也趨向均衡並持續改善。

但至1979年，由於第二次石油危機引爆了新一輪世界性經濟蕭條，連續3年溫和上漲的台灣物價出現了再度飆升，批發物價從平均3%左右的漲幅猛跳至13.8%，經濟危機的先兆又一次重現。但相對而言，此番台灣經濟危機的程度並沒有超過1970年代初期水準。如1980年和1981年批發物價上漲率僅在16%至19%間擺動，1982年即回落到3%；而經濟增長雖有所放緩，但1980年和1981年仍保持了7%與6%的中度增幅，1982年才跌至谷底，降為3.6%；進出口總額在此三年間雖萎縮了6.2%，貿易盈餘也暫時消失，但尚未造成貿易赤字；僅工業生產衰退較為明顯，增率從1980年的6.8%削減到1981年的3.5%，1982年甚至出現了0.9%的負增長。

為應對危機，台灣採取了適當緊縮銀根、逐步調整結構的策略，但直到1982年底，伴隨著國際油價走低，輸入性通脹壓力趨緩，台灣經濟才擺脫了低迷徘徊，重新步入了穩定增長軌道。統計顯示，1983年至1987年間，台灣批發物價除1984年出現0.5%的微弱漲幅外，其餘各年均呈負增長，1987年比1983年下跌了8.5%。而同期，GNP卻從21033億元增至32890億元，年均遞增11.8%，扣除物價上漲因素，實際增幅為10.4%；至1987年底，台灣人均收入已超出5000美元，接近發達國家1970年代中期水準（但收入分配總體均衡狀況卻開始逐步惡化）；儲蓄金額則從1983年的6759億元攀到1987年的12722億元，年均遞增了17.1%，占GNP比重由32.1%提升至38.5%，創下歷史最高紀錄。在產業結構方面，工業還呈擴張趨勢，所占比重由1983年的45.0%升至1986年的47.1%，1987年稍滑為46.7%，達到歷史高點；農業則進一步衰微，從占7.3%的比重縮減至5.3%；服務業仍保持平穩發展，在五年中僅由47.7%略升到48.0%。就工業內部結構而言，製造業從1983年占GDP的36.0%上升到1987年的39.5%，其中，因勞動密集型輕紡工業開始外移，重工業的產值比重明顯提高，從47%增到50%以上。可見，經過二十多年的高速增長，台灣經濟在80年代中期已基本完成了工業化。

（三）調整轉型階段（1988年以來）

誠然，傳統的加工出口產業及其不斷擴張是帶動台灣現代經濟騰飛的主要「引擎」。但自1970年代中後期以來，台灣經濟運行環境卻悄然發生了深刻變化，諸如出口過度集中、資金大量過剩、汙染嚴重超標等深層次問題日漸暴露，特別是以輕紡工業為代表的勞動密集型產業的生產經營成本逐步攀升，海外比較優勢喪失殆盡，而轉向資本密集的重化工業建設又受制於內部資源匱乏和國際能源危機，不僅發展空間有限，而且也難以持續拉動經濟快速增長。面對愈益突顯的結構性困境，台灣在80年代後半程實施政治「解嚴開禁」的同時，提出了「旨在促進經濟自由化、國際化、制度化」的行動綱領，採取了「減少干預，降低保護，開放市場，健全法制」等一系列舉措，試圖推動整體經濟從行政管制逐步轉向自由競爭，並著力通過發展策略性工業，造就適合台灣狀況的能耗少、汙染小、附加值高、競爭力強的知識與技術密集型產業集群，變革既有的以重化部門為中心的「進口替代」模式，實現經濟再度「更新換代」。1988年，以電子資訊等高科技行業被確立為產業升級與出口導向新支柱為標誌，台灣經濟正式啟動了新一輪的調整與轉型。

從計畫實施的總體成效看，經1990年代的發展，台灣製造業已逐步趨向生產勞動密集度較低、資本與技術密集度較高的產品，行業布局也日益朝著中、高層次優化整合。像在台灣出口商品中，高勞動密集度產品從1989年占43.45%，2002年跌為34.8%；同期，資本中、高密集度產品所占的比重卻分別由50.7%、26.6%提高到58.4%、31.9%；高技術密集度產品更從僅占24.3%增至46.2%。此外，在工業及製造業逐步升級的過程中，80年代中後期，台灣服務業也開始出現加速發展態勢，並因此導致台灣整體經濟出現了結構性變動，從「以商品為中心」逐步過渡到「由服務占主導」。就統計資料而言，1988年，台灣服務業占GDP的比重首度突破了50%，對工業的比較優勢則從當年的5個百分點（50.1%：44.8%）逐漸地擴大到2002年36個百分點（67.1%：31.0%）。產值增長方面，1980年至2002年，服務業由6944億元猛增到65327億元，年均遞增了11.7%，扣除物價上漲因素，實際成長率仍達8%；同期，工業雖從6821億元升至30208億元，但年均僅名義增長了7%，實質增長才5%，遠遜於服務業；農業更不樂觀，由1146億元增到1809億元，年均增幅只有2%，若扣除物價上漲因素，幾乎為零增長，基本處於停滯狀況。在吸納就

業人數上，服務業（占43.8%）也於1988年超過工業（占42.5%），至2002年，兩者差距已擴大到22個百分點（57.3%與35.2%）。可見，自80年代中後期以來，服務業已逐步成為台灣經濟增長的主要來源與重要支撐。

總體上，當局有意識的政策鬆綁為台灣經濟的良性發展創造了相對有利的宏觀背景，儘管李登輝、陳水扁當權期間曾出現局部反覆，譬如，藉口「維護安全」，相繼實施了「戒急用忍」、「有效管理」等限制性措施，企圖阻滯兩岸經濟的深層次融合，然面對快速崛起的大陸經濟，其又不得不默許中小台商「直接西進」與大額台資「迂迴登陸」，從而在客觀上分散了外部市場風險，改善了台灣貿易結構，不僅有效降低了對美國出口依賴，而且有力促進了財政收支平衡。但由於1997年亞洲金融風暴的衝擊，以及受美國高科技網路經濟泡沫破滅與「9‧11」突發事件的影響，世界經濟增長大幅趨緩，國際市場普遍低迷，2008年又陷入嚴重衰退與深刻危機，再加上台灣政爭持續不斷又使其大陸政策缺乏必要的靈活性，因此，進入21世紀後，轉型調整中的台灣經濟遭遇了空前嚴峻的挑戰，面臨著自現代經濟起飛以來最為罕見的景氣衰退。

各項統計反映，21世紀初，台灣「五低四高」現象相當突出。一方面，增長乏力，生產萎縮，貿易下降，投資滑落，消費疲軟。如台灣GDP在2001年出現了戰後首度負增長（-2.2%），並陷入低速徘徊，2005年僅4.1%，2006年約4.7%；商品進出口額增幅也明顯衰減，從2000年的25.9%、21.8%降至2005年的8.5%、8.8%。另一方面，失業率攀升，收入差距擴大，財政赤字增高，通貨膨脹顯現。像台灣失業率在2000年接近3%，2001年突破4.6%，2002年升至5.2%，至2005年還有4.1%，數百萬人受到不同程度波及，原有「充分就業」的狀況完全逆轉，「均富」社會也逐步消失，吉尼係數由2000年的0.326，2001年升至0.350；此外，至2004年，台灣當局累計債務餘額已達7萬億元，超出GDP總量的70%，財政狀況的急劇惡化直接阻礙了宏觀調控及對經濟發展的引導與支持；而受國際油價劇烈波動影響，台灣進口物價不斷上漲，拉高了整體物價水準，並使民間痛苦指數由2000年4.3大幅竄升到2004年6.0、2005年6.4。也就是說，進入21世紀後，台灣經濟即使尚未深陷重重危機，矛盾與問題也已層出不窮，如何儘快擺脫轉型調整中逆勢與困境，重新推進經貿發展與躍升，顯然是一項亟待解決的複雜而艱巨的課題。

所幸的是，儘管2008年以來遭遇世界性經濟危機，但兩岸經貿互動卻持續加強，特別是在「三通」的基礎上，雙方還於2010年簽署了《經濟合作框架協定》，為台灣經濟民生改善注入了新的生機與活力。從指標看，2010年，在內外需雙重引擎拉動下，台灣經濟呈現10%左右增速，創下1990年以來最高紀錄，在亞洲「四小龍」中僅次於新加坡，全年GDP總量達到4500億美元，人均GDP突破19000美元，外貿總額年增30%，超過5000億美元，民間投資20000億美元，上揚近32%，股指也由上年不足5000點逼近9000點，失業率則降至5%以下。我們也相信，有大陸的支持和援助，有廣大台灣人民的勤勞與智慧，台灣經濟前景一定會逐步回暖並日趨美好！

小結：台灣現代經濟發展表明，儘管經濟生活與政治運作息息相關，但更受其內在規律的支配。只有遵循經濟規律，乘勢而為，讓政治服從並服務於經濟，而非干擾經濟，才能造就經濟「奇蹟」；反之，違背經濟規律，逆勢操作，片面強調意識形態，經濟難免陷於停滯與衰退。任何政治都建立在一定的經濟基礎之上，都必須集中體現相應的經濟要求。今日台灣經濟增長與轉型已離不開大陸腹地，需要大陸支援，政治上就應致力於推動兩岸和解互動。也唯有如此，台灣才有光明的未來。

三、戰後台灣經濟起飛探源

台灣從蠻荒漸次邁向文明，戰後更由經濟欠發達地區快步演進為新興工業化地區，成功躋入亞洲「四小龍」行列，其顯著進步背後的「祕密」無疑值得我們進一步深入探討。

（一）台灣現代經濟發展的深層原因

綜合考察台灣現代經濟的成長歷程及其作用因素，我們發現，台灣於戰後六十餘年間的飛速發展主要得益於相對有利的內外條件，同時也離不開參與主體的積極努力。

在論及台灣現代經濟發展的成因時，大陸學者以往多側重於強調客觀上「日本留一點、國民黨帶一點、美國給一點」。的確，由於特殊的歷史境遇，台灣經濟在戰後恢復重建與起步準備階段擁有比較可觀的物質前提。

早在日本殖民期間，為了便於軍事控制、政治統治和經濟掠奪，台灣總督府不僅直接介入台灣公共基礎設施的改造建設和監督運營，構築了包括鐵路、公路、港口、機場在內的貫通南北東西的道路交通網路與對外航運管道，以及像桃園大圳、嘉南大圳等大型水利灌溉工程；而且如前述基於服務對外擴張與侵略戰爭需要，還於1930年代將原有的「米糖中心」經濟轉向發展軍工生產，相應地啟動了台灣第一次工業化，塑造了台灣現代經濟的雛形。而光復後，原殖民當局的各類產業和大部分的日資企業多歸國民政府所有，如至1946年11月，僅台灣省行政長官公署就接收了5969家日本人工廠；雖然，大量日產在戰火中曾遭不同程度的毀壞，但經逐步修復，其對戰後初期台灣經濟重建的推動效能仍十分巨大。

而在1949年敗退台灣前，蔣介石集團還先後從大陸擄掠、搶運了總價值在5億美元以上的各種財物，包括92萬兩黃金、3億多兩白銀、3000萬兩銀圓和7000多萬美元，以及1500船的機器設備、運輸車輛、棉紗布匹等。也正是憑藉這批龐大的物資支撐，國民黨殘餘勢力才得以漸次穩定當時台灣混亂局勢。值得關注的是，隨著台灣經濟的康復與增長，到1950年代後期，上述有形資產所儲存的潛力已基本耗盡，但諸如專門網羅的財經人才（像李國鼎、尹仲容、俞鴻鈞、嚴家淦、孫運璿、俞國華等技術官僚）、日據時期所形成的經濟管理制度和較高素質勞動力等無形資源及其作用，卻自始至終貫穿於戰後台灣的發展進程。譬如，日本殖民者為推行「皇民化」運動，曾著力拓展日式文化，結果也導致台灣民眾文化程度普遍提高，初等教育相當普及，戰前，學齡兒童就學率已達71.3%，成人識字率亦有40%，在亞洲名列前茅，這也為台灣的經濟重建與起步提供了充足、可靠的人力保障；而另據測算，至1976年，全台即有70萬人完成了高等學歷，400萬人接受了中學教育或相關的職業培訓，兩者合計約占當時台灣總人口的三分之一。

若從外部環境看，台灣經濟在戰後快速起飛既深受美國亞洲戰略及其對台經濟援助的影響，也受惠於資本主義世界經濟的變遷和國際貿易的繁榮，同時，還與兩

岸互動往來日益密切休戚相關。

　　朝鮮戰爭爆發後，為維護其在遠東的霸權利益，美國重新回到「援蔣」的政策軌道上，並以「反共」為由，一方面，向台灣提供全面的政治承諾與足夠的軍事保護，另一方面，協助國民黨當局穩定經濟，籌畫發展。自1951年迄1968年，美國實際運抵台灣的物資與器械、輸出的技術及勞務、投入的貸款和資金等，累計14.68億美元，不僅有力地促進了台灣生產恢復，同時還為其經濟後續增長奠定了基礎，鋪設了平台。而如前述，1960年代正值資本主義經濟發展的黃金時期，美、歐、日等發達國家相繼進行產業結構調整，戰後貿易壁壘的逐步拆除與貨物、勞務、資金國際流動的不斷加速，全球能源與原材料供應長期充裕、價格又相對低廉，以及越南戰爭進一步擴大等，也使台灣獲得了難得的機會，實現了空前的發展。進入70年代後，台灣再次趕上國際分工體系朝縱深方向演化的最佳時機，通過主動調整產業布局，積極提升技術水準，順利完成了第二次經濟飛躍。而當台灣經濟結構逐步地由「商品中心」轉向「服務主導」時，又恰逢80年代中期以來兩岸對峙解凍，隨著雙方經貿交流日益熱絡，互利合作局面初步形成，快速崛起的大陸內地正漸次成為台灣經濟穩定與發展的廣闊腹地和戰略依靠。

　　換言之，雖然台灣經濟在戰後不同階段總面臨著這樣或那樣的問題，但內外空間中也存在著眾多有利於成長的因數，因此，經濟運作主體能否成功地化被動為主動，在很大程度上決定著經濟發展的最終結局。只有充分發揮主觀能動性，自覺調動各方積極性，敢於正視困難，勇於迎接挑戰，善於把握機遇，才能贏得巨大發展。

　　從總體上看，戰後六十餘年，台灣當局一直本著「穩定中求發展，發展中求穩定」的基本策略，採取「貿易導向，產業優先」的發展戰略，根據不同時期經濟發展特點與國際形勢變化，適時制定政策，主動調整措施，由「進口替代」到「出口擴張」，從發展農業、扶植勞動密集型輕紡工業到建立資本與技術密集產業，開闢了一條適合台灣的現代經濟成長的獨特道路。應該說，在整個策略選擇、政策制定、措施頒布中，台灣作為積極，較好地結合了台灣實際，並有效地利用了國際經濟變化所帶來的契機。如為解決基本溫飽問題，滿足台灣市場需求，台灣在1950年

代特殊歷史條件下制定了「以農業培養工業，以工業發展農業」的方針，在大力促進農業恢復與增產的基礎上，通過關稅保護、進口管制、外匯調配、優惠貸款等措施，實行「進口替代」政策，積極扶植紡織、食品等民生工業。60年代初，鑑於台灣經濟起飛各項準備已初步到位，台灣提出了「以貿易促進成長，以成長拓展貿易」的口號，採取獎勵投資、減免租稅、出口退稅、穩定匯率、創設加工出口區等具體舉措，果斷轉向擴張勞動密集外向型工業，推動了輕紡工業大發展。70年代能源危機後，台灣因應台灣外經貿動態，著眼於「調整經濟結構，促進經濟升級」，逐步加大基礎設施投資，側重發展資本密集的重化工業，以推進第二次「進口替代」與「出口擴張」。至80年代中期，台灣工業化基本完成，經濟面臨再度轉型與調整，台灣又頒布了「加速經濟升級，積極發展策略性工業」的綱領，依託「新竹科學工業園區」建設，突出技術密集型產業發展，並以「旨在促進經濟自由化、國際化、制度化」的同時，逐步「減少干預，降低保護，開放市場，健全法制」。當然，在洞悉經濟趨勢、引導經濟運行中，台灣也有研判失誤，如前述，針對愈益密切的跨海峽經貿互動，李登輝、陳水扁先後拋出了「戒急用忍」與「有效管理」，對台灣產業發展及結構轉型就造成了不必要的衝擊。

　　此外，我們還必須清醒地意識到，勤勞、節儉的廣大台胞對台灣經濟在戰後的快速發展做出了更大貢獻。如在1950年代初期的工業化進程中，台灣所奉行的「犧牲農業」政策就使當時占人口絕大多數的當地農民付出了慘痛代價，而其默默承受巨大損失誠然又是構築台灣現代經濟發展的第一根支柱。1960、70年代，台灣經濟實現快速擴張主要依靠勞動密集型外銷企業，更離不開眾多有文化、懂技術的本地勞動者的辛勤創造。又如，長期的政治高壓使大部分台灣民眾傾力「拚經濟」，只顧「埋頭賺錢」，這對台灣民間資本的迅速壯大與中小企業的日益成熟產生了至關重要的催化作用，從而也使民營企業最終成為台灣出口創匯的主力，成為支撐台灣經濟持續繁榮的重要角色。再如，秉承中華民族優秀基因的台灣同胞歷來重視家庭儲蓄，其辛苦積累所帶來的資本集聚規模、速度，對台灣現代經濟的起飛及其國際市場的開拓也發揮了難以替代的功效。可以説，沒有千百萬台胞在戰後六十餘年間的大力支持和熱情參與，令世人驚嘆的台灣現代經濟「奇蹟」就不可能實現。

　　（二）「台灣經驗」的實質

關於戰後台灣經濟成就及其根源，除了學術界展開富有深度的理論研討外，出於政治考量，台灣當權者也刻意進行過反覆推敲，並於1980年代中期總結出所謂的「台灣經驗」。1986年，蔣經國在國民黨十二屆三中全會上明確提出：應以台灣為「藍圖」，實現中國統一。由此，台灣的大陸政策逐步轉向「以攻為守」，輿論宣傳開始集中推銷「台灣經驗」，以配合實施「政治反攻」與「經濟登陸」。1988年，國民黨「十三大」進一步闡明了其大陸政策的「近程目標」在於：拓展「台灣經驗」，發揮政經影響，爭取大陸民心，「運用台灣民主建設的成功經驗影響大陸經濟發展方向」，推進大陸「新四化」，即政治民主化、經濟自由化、社會多元化、文化中國化，促成共產黨政權「內變」。此外，1987年，台「外交部」還將「台灣發展模式」作為爭取第三世界國家的「文宣策略」，並撥款10億美元成立「海外經濟合作發展基金」，專門負責對外推廣「台灣經驗」。更有甚者，還有人竟將大陸實行的改革開放政策，如建立經濟特區、扶持個體經濟、落實聯產承包等，歸功於「直接、間接接受台灣模式的影響」。

　　那麼，何謂「台灣經驗」？「台灣經驗」及「台灣模式」真如台灣所吹噓——是中國走向富強、民主、文明的「發展典範」嗎？事實上，如前述，導致台灣經濟在戰後快速成長的原因是多方面的，既包含著台灣外相對有利因素的客觀作用，也離不開國民黨當局的主觀能動與廣大台胞的辛勤耕耘。所謂的「台灣經驗」誠然是在特殊歷史環境和時代背景下形成的，僅是特定條件下取得經濟發展的簡單概括，並不具有普適性。尤其對大陸現代化建設而言，「台灣經驗」固然有不少成功的做法值得借鑑，但更須因地制宜，與時俱進，同時還應注意吸取其失敗的教訓，避免重蹈覆轍。譬如，1960年代，台灣抓住東西方全面冷戰與資本主義產業結構調整的契機，採取以「出口導向」為主的發展策略，引領台灣經濟實現了質變飛躍；而今，雖然往昔的世界政治格局與國際經濟環境早已面目全非，大陸仿效「出口導向」措施，仍取得了驕人的成績，被世人譽作「世界工廠」，但中國大陸本身所擁有的廣闊市場，卻也使中國經濟避免了對國外市場的過分依賴。又如，「台灣經驗」、「台灣模式」不僅涉及經濟層面，自90年代中期，更側重強調、突顯所謂的「民主成就」，但從台灣歷次大小選舉看，不僅到處充斥著暴力與金錢，而且賄選、作票等也屢禁不止，如此「民主」難道也值得向大陸推廣、普及嗎？

可見，國民黨當局之所以刻意誇大、極力炫耀「台灣經驗」顯然別有用心。眾所周知，進入1980年代後，無論台灣政局，還是兩岸形勢，抑或世界潮流，都出現了前所未有的新動態。一方面，台灣經濟發展導致本地資本壯大及民間力量成長，對國民黨獨佔各種社會資源形成了強有力的衝擊；面對此起彼伏的自力救濟抗爭與愈演愈烈的政治反對運動，突出強調「台灣經驗」，反覆渲染國民黨功勞，不僅有利於鞏固其一黨專政，而且有助於消解新一輪世界民主化浪潮的衝擊，改善其外部形象。另一方面，改革開放後，大陸經濟蓬勃發展，社會面貌日新月異，國際地位迅速提高，「和平統一、一國兩制」在台灣引發了強烈共鳴，廣大台胞迫切要求改變以往僵硬的大陸政策，儘快實現兩岸互動交流與直接「三通」；國民黨高層精心提煉並倍加推崇「台灣經驗」，力圖既舒緩壓力，又配合西方對華「和平演變」戰略，利用雙方往來接觸，對內地實施全方位滲透，化被動為主動，贏得社會制度與意識形態之爭。誠如當時國民黨高官李煥坦言，「第三次世界大戰」已經爆發，「這場戰爭不是國家間的戰爭，而是自由主義與共產主義思想的戰爭」，戰爭的工具「不是飛機大炮」，而是「經濟制度和意識形態」。需要特別警惕的是，李登輝當政後，基於險惡的居心，「台灣經驗」又常常被用於攻擊、汙衊和醜化大陸，並以進一步凸顯其「特殊性」，成為謀求「雙重承認」、「台灣獨立」的利器。

小結：首先，馬克思主義認為，歷史是由人民群眾在實踐中創造的；而實踐既受客觀物質條件的制約，也與主體的意識及其能動性息息相關。從戰後台灣經濟歷程看，其「經濟奇蹟」的鑄就，無疑是無數「中國血汗」的凝結，同時也體現了高超的「中國智慧」。其次，戰後台灣經濟發展具有特殊性，與美國的支持、援助密切相關，儘管客觀上「美援」發揮了積極作用，但其真實意圖絕非真心誠意地「建設台灣」，其「友善」背後的唯一目的還在於使台灣成為其侵略和遏制中國、進而攫取遠東戰略利益的重要「砝碼」。第三，台灣的經濟成就顯然包含著值得學習和吸收的有益成分，但絕不意味著大陸可以全盤照搬照抄所謂的「台灣經驗」，或肆意斷言「台灣模式」可以統一中國。因為，從根本上說，海峽兩岸社會制度不同，發展基礎不一，社會主義市場經濟的監管、調控機制與資本主義私有制的運營手段、管理技術、策略應用各有利弊，應取長補短，相互借鑑，進而實現「兩制」在「一國」中良性競爭，共處雙贏。

第四章　台灣政治沿革及民主反思

伴隨著東南沿海民間持續、自發的對台拓殖，唐宋以降，中國政府也日益自覺地延伸地方行政，主動介入對台管轄和治理。經歷了漫長而痛苦的蛻變，台灣走出了原始蒙昧，掙脫了殖民枷鎖，廢除了封建專制，並漸次邁向了現代民主。

一、台灣行政區劃演變

中國人不僅最早發現了台灣，而且一代又一代的中華移民為台灣帶去先進的生產方式、生產技術和生產經驗，加速了台灣的整體開發。根據1648年西發里亞和約所確立的近現代國際關係準則中有關國家主權的規定，台灣是不折不扣的中國領土。

（一）台灣從未建立過任何國家形態

台灣從來就不是一個國家。按《隋書・流求國傳》載，陳棱率隋軍於610年登陸台島，並與當地人發生激烈衝突，結果「棱擊走之，進至其都，頻戰皆敗，焚其宮室」，字裡行間出現的「都」、「宮室」等，似乎表明當時台灣「確實存在」一個「流求國」。實際上，關於7世紀初台灣社會政治狀況，《隋書・流求國傳》也作了詳細描述，如「其王姓歡斯氏，名渴剌兜，不知其由來」，「國有四五帥，統諸洞，洞有小王。往往有村，村有鳥了帥，並以善戰者為之，自相樹立，理一村之事」，「無賦稅，有事則均稅。用刑亦無常准，皆臨事科決。犯罪皆斷於鳥了帥；

不伏，則上請於王。王令臣下共議定之」，「無君臣上下之節，拜伏之禮」，等等；同時，《隋書·流求國傳》還指出，「其地少鐵，刃皆薄小，多以骨質輔助之」，說明隋代流求仍未完全進入鐵器時代。從目前已知的考古發掘實證分析，在漢族移民大規模到來之前，台灣社會發展的整體水準還處於相當原始的新石器時期，尚滯留在父系氏族部落階段，並殘存著諸多母系氏族公社的痕跡，沒有出現奴隸社會的典型特徵，甚至直到晚近，在台灣大部分地區已跨入後工業化的背景下，仍有一些少數民族的生產方式、生活狀態依然落後如故。而眾所周知，最初的國家形態又往往建立在奴隸制基礎上，因此，台灣少數民族建立國家的可能性微乎其微。即使如專家學者所推測的——台灣少數民族中有一支來自大陸東南的古越族，但據歷史文獻記載和考古文物佐證，大陸的百越約在李唐時代多已逐漸融入漢族，未曾發現有專屬越族的國家。可見，所謂的台灣少數民族的「流求國」並非真正意義上的國家，將其定位為部落或部落聯盟更加符合事實。

而早在宋元兩朝，中國人就開始在澎湖正式設治。1567年閩海開禁後，明官方在對外貿易中，還長期將雞籠、淡水、北港等視同大陸沿海港口，納入常規管理；大學士徐光啟在論及斷絕與日本互市時，即明確提出「我欲絕互市，先守雞籠、淡水如何？曰：果欲絕者，此為勝著」。1621年，顏思齊入台，漳泉之民往附者日眾，在普通百姓的意識深處無疑也將台灣看作中華自然屬地。遲至1630年鄭芝龍組織中國歷史上第一次大規模對台移民，更在「無形之間使中國政府開始正式認定台灣是中國的領土」，儘管當時荷蘭殖民者已竊據了台灣局部地區。誠如鄭成功驅荷檄文所言：「然台灣者，中國之土地也，久為貴國所踞，今余既來索，則地當歸我，珍瑤不急之物，悉聽而歸」；而建議東渡復台的台灣漢人甲螺何斌也說，「台灣君家之故土也」。

從上列舉證分析：其一，16世紀前，在台海區域長期從事生產勞動的只有中國人，從拓荒、漁獵，到墾殖、貿易，華夏先民的足跡早已遍布台澎諸島。而適用現行國際法公認的「先占」原則——率先抵達及開拓者享有領土，台灣主權顯然全部屬於中國。其二，作為包括少數民族和漢移民在內的中華民族的共同家園，台灣發展存在著空間差異。總體上，至晚明，無論政府當局，還是鄭氏集團，中國人已牢牢地控制了地理位置相對優越、商貿條件比較成熟的澎湖；而台灣本島雖也有大量

漢人移入拓墾，卻尚未得到充分開發，且官方治理依然薄弱。這也正是荷蘭人在多次入侵澎湖失敗後，擅自強佔、殖民台島局部地區卻意外得逞的主要原因。其三，直到17世紀中期，不僅主導台海事務的中國人，就連經歷了資產階級革命的荷蘭人，也沒有形成十分明確的現代主權觀念。當時殖民者東來的真正目的或原始動機僅限於追逐商業利潤和巨額財富而已。

事實上，自宋元在澎湖創設軍事防務與治安民政機構，迄1885年清末台灣單獨建省，台灣一直都只是中國福建地方當局管轄的一個地區。期間的例外發生在17世紀，即1624—1662年，台灣局部隸屬於荷蘭在亞洲的殖民統治機構——荷屬東印度公司的巴達維亞總督府；1662年至1683年，台灣成為明鄭割據勢力反清復明、問鼎中原的基地；但兩者也都視台灣為各自政權涵蓋下的一個「地區」，並未將台灣「國家化」。

但1895年，建省僅10年的台灣又因清政府在甲午戰爭中失敗而被迫割讓予日本，成為其海外殖民地，當年5月25日，台灣官紳士民為救亡圖存被迫成立了「台灣民主國」。唯如其照會各國所言：「我台灣隸大清版圖二百餘年，近改行省……日本要索台灣，竟有割台之款，事出意外……查台灣前後山二千餘里，生靈千萬……敢戰之士，一呼百萬，又有防軍四萬人，豈甘俯首事仇。今已無天可籲，無人肯援，台灣唯有自主，推擁賢者，權攝台政，事平之後，當再請命中國，作何處理……願人人戰死而失台，決不願拱手而讓台……此非台民無理倔強，實因未戰而割全省，為中外古今未有之奇變」；愛國志士丘逢甲致總理衙門的電文中也稱：「台灣屬倭，萬民不服。迭請唐撫院代奏台民下情，而事難挽回，如赤子之失父母，悲慘之極！伏查台灣為朝廷棄地，百姓無依，唯有死守，據為島國，遙戴皇靈，為南洋屏蔽……台民此舉，無非戀戴皇清。圖固守，以待轉機」；被推舉為「總統」的台灣巡撫唐景崧更公告海內外：「唯是台灣疆土，荷大清經營締造二百餘年，今雖自立為國，感念列聖舊恩，仍應恭奉正朔，遙作屏藩，氣脈相通，無異中土」。也就是说，當時台灣官紳軍民改「省」為「國」係應急策略，並非欲脫離中華而獨立，實乃自主守土，爭取回歸大陸。然日軍於6月佔領台北，10月攻陷台南，11月敉平全島，唐景崧、丘逢甲、劉永福等主事者相繼內渡，尚未踐行對內管轄與對外交涉等國家職能的「台灣民主國」即宣告土崩瓦解。

1941年底太平洋戰爭爆發，12月9日，中國政府正式對日宣戰，宣布廢除中日之間包括《馬關條約》在內的一切條約和協議。1943年11月，中、美、英三國首腦會議發表《開羅宣言》，明確規定日本應將竊取的中國東北、台灣、澎湖等歸還中國。1945年7月，世界反法西斯同盟簽署《波茨坦公告》，重申了《開羅宣言》立場，肯定戰後中國收復台灣主權；同年8月，抗戰勝利，台灣重新成為中國治下的一個行省。

而1949年內戰敗退的國民黨當局雖將「中華民國」的政治架構搬入台灣，自我標榜「代表全中國」，但仍長期維持著台灣的省級行政架構及其日常運作。直到1997年，為凸顯「『中華民國』是一個主權獨立國家」，從「『中華民國』在台灣」到「在台灣的『中華民國』」，在「台獨」勢力極力鼓噪下，經李登輝刻意主導，台灣才停止了省一級公職選舉，被「凍省」虛擬化，僅保有類似「福建省」的一級行政建制。儘管如此，按其「憲法」，台灣至今依然不能等同於「中華民國」，仍不具備完整的國家形態。

（二）中國對台灣的行政沿革

中國對台行政經歷了一個漫長而曲折的進程。早在3世紀，三國東吳的孫權為追求「普天一統」，就曾派大軍「遠規夷洲」，但因氣候、民風等原因，未能在島上建立必要的統馭機構。伴隨魏晉南北朝後大陸東南開發與海外貿易興起，7世紀初，隋煬帝又兩次令羽騎尉朱寬與海師何蠻入海求訪異俗，並於610年遣陳稜、張鎮州率兵橫渡海峽，征撫流求，然仍未能將行政同步延伸至台灣。直到12世紀後，隨著漢人移殖規模的逐步擴大，澎湖及台灣本島才逐步被納入中國政府有效管轄之下。即因宋王朝關注到閩南民間對澎湖的開發，以及其在兩岸商貿中獨特的海上中轉地位，改變了歷代宣慰招撫與軍事征討的對台政策，轉而採取在已有漢民聚居的澎湖先建置軍事、行政機構，進而遙制台灣本島的措施。1171年，泉州知府汪大猷在「春秋戍守」的基礎上「遣將分屯」澎湖，並將其間居民編戶、訴訟歸隸晉江縣，從此台灣開始正式列入中國的行政範疇。蒙元一統後，隨著「澎湖居民日多，已有一千六百餘人，貿易至者歲常數十艘，為泉州外府」，官方也因循前朝舊例，於至元年間在澎湖設立了專門的巡檢司，以負責治安巡邏，查緝罪犯，並兼辦鹽

課。應該說，宋元兩朝地方政府主動向澎湖延伸行政，並實施有效統治，為明清兩代逐步將台灣本島納入版圖創造了相對有利的客觀條件。

明代對澎湖和台灣本島的轄治多有反覆，但亦有發展。明中葉前，因禁海國策，澎湖行政曾幾度廢止，像1388年遷民墟地，撤廢巡檢等，但出於防倭禦寇需要，明政府在沿海各省築城設衛，造船募兵，又使當時軍方與福建當局基本上掌控了台澎及其相鄰海域。如1563年，俞大猷率軍追擊海盜林道乾，曾留駐澎湖，巡哨鹿耳門；1567年閩海開禁之初，明政府尚能通過核發船引，對包括雞籠、淡水等在內的兩岸及沿海貿易實施嚴格監管；1604年與1624年，福建地方還兩度出兵驅逐侵入澎湖的荷蘭殖民者。然在再度恢復澎湖防務的1597年，各方勢力已交織湧現，台海局勢也漸趨緊張；進入17世紀後，明官方在台灣的影響開始日漸式微。1603年，沈有容入台破倭，朝野還有設郡縣、行屯墾等議論，後軍方甚至直接於台島建置城堡，力圖實施跨海經營；但至1621年顏思齊登陸北港，嘯聚台南，明帝國業已危機四起，以至於對荷蘭與西班牙隨後侵入台灣無動於衷；1628年，為維護海上權益，鄭芝龍審時度勢，接受招撫，退踞金廈，明廷才基本放棄對台行政。

而正如給事中傅元初在1639年（崇禎十二年）的《請開洋禁疏》中所述，「海濱之民，唯利是視，走死地如鶩，往往至島外區脫之地曰台灣者，與紅毛番為市，紅毛業據之以為窟穴」，由於明朝官方勢力的退卻，才致使台灣於1624年至1662年間部分地淪為荷蘭殖民地。荷屬東印度公司及其巴達維亞總督府在台設置了行政長官與評議會，並通過召開地方長老會議，採取血腥屠殺、武力鎮壓與傳教辦學、懷柔教化相結合的手段，對台灣各族人民實行分而治之。直到1662年鄭成功驅荷復台，中國人才重新主導了台灣社會走向，大陸政治法律制度與封建生產關係也在台灣得以推展。鄭氏三代前後累計治台23年，奉亡明正統，襲故朝年號，改稱台灣為東都（東寧），以赤崁為東都（東寧）明京，並按內地舊制，正式設官置吏於台灣，在王之下設吏、戶、禮、兵、刑、工六官，地方行政置1府2縣（州）：承天府（今台南）、天興縣（今嘉義）、萬年縣（今高雄），軍隊實行屯墾。

1683年，清廷平定明鄭割據，次年，即採閩台合治，設分巡台廈兵備道（後改為分巡台廈道、分巡台灣道、分巡台灣兵備道）、台灣鎮，隸屬福建省，並在台灣

置台灣府，下轄台灣（今台南）、諸羅（今嘉義）、鳳山（今高雄）3縣；1721年（康熙六十年），增設巡視台灣御史（1787年，乾隆五十二年，廢止），以加強中央對台轄治。後隨著拓墾推進、生產發展和人口增長，清政府又陸續在台增設地方行政機構。1723年（雍正元年）置彰化縣和淡水廳，1727年（雍正五年）添澎湖廳，1766年（乾隆三十一年）設專事理番的南北兩路同知，1810年（嘉慶十八年）核准成立噶瑪蘭廳（今宜蘭）。為進一步強化治理，實施更積極經營，1875年（光緒元年）還專門設立招墾局等，並將行政區劃調整為2府8縣4廳，涵蓋台灣全境，即台灣府轄台灣、嘉義、鳳山、恆春、彰化5縣和澎湖、埔里社、卑南3廳，台北府轄新竹、淡水、宜蘭3縣和基隆廳。1885年，詔准台灣單獨建省，以彰化為省城，置3府11縣4廳1直隸州，即中路台灣府轄台灣、彰化、雲林、苗栗4縣和埔里社廳，北路台北府轄新竹、淡水、宜蘭3縣和基隆、南雅2廳，南路台南府轄嘉義、鳳山、恆春、安平4縣和澎湖廳，改卑南廳為台東直隸州，並另設澎湖總兵。至此，中國在台灣的整體行政格局基本形成。

自1895年起，日本對台灣實行了長達五十年的專制統治。在晚清台灣地方區劃的基礎上，日本殖民者建立了嚴密的行政網路，從總督府到州廳，再到眾多街庄公所，通過員警手段與保甲制度，殘酷鎮壓民眾反抗，積極推進奴化教育，大肆掠奪台灣資源。1945年，抗戰勝利，當時的國民政府迅速恢復了台灣的行省建制。依據大陸行政制度與組織規程，台灣省行政長官公署（1947年「二・二八」事件後改組為台灣省政府）還對光復後台灣進行了行政區劃重新調整，形成了台北、台中、台南、新竹、高雄、花蓮、台東、澎湖8縣，以及台北、台中、台南、新竹、高雄、基隆、彰化、嘉義、屏東9市，縣市以下以鄉鎮——縣轄市——省轄市區、村——里、鄰作為基層自治組織。

雖然，國民黨退台後，台灣行政結構又幾經整合，但就地方建制而言，截至2008年，台灣仍設有4個省一級行政單位，即「台灣省」、「福建省」和「行政院直轄市」——台北、高雄。其中，「台灣省」下轄基隆、新竹、台中、嘉義、台南5個省轄市與台北、宜蘭、桃園、新竹、苗栗、台中、彰化、南投、雲林、嘉義、台南、高雄、屏東、台東、花蓮、澎湖16個縣，「福建省」下轄金門、「連江」2個縣，北、高兩市則分別由16個區和11個區組成。2009年，因應經濟社會發展客觀

需要，台灣又重新對台灣行政區劃進行重大調整，在保留閩台2個省級派出機構的同時，將原有的台北縣（改稱新北市）、台中縣市、高雄縣市、台南縣市獨自或合併升格為「院轄市」，形成了「五都」17縣市的新布局。

小結：就台灣政治而言，值得強調的是：其一，台灣自古即屬中國，中國最早在台灣建立行政機構，自1171年澎湖設治迄今，中國人一直主導著台灣政局演化，並建立了長期有效的管轄與治理。期間出現例外的累計僅八十餘年，即1624年至1662年與1895年至1945年，台灣分別被荷蘭和日本殖民佔領。其二，中國人對台行政的拓展與在台統治的變革，顯然與其開發台灣的進程，以及由此導致的台灣經濟成長密切相關。無疑，經濟因素對政治發展具有決定性影響，而上層建築和意識形態一旦形成也會對經濟生活產生不容忽視的反作用。其三，台灣從古至今都不是一個國家。無論古代的「流求國」，還是近世的「台灣民主國」，抑或現在所謂的「在台灣的中華民國」，均不具備完整的國家形態，也無法改變和否定台灣與大陸同屬一個中國的基本事實。

二、台灣現代政治轉型

從台灣現代政治發展進程看，大致以1986年「政治革新」為界，分前後兩階段，總體而言，無論政權結構，還是行政操作，抑或政策變遷，都呈現出從專制威權逐漸趨向多元民主的鮮明特徵。

（一）戰後台灣政治體制的建構及其缺陷

按照孫中山先生的民主共和構思，台灣光復後本應與大陸一樣，採行「權能分隸、五權制衡、地方自治」的憲政模式，在政治體制方面實行政權與治權的相互分立、彼此制約，並最終達成「民有、民治、民享」之目標。但1946年底，國民黨罔顧中國共產黨與其他民主黨派的聯合抵制，單方面制定並頒布了《中華民國憲法》（又稱「47民憲」），力圖主導戰後中國的政治秩序，確立一黨專政統治。而1947年底開始正式「行憲」時，中國國內的戰略態勢卻發生了根本性逆轉，國民黨在自

己一手策劃的內戰中敗局已定。為挽救岌岌可危的反動統治，國民黨當局又操縱「國民大會」，通過了《動員戡亂時期臨時條款》（簡稱「臨時條款」），使所謂的「民主憲政」慘遭踐踏。1949年底，國民黨政權在大陸徹底崩潰，「中華民國中央政府」也倉皇敗退台灣，從而直接導致「中央」與「省府」管轄重疊、施政混同、矛盾叢生。踞台期間，國民黨當局基於延續「黨國法統」，維護獨裁專制，還長期厲行軍事戒嚴，貫徹實施「以黨領政」，更使其「憲政體制」名存實亡，並致台灣政治結構日益畸形，「憲政危機」持續爆發。

從政體設計方面看，倉促頒布的「47民憲」顯然沒能釐清代表政權的「國民大會」與掌使治權的「總統府」和「五院」的相對定位及彼此關係。伴隨著兩岸對峙形成與台灣經濟康復，至1950年代中後期，上述問題逐步暴露並持續「發酵」。典型的如：1957年，「立法院」欲以「中華民國議會」的名義申請加入國際議會聯合會，但遭「國民大會」與「監察院」聯手控告，並終致「大法官會議」被迫作出「76號釋憲」，認定三個「中央民意機關」共同構成「民主國家之國會」。由此，「國民大會」不再僅為純粹虛設的「政權象徵」機構，同時還成為擁有部分「治權功能」的「國會」組成，明顯背離了政權與治權分立制衡的憲政初衷。再如，由於對司法行政缺乏明確認知，關於法院體系及其相關事務管理究竟屬於司法權還是歸入行政權曾幾度引發各方激辯，並導致「司法院」管轄「最高法院」與「行政院」掌理「高等法院和地方法院」的長期尷尬局面。雖然「大法官會議」於1960年就裁定由「司法院」統一轄治法院系統，但考慮技術層面的實際困難，直到1980年，經蔣經國親自過問才最終加以解決。又如，1966年，通過動用「臨時條款」賦予「總統」的權力，在「行政院」下設「人事行政局」，才初步緩解了圍繞文官管理許可權而不斷爆發的「行政院」與「考試院」之間的爭執。可見，「47民憲」在「中央」層級的權力布局上並不周詳，而70年代前台灣政治紛爭也多與此相關。像1957年，「行政院長」俞鴻鈞竟遭「監察院」彈劾，後又為「司法院」申誡，終被迫引咎辭職。另外，雖然從50年代早期開始，台灣也定期舉行多項地方選舉，包括設立省議會，但因「中華民國」實際控制的地域並未超過一省，故截至1992年「修憲」前，「中央政府」都以「國家安全」與「經濟發展」為由，一直維持著「省長官派」，始終保有對地方重要政策和重大問題的最終發言權，從而使「憲政」要求的「省縣自治」在省一級多流於形式而缺乏實質內容。

就政權實際運作而言，為克服1946年後內部環境急劇變遷所造成的行政障礙，尤其是解決大陸「失守」帶來的一系列棘手難題，蔣介石當權期間，一方面，對國民黨及其政權進行全面改造，並在「憲政體制」調整中大幅擴張「總統」許可權。從1948年「臨時條款」頒布，經後續四度增訂與修正，不僅將「47民憲」對「總統」的相關約束條文徹底凍結，而且使「總統」不受任期限制，並擁有緊急處分、機構設置、人事任免等自由，更有甚者，1966年還因此成立了凌駕於「五院」之上的體制外機構——「國家安全會議」（至1991年「修憲」才取得「合法身份」），直接掌控政務決策，致「終身總統」與個人獨裁成為台灣政治現實。另一方面，也著手解除「法統」危機，力圖重新確立並長期維繫國民黨在台統治的「合法性」。因為國民黨當局退台後，「中央民意機關」不僅無法實現全面改選，就連法定集會人數也難以湊足。有鑑於此，進入1950年代後，台灣並用「臨時條款」賦予「總統」的許可權、「大法官會議釋憲」、「立法院修法」等非常手段，經由「出缺遞補」、「增額選舉」等途徑，解決「民意代表產生」的「法源」問題，既大肆篡改了「47民憲」有關條款的規定，又使台灣政壇出現了「萬年國代」、「終身立委」、「終身監委」等怪現象，並因此引發了諸多紛爭。

（二）台灣現代政治「民主化」

在總體上，戰後台灣政治發展呈現出幾個前後銜接、逐步遞進的階段，經歷了一個從威權專制趨向多元開放的複雜過程，由「軍事化」至「本土化」，再到「自由化」及「民主化」，其既是台灣經濟社會發展、兩岸關係演化及國際格局變遷等綜合作用的必然產物，也集中反映了參與政治運作的不同個人、團體的主觀意圖及其相互作用。

如前述，國民黨當局在退台前後已將「47民憲」事實擱置。1949年5月19日，更藉口反共，宣布在台灣實行戒嚴，隨即頒施了「懲治叛亂」、「檢肅匪諜」等30多項條例、法規，使軍事管制完全取代了「憲政體制」。至1958年「台灣警備總部」成立，遍及全島、專門負責「內部安全」的情治特務系統形成，蔣介石與國民黨已牢牢地控制了台灣政局。但1970年代伊始，受資本主義世界經濟危機的衝擊，以及全球華人「保釣」、聯合國「驅蔣」與中美、中日關係正常化等影響，國民黨

當局陷入了自退台以來最為嚴峻的內外交困之中，個人獨裁與一黨專政遭遇了前所未有的挑戰。特別是伴隨著經濟實力逐步壯大，台灣本土勢力開始不斷地要求相應的政治待遇，並反覆質疑國民黨統治的「合法性」，省籍矛盾已暗潮湧動，回歸「憲政」的呼聲也日益高漲。1972年，蔣經國出任「行政院長」，為繼續維繫「黨國法統」，順利完成權力交接，被迫調整統治策略，著力推進「革新保台」，由此拉開了台灣政治體制變革的序幕。從政策制定及其執行成效分析，蔣經國「革新保台」的重心在於啟動政權「本土化」路線，貫徹落實「以台治台」方針，其結果不僅如「行政院副院長」徐慶鐘、台灣省主席謝東閔、台北市長張豐緒等一大批台籍人士被納入黨政高層，如期進行的三個「中央民意機關」增額選舉也使「民代」的構成發生了有利於地方利益伸張的細微變化，從而也擴大了國民黨在台統治的社會基礎，暫時穩固了其「合法性」地位。

然而，在經濟持續發展的強有力推動下，1970年代末，台灣社會已再度面臨結構性整合的壓力，尤其是新興中產階級迅速壯大，具有西方教育背景的知識份子階層日益成熟，自由思想與民主觀念的普及，參政意識和議政能力的提高，導致逐步崛起的黨外勢力在同國民黨展開競選爭奪時更加注重聯動協調，而相繼爆發的中壢風波與高雄事件則預示著台灣新一輪的政局動盪即將到來。中美建交後，越演越烈的黨內派系權爭，以及江南命案和「十信」醜聞等，更使進入80年代的國民黨當局危機四伏。深陷困境的蔣經國曾感嘆「時代在變、環境在變、潮流在變」，不得不承諾「以新的觀念、新的做法，在民主憲政體制的基礎上，推動革新措施」。為此，1986年，國民黨十二屆三中全會在強調「黨國法統」與堅持「反共國策」的同時，聲稱要「大步加速貫徹民主憲政的行動」，「以黨的革新帶動全面的革新」，並專門調整人事布局，成立「革新小組」，研擬包括解除戒嚴、開放黨禁等政改方案。同年9月28日，黨外「闖關」組建民進黨，而蔣經國事後竟認為，在「承認憲法」、「反共」和「不得從事任何分離運動」的前提下，應容許民眾可結社組黨，並表示會「向歷史交代」。1987年7月15日，國民黨當局正式取消實施了三十八年的「戒嚴令」，同時廢止了相關的法規和條例，11月12日，又開放民眾赴大陸探親；1988年元旦，更進一步宣布解除「報禁」，允許設立新的傳媒機構；1989年1月20日，台「立法院」三讀通過了「動員戡亂時期人民團體法」，隨後又修正了「動員戡亂時期公職人員選舉罷免團體法」，全面開放了組黨自由。伴隨著國民黨

專政體制的漸次解構，台灣政治也快步邁向「自由化」，特別是1988年初的蔣經國突然辭世，強人威權的瞬間消失，長期蟄伏的各種問題紛紛浮上檯面，並最終導致社會嚴重脫序，亂象叢生蔓延。在當時，「無論是政治統治精英或市井小民，對台灣解嚴後的社會現象，大體上都可以得到一個共同的結論——亂」。

正當國民黨出現內訌分裂，「主流」與「非主流」權爭愈發熾熱之際，台灣民眾在民進黨的大力鼓動下，爆發了要求資深「民代」退職、解散「國民大會」的大規模、連續性抗議。尤其是台「立法院」於1989年初通過了「第一屆資深民意代表自願退職條例」，但部分資深「國代」仍趁機擅自擴權，從而導致了1990年聲勢浩大的全台高校「野百合學運」。為此，李登輝在勝選當政後，承諾一年內終止「動員戡亂」、兩年內完成「憲政改革」；「司法院大法官會議」隨即也作出「261號釋憲」，裁定「資深民代」應於次年12月31日前停止行使職權；朝野「國是會議」更達成「總統、省長民選」、「中央民意機關全面改選」等多項共識。1991年4月，「第一屆國民大會第二次臨時會」完成「憲法增修」，廢止「臨時條款」；30日，國民黨當局宣告結束「戡亂」，重返「行憲」。而在前後不足十年的時間裡，李登輝基於個人權欲擴張的需要，打著「民主化」的旗幟，強行推進所謂的「憲政改革」，先後6次大幅修改了「47民憲」，不僅進一步削弱了國民黨對台灣社會的控制，甚至還誘發了「黑金政治」氾濫，直接危及當局的權威與執政的公信。2000年，再次分裂的國民黨被迫交出政權，首度淪為在野勢力。

需要指出的是，台灣現代政治的「民主轉型」雖具有一定程度、某種意義的必然性、合理性和正當性，但也因此造成了台灣認同混亂、價值異化和政策迷失，並沒有真正實現廣大民眾內心深處對於安全、福祉、尊嚴的強烈期許，相反，不僅各種矛盾衝突更加尖銳，而且社會危機仍在持續深化與進一步擴展，同時還引發了兩岸關係跌宕起伏，並波及地區穩定與國際和平。因為，從本質上看，台灣自1986年以來的政治變遷僅僅是本地政客與大資產階級聯手取代國民黨外省籍官僚集團成為政權主宰而已，並沒有從根本上動搖資本在台灣的統治地位，也未能使一般的社會大眾得以分享更多的政治權利和更高的政治參與。而這種只惠及占人口少數的台籍官商階層，充斥著派系、財閥、黑道「影子」，缺失普通農民與都市勞工代言機制的「民主」無疑是變調的。此外，台灣政治「自由化」與「民主化」的極端後果還

體現為財富分配的嚴重失衡。由於監督乏力,在「公營事業民營化」過程中,大量公共財產被私吞,「政府」不僅無力保護弱勢族群,甚至就連「國家公器」也被瓜分,成為當權者斂聚個人資財的有力工具。台灣社會出現了「富者恆富,貧者愈貧」現象,以及收入差距不斷拉大,直接導致「公平正義」多流於競選口號,卻無實際行動。更有甚者,伴隨著「解嚴開禁」與「憲政改革」,李登輝從刻意迴避至徹底否認「一個中國」,不僅導致「台獨」勢力及其理念快速竄升,台灣民眾「國家觀念」發生深度錯位,省籍分立與族群對抗日趨激烈,而且毒化了海峽和平氛圍,加深了兩岸相互敵意,破壞了亞太總體穩定,並在事實上制約了台灣經濟的進一步發展。

(三)台灣政治體制現狀

著眼於政治現實,雖然,蔣經國的「政治革新」,以及李登輝與陳水扁的持續「修憲」,暫時緩和了台灣的「憲政危機」,但是,新機制不僅未能從根本上消除各種內在隱患,而且還使「47民憲」及「五權政體」遭遇完全顛覆。

1.「中央」權力架構

目前,在台灣,「立法權」歸屬「立法院」,「總統」與「行政院」行使行政權,「司法權」由「司法院」及「最高法院」掌理,儘管在名義上「監察院」和「考試院」仍保有高位階與部分職權,但三權分立的局面已然成型並日益凸顯。具體地說:

其一,「國會」歸於單一。「國民大會」經歷了短暫擴權、急速萎縮,終因按政黨比例選舉並召集的臨時「國代」複決「變更領土」、「修改憲法」、「罷免總統」等被「公民投票」所取代而徹底消亡。在此期間,「監察委員」由各省市議會及僑團選舉改為「總統」提名、「立法院」任命,使「監察院」也不再具備「中央民意機關」的性質。而「立法院」則不斷擴張職權,囊括了「47民憲」及其「增修條文」所賦予的法律創制、預算表決、行政質詢、人事同意、首腦彈劾等一系列權力,成了既有「國會」的「倖存者」與「最大贏家」。特別是依現行相關規定,作

為「最高立法機關」，由113名「立法委員」組成的「立法院」幾乎不受任何約束，除非「行政院長」呈請「總統」予以解散。

其二，「總統」權力膨脹。「中華民國總統」改由「自由地區」人民直接選舉源於1992年5月「第二屆國民大會第一次臨時會議」對「47民憲」的再度修訂。而1994年7月台灣的第三次「修憲」不僅明確了「總統」以得票相對多數當選，而且取消了「行政院長」對「總統」提請「立法院」任免關鍵人事的附議。至1997年7月李登輝發動第四階段「憲改」，達成「總統」任命「行政院長」無需「立法院」首肯、解散「立法院」無需「行政院長」副署，並擁有「臨時條款」所賦予、被「增修條文」保留的緊急處分權，既使「閣揆」淪為「總統」的首席幕僚與政策執行者，還造成「總統」有權無責、難以制約的新困境。特別是代表「政權」的「國民大會」消亡後，「總統」除了象徵性地將年度「國情報告」遞交「立法院」，已無需向任何機關承擔責任並接受質詢。儘管按目前「憲制」，「立法院」可不限任何理由地彈劾、罷免「總統」，但成案的門檻較高，彈劾須經全體「立法委員」1/2以上提訴、2/3以上同意，罷免也要全體「立法委員」1/4以上倡議、2/3以上贊成，且須報「司法院大法官會議」審理（獲多數支持，彈劾方有效），或由「公民投票」複決（有效票在1/2以上，罷免才通過），程式繁複，實際操作難度極大。像2006年「紅衫軍」與百萬民眾「反貪倒扁」即無果而終。

值得關注的還有：「總統」權力的坐大並未徹底否定「行政院長」仍為「政府首腦」的「法定身份」——一方面，「閣揆」雖由「總統」直接任命，但須代表「最高行政機關」（即「行政院」，而非「總統」）向「立法院」陳述施政方針，提出施政報告，並會同各部會首長接受「立法委員」質詢，甚至得面對「倒閣」風波與不信任投票；另一方面，「行政院長」同時又擁有拒絕或否決「立法院」通過的法律與預算、提請「總統」解散「立法院」等重大許可權。可見，新的「憲政」設計非但未能完全理順「行政雙首長」的責任界限，反倒進一步加劇了長期存在的體制內矛盾。如2002年底台灣數十萬農民上街遊行，抗議當局制定的農業政策，時任「行政院長」游錫堃深有感觸地喟嘆道：「有權的不負責，幹事的背黑鍋！」，矛頭就直指「總統」陳水扁。

其三,司法體系分立。台灣司法序列大致包括自1980年以來由「司法院」統轄的「大法官會議」、三級普通法院、「行政法院」和「公務員懲戒委員會」,以及隸屬「行政院」的檢察機關、調查機構與司法員警等單位。「司法院」雖是「最高司法機關」,但並不直接審理具體案件,而僅負責行政事務統籌和法律業務督導,直到1992年「修憲」後,「大法官會議」才組成「憲法法庭」專門審查「憲法」和「法律」解釋案、政黨「違憲」解散案與「總統副總統」彈劾案。各審級普通法院、「行政法院」和「公務員懲戒委員會」在各自管轄領域內獨立行使審判權,「司法院」無權指揮、覆核、撤銷相關判決。其中,民刑案件的「最高審判機關」為「最高法院」,「台灣高等法院」則是全台各地方法院(包括台北、高雄等「院轄市」,以及福建省的金門、馬祖)的上級與民刑案件的二審法院,所有行政訴訟統一歸口「行政法院」掌理,「公務員懲戒委員會」唯司公務員失職、瀆職裁判。此外,檢察署附設於各級法院,但隸屬「行政院法務部」,具有刑事偵查起訴、參與民事申請、監督律師執業、調度司法員警等許可權;司法員警則由「行政院內政部」等管轄。

其四,「考、監」定位模糊。幾經「憲改」,既有的「五權」名存實亡,尤其是「考試院」與「監察院」大幅縮權,並被事實上納入行政系統。一方面,就「考試院」而言,由於依「臨時條款」增設的「行政院人事行政局」在「修憲」後「合法化」,徹底喪失了對最主要公務機關人員的考核與任免,但仍保有公職人員任用資格和專業技術人員執業資格的考試審定與相關待遇核准,以及向「立法院」提交人事法制等「行政性」權力。相比之下,「監察院」變動更大,淪為所謂的「準司法機關」,唯其掌理的對公務人員的彈劾、糾舉,以及對公權部門的審計、稽查,實為大陸法系的行政監察事項,而像彈劾行政高官(「總統副總統」彈劾權屬「立法院」)又似西方國家議會的職權。另一方面,無論「考試院」,還是「監察院」,「委員」與「正副院長」的任命在程式上雖仍需徵求「立法院」意見,但至為關鍵的提名權卻掌握在「總統」手中,且遴選條件也不像「司法院大法官」那般嚴苛,總體「行政」色彩較濃。

2.地方制度設計

儘管「47民憲」所標榜的「民權主義」和「省縣自治」在台灣實踐較早，但也非一帆風順的，不僅漸進、曲折，甚至還夾雜著局部反覆。

國民黨當局自大陸撤離後，由於實際控制區域一直僅限於台澎金馬，「中央」行政與台省自治存在著極大衝突，為了延續「黨國法統」、爭取當地精英、鞏固專制統治，國民黨當局曾長期擱置地方自治立法，並多方壓制省級自治訴求，僅允許開放縣市自治選舉。1950年4月，「台灣省政府」即頒布了「台灣省各縣市實施地方自治綱要」，民選產生了21個「縣市議會」和「縣市長」，拉開了「地方自治」的序幕；然直到1959年8月，「行政院」才頒布「台灣省議會組織規程」，開始舉辦「省議員」直選，但仍維持「省府委員」與「省主席」由「中央」委派；相繼升格「院轄」的台北（1967年）、高雄（1979年）也依循上例，「市議會」繼續民選，「市長」退回「官派」。因此，當時「黨外人士」將台灣「地方自治」稱作「不遵憲法的應急自治、削去省級的限制自治、缺省兩權的不完全自治與緊縮財源的控制自治」。

伴隨著本地資本的壯大與民眾覺悟的提高，「中央」與「地方」的權益衝突愈發突顯，從1986年推出「政治革新」，至1990年召開「國是會議」，國民黨當局面臨著「充分放權」、「全面自治」等強烈籲求一浪高過一浪，被迫於1992年3月以「修憲」的方式確定地方議會及行政首長直接民選。1994年7月，「省縣自治法」和「直轄市自治法」陸續在「立法院」三讀通過，年底，第一屆「台灣省長」與「北、高市長」選舉產生，「省縣自治」基本落實。雖然，以「中央立法」規範「地方自治」仍有瑕疵，如剝奪了「47民憲」賦予省縣「民代」制定「自治法」的權利等，但是，各地也因此實現了自治，並能依法拒絕或否決「中央」委辦之事項。特別是「選民與選區均重疊近九成的『總統』與『省長』，各挾其強大的民意基礎，勢必產生較勁甚至對立」。有鑑於斯，首度「總統」直選勝出後，李登輝即著力打壓第一任「民選省長」宋楚瑜，並於1997年7月再次發起「修憲」、推動「精省」，致使台省選舉停辦，自治取消，恢復「中央」委派「省主席」、「省府委員」和「省諮議員」。當然，此番「凍省」還與李登輝的「台獨」企圖緊密相連，將「台灣省」改造成類似「福建省」的虛設機構，有利於進一步消解既有的省級建制，最終達成「廢省」，並使「中華民國」蛻變為直接轄治20餘個縣市（如同

日本）、在台灣的「新國家」的險惡目的。

小結：雖然台灣政治從威權專制逐步邁向多元民主，符合時代潮流，具有歷史進步意義；但是，整個政治「革新」並沒有徹底推翻資本的統治地位，普通民眾也未獲得更多的政治參與；相反，伴隨著台灣政治架構、政治形式、政治運作的愈益西方化，兩岸政治文化差異卻逐步擴大。特別是1990年代以來，圍繞著「憲改」而引爆的與「藍綠」對抗，不僅進一步擾亂了民眾的國家認同，而且幾度涉嫌「法理台獨」，直接危及兩岸和平，對大陸統一大業還造成了相當不利的影響。

第五章　兩岸關係定位及辯證發展

　　1999年7月9日，李登輝在接受「德國之聲」記者採訪時竟然宣稱，兩岸在1991年後已經是「國家與國家」，或「至少是特殊的國與國的關係」，而非「一合法政府、一叛亂政府，或一中央政府、一地方政府的一個中國」的內部關係。2002年8月3日，陳水扁透過視訊向「世界台灣同鄉聯合會第29屆年會」發表講話，也突出強調「台灣不是別人的一部分，不是別人的地方政府、別人的一省，台灣也不能成為第二個香港、澳門，因為台灣是一個主權的國家，簡言之，台灣跟對岸中國一邊一國，要分清楚」。台灣蓄意扭曲兩岸定位，反覆挑戰一個中國原則，不僅國際輿論為之譁然，而且引爆了新一輪海峽危機。只有深入探討兩岸關係的來龍去脈，準確把握台灣問題的內在機理，才能徹底駁斥「兩國論」和「一邊一國論」謬誤，進而有效遏止「台獨」分裂圖謀，切實維護國家主權與領土完整。

一、兩岸關係的確切定位

　　眾所周知，第二次世界大戰結束後，台灣不僅在法律上，而且在事實上已經歸還中國，本不存在所謂的「台灣問題」。但如《一個中國的原則與台灣問題》白皮書指出：「1949年10月1日，中國人民取得了新民主主義革命的偉大勝利，建立了中華人民共和國。國民黨統治集團退踞中國的台灣省，在外國勢力的支持下，與中央政府對峙，由此產生了台灣問題」，並因此形成了極為特殊的兩岸關係。

　　（一）台灣問題的雙重性

台灣問題不僅直接導源於1940年代中後期的國共全面內戰，同時還與美國長期干涉、介入中國內政密切相關，其一開始就具有濃厚的雙重性色彩。事實上，早在1959年10月，毛澤東就明確指出，台灣問題具有明顯的「雙面性」：一個是國內層面，即台灣問題屬於中國的內政問題；一個是國際層面，也就是中美雙邊關係中的台灣問題，它反映著中美兩國圍繞台灣問題而存在的利益衝突。一方面，美國出於其全球戰略和對華政策的需要，必然會對中國內政進行長期干涉；另一方面，中國為維護其國家和民族利益，必然會與美國進行長期堅決的鬥爭。二者在國際關係層面博弈的基本格局決定著台灣問題的基本態勢與未來走向。

1.中國內戰的產物

抗日戰爭勝利後，中國人民迫切要求走和平、民主的道路，建設一個獨立、統一、富裕的新中國。中共中央為此進行了積極努力，毛澤東、周恩來等親赴重慶與蔣介石會談，同時派員參與政治協商和停戰談判，為爭取民主、斡旋和平創造了有利條件。而以蔣介石為首的國民黨統治集團卻仰仗美帝國主義的支持，罔顧全國各族人民渴望和平、民主建國的強烈要求，公然撕毀了國共兩黨達成的政治協定與停戰協定，並於1946年悍然發動了反共反人民的全面內戰。但至1949年初，軍事破產與外交受挫已使政治腐敗、經濟無能的國民黨政權瀕臨徹底崩潰的邊緣。面對難以挽回的大陸敗局，蔣介石不得不多方尋求退路，加緊撤守台灣的各項安排，包括任命陳誠為台灣省主席兼警備司令，蔣經國為國民黨台灣省黨部主任委員，往台灣祕密搶運大批金銀外匯與貴重物資等。5月底，蔣介石抵台北，隨後在草山（今陽明山）設立總裁辦公室，策劃部署「保台」事宜；12月7日，國民黨當局宣布「遷都」台北，各「中央機關」隨即相繼撤離大陸。國共雙方開始隔海對峙，兩岸聯繫再度被人為斬斷。

而1949年10月人民解放軍進攻金門受挫後，中共中央也更加重視對台灣用兵的軍事準備。一方面，通過加強中蘇友好關係，積極爭取蘇聯援建，進一步加快現代化海空力量的發展；另一方面，組建了以粟裕為首的前線指揮部，負責制定、實施對台攻略，並在東南沿海集結大量的艦船和戰機，不斷強化精銳部隊兩棲演練。與此同時，還將退至大陸的「二・二八」事件的人員和部隊中台籍官兵集中組成「台

灣訓練團」,著手培訓接收台灣幹部;並進行渡海民船、民工徵集,選調富有經驗的後勤精幹支援前線。12月23日,跟蹤、研判兩岸形勢的美國國務院為此專門發出題為「對台政策宣傳提綱」的第28號特別指示,認為,大陸對台攻擊與台灣「陷落」將不可避免,美國應接受大陸方面即將解放台灣的現實,儘快從台灣「脫身」,盡力消除有關台灣對美重要性的「錯誤印象」,並最大限度地降低由此給「美國威望和其他國家的士氣」帶來的損害。31日,中共中央發表了《告前線將士和全國同胞書》,明確將「解放海南島、台灣和西藏,全殲蔣介石的最後殘餘勢力」作為新一年主要任務。1950年4、5月間,人民解放軍粉碎了國民黨軍「封鎖反攻」,相繼解放了海南島和舟山群島,中共中央再次發出「解放台灣為全黨最重要的戰鬥任務」的號召;至6月上旬,人民解放軍已完成渡海攻台的戰役動員,華東軍區與第三野戰軍奉命進入了臨戰狀態,並擬於6月至8月颱風季節前擇機發動對台攻擊。當時國際社會曾普遍判定中國共產黨將於年底前攻佔台灣,蔣介石甚至做好了流亡菲律賓的打算。恰如作家江南所概括:「用『山雨欲來風滿樓』來形容1950年6月的台灣,其真實性無可非議。很多過來人,甚至三十年後回首前塵,都會有不寒而慄的感覺。台灣前途一片漆黑」。也就是說,從較量雙方實力對比分析,至1950年夏,大陸已佔據了明顯優勢,解放台灣、統一全中國當指日可待。

然歷史發展又往往包含著眾多偶然性。與兩岸劍拔弩張、海峽戰雲密布幾乎同步,朝鮮局勢也發生了急劇變化,並於1950年6月25日爆發了大規模武裝衝突,進而使戰後東亞的國際格局出現了不利於西方陣營的新態勢。基於維護全球霸權與實施冷戰遏制的戰略需要,美國重新採取了「扶蔣反共」的對華政策,再度介入了中國內戰,為國民黨當局提供了強有力的軍事保護,直接阻擾了中國人民解放台灣,並因此造成了中國內戰長期存留,台海地區危機不斷。

從戰爭進程看,進入1950年代後,儘管兩岸都沒有發動重大的戰役行動,但熱戰交兵卻相當頻繁,並一直延續到70年代末。在此期間,除了1954年5月至1955年2月,以及1958年8月,相繼引爆兩次高強度對抗外,雙方軍事較量主要限於小範圍的襲擾與反襲擾。1979年元旦,全國人大常委會發表了《告台灣同胞書》,宣布實行和平統一的對台方針,人民解放軍奉命停止對金門等島嶼的隔日炮擊,戰火與硝煙才逐漸消退。直到90年代中後期,李登輝日益激進的「台獨」分裂動作重新點燃

了尚未終結的兩岸內戰。1995年6月至1996年3月,以及1999年7月至9月,《人民日報》、新華社、《解放軍報》等大陸主要媒體紛紛大篇幅、集中批判了台灣「挾洋自重、分裂祖國」的行徑,人民解放軍也接二連三地舉行諸兵種合成、渡海登陸、導彈發射等各種演習,從文攻到武衛,「福建前線」與「金馬軍管」再度躍入民眾視野。唯需特別關注的是,一方面,國共內戰遺留下來的殘局及兩岸敵對關係至今尚未在政治上、法理上徹底終結;另一方面,由於「台獨」勢力肆意挑戰一個中國原則,使得第三次台海危機明顯區別於此前的兩岸衝突,相對謀求統一的宗旨而言,其反「台獨」、反分裂的色彩更重。

2.美國干預的結果

早在三大戰役剛剛結束,中共中央即已預估到蔣介石及國民黨殘餘勢力將退至台灣,並開始著手進行解放台灣的各項準備。如新華社在1949年3月15日刊發的《中國人民一定要解放台灣》社論中就突出強調,中國人民(包括台灣人民)將「絕對不能容忍美國帝國主義對台灣或任何其他中國領土的非法侵犯,同樣地亦絕對不能容忍國民黨反動派把台灣作為最後掙扎的根據地。中國人民解放鬥爭的任務就是解放全中國,直到解放台灣、海南島和屬於中國的最後一寸土地為止」。至人民解放軍攻佔南京,毛澤東還揮毫寫就「宜將剩勇追窮寇,不可沽名學霸王」,以表達將革命進行到底的決心和信心。新中國建立後,在吸取金門失利教訓的基礎上,進一步加大了渡海攻台的軍事投入,同時更加注重從實戰角度規劃作訓、積累經驗,1950年6月初,擬參戰的諸兵種、各部隊已集結到位,蓄勢待發,完成國家最終統一業已指日可期。

然而,就在盤踞台灣的國民黨殘餘行將覆滅之際,全球冷戰對峙卻出現了相對不利於西方的新態勢,美國國內政治也因此急劇右傾,麥卡錫主義開始甚囂塵上。朝鮮戰爭爆發後,為應付東亞格局驟變,美國對華政策快速地從「等待塵埃落定」的「袖手旁觀」重新轉向「扶蔣反共」,企圖竭力介入中國內戰以遏制紅色中國的「共產主義威脅」。6月27日,杜魯門拋出所謂的「台灣地位未定論」,命令美軍第七艦隊駛入台海阻止人民解放軍渡海作戰,同時要求國民黨當局停止一切針對大陸的軍事行動,美軍第13航空隊隨後也奉派進駐台島以協助「防共」。7月,美提

升了在台外交機構級別,並派麥克阿瑟訪台。9月,美頒布遠東新政策,明目張膽地宣布:「對於台灣,除繼續予以經濟援助外,並將給予選擇性軍事援助,以加強台灣的防衛實力」。次年5月,美駐台軍事顧問團成立,大量軍事物資陸續運抵台灣。而也正是在美國的庇護下,潰敗踞台的蔣介石集團才獲得了喘息之機,進而逐步擺脫困境,穩固台灣統治,甚至企圖伺機「反攻大陸」。

值得注意的是:在遂行武裝「保台」的同時,美國還打著聯合國的旗號,糾合西方多國干預朝鮮戰事,並悍然將戰火燒到中朝邊境,迫使新中國暫時擱置解放台灣計畫,把主要精力投入「抗美援朝,保家衛國」,直到1953年7月27日朝鮮停戰協議簽訂,入朝參戰的中國人民志願軍才陸續回撤。而針對人民解放軍重心南移,以及再度將「解放台灣」擺上議事日程,1954年12月2日,美蔣又簽署了《共同防禦協定》,將台灣正式納入美國亞太防禦體系,在中國共產黨和中國政府謀求國家完全統一進程中設置更大障礙,並使被延宕的中國內戰呈現長期化趨勢,兩岸由此陷入持續緊張的僵持對峙。誠如周恩來所言:「台灣問題本來是國內問題,蔣介石是被中國人民趕跑的,如果不保護蔣介石,我們可以自己解決,美國插進來才把問題搞複雜了。」

儘管中美兩國於1972年實現了關係正常化,1979年元旦又正式建立了外交關係,但是,美國決策圈卻始終沒有放棄防範和遏制中國戰略,一直都奉行所謂的「以台制華」方針,並企圖長期利用「台灣牌」打壓中國大陸。如美國雖曾公開承諾不同台灣發展官方關係,僅保持與台灣文化和商務方面的民間交往,也確認從台灣撤出全部武裝力量和軍事設施,並逐步減少和降低對台軍售的規模與水準;但美國國會又專門通過了「台灣關係法」,以國內法形式,繼續維持著與台灣的實質聯繫。尤其是冷戰結束後,美方竟不顧中美三個聯合公報精神與中方再三抗議,逐步突破對台交往的非官方架構,1992年以來還不斷提高售台武器的數量與品質,甚至邀請台軍方高層訪美,積極整合美台情報與指揮系統,為台灣抗拒統一、謀求獨立鼓勁壯膽。###

可見,台灣問題的出現,雖是1940年代中後期國民黨反動派發動反共反人民內戰的直接產物,按國際公認的準則,其在本質上屬於中國內政。但台灣問題之所以

產生且久拖未決,也與西方反共反華勢力,特別是美國基於戰後亞太霸權,粗暴干涉中國內政,頻繁插手台海事務,多方阻礙中國統一有極大關聯。正是美國在背後撐腰,國民黨殘餘才得以盤踞台灣、抗拒解放,才有所謂的台灣問題;也是美國在暗中作梗,兩岸協商才一波三折,「台獨」才一浪高過一浪。美國在台灣問題上負有不可推卸的責任,台灣問題至今依然是中美關係中最重要、最敏感的核心問題。

（二）兩岸並非國際關係

儘管台灣問題具有雙重性特徵,但其直接導源於1940年代中後期的中國內戰,海峽雙方爭議的焦點歸根結底仍落在中國法統及其定位上,需要解決的僅僅是已經代表全中國的在北京的中央政府與仍在台澎金馬行政的台北地方當局之間的政治法律關係,並不涉及中國國家主權的分割與讓渡。由此,台灣問題所衍生出的兩岸關係肯定不同於1949年前歷史上大陸與台灣的關係,也與尚未回歸時的香港或澳門與內地關係截然相異,其既非統一主權下地方當局之間的關係,更不是主權國家中央政府之間的關係。

1.兩岸關係的本質

兩岸關係應專指台灣問題產生後,分處台灣海峽東西兩岸的中國人之間政治、經濟、文化等各個層面的往來互動。

1949年10月1日中華人民共和國建立,標誌著中國內部政治精英關於戰後國家重建,特別是圍繞著政權統合的巨大分歧與激烈爭鬥,發生了具有決定性意義的轉折。按現行國際法對政府更替與主權繼承的詮釋,設在北京的中央人民政府成立,意味著即使新政權尚未解放中國全境,也已擁有代表全中國主權的資格,原中華民國及其中央政府的合法性已經喪失,盤踞台灣的國民黨當局及其後續者已淪為中國主權涵蓋下的地方治理當局。正是基於對中國政局的總體評估,當時大多數外國使節才未同步追隨國民黨殘餘勢力輾轉遷台。像美國就將使館撤往香港,時任大使司徒雷登在南京解放時甚至還留駐原地與中共接洽,謀求建立聯繫;1949年8月5日,美國國務院還專門簽發了《美國與中國的關係——著重於1844年至1948年時期》白

皮書，力圖從中國內戰中脫身；直到1950年6月，美國在台北都僅設領事機構，與蔣介石政權的文書往來也拒絕使用官方照會而改採備忘錄，相互間在實際上已處無外交狀態。上述美國的政策舉措雖與所謂的「等待塵埃落定」有關，但也明確傳遞了對新中國有條件承認的資訊，同時亦隱含著接受中國政府更替與主權繼承的事實。換言之，至國民黨當局徹底撤出大陸，國共隔海對峙逐步形成，兩岸關係已在本質上反映為：北京中央政府與台北地方當局關於雙方政權如何在中國主權範疇內實現最終統合而展開的激烈博弈；其核心在於必須堅持一個中國原則，確認中國只有一個，大陸和台灣都屬於中國。

雖然台灣至今仍自稱「中華民國」，不願意面對已被降格為地方政府的現實；冷戰期間，美國出於遏制中國的戰略企圖又幾度策劃製造「一中一台」、「兩個中國」，並曾長期支援蔣介石政權代表中國，多番阻擾新中國參與國際事務；但歷經二十二年的反覆較量，1971年10月25日，第26屆聯合國大會終以76票贊成、35票反對、17票棄權，通過了恢復中華人民共和國在聯合國合法權利的2758號決議，中華人民共和國政府是中國唯一合法代表已得到國際社會普遍承認。而自尼克森以降美國歷屆政府也始終秉承這一基本立場。如在1972年2月《中美聯合公報》中，美國承認「台灣海峽兩邊的所有中國人都認為只有一個中國，台灣是中國的一部分」。1979年元旦中美建交，美國再次鄭重聲明：世界上只有一個中國，台灣是中國的一部分，中華人民共和國政府是中國的唯一合法政府；美國不再認為「中華民國政府」具有代表中國的資格，也未斷言「中華民國」或台灣是某種意義上的「分裂國家」。包括美國國會隨後通過的「台灣關係法」還使用「台灣」取代所謂的「中華民國」。直到2004年10月，美國國務卿鮑威爾在北京接受香港鳳凰衛視專訪時，針對民進黨激進「台獨」導致兩岸關係持續緊張，仍再度明確表示，美國的政策是一貫的，那就是只有一個中國，台灣不是獨立的，不享有作為一個「國家的主權」，那是美國的堅定政策；11月，美國眾議院國際關係委員會亞太小組主席李奇也重申，鮑威爾公開否定台灣是「主權和獨立國家」的講話符合美國的立場，即中國只有一個，台灣是中國的一部分，美國並不將台灣視為一個「獨立的國家」。

2.台灣對兩岸關係的刻意扭曲

如前述，1949年10月1日，中華人民共和國中央人民政府成立，宣告著中華民國及其中央政府作為全中國主權合法代表的資格已經喪失。戰後中國政府更替與主權繼承的發生，意味著盤踞在中國主權涵蓋下台灣的政權僅僅是一地方治理當局，儘管其仍號稱「中華民國」，國際社會亦有少數國家給予「承認」。由於主權歸屬不僅涉及整個中國的統一，同時也關乎台灣的前途及其政權的合法性，因此，對「海峽兩岸同屬一個中國」以及「北京中央——台北地方」的政治現實，台灣相繼採取了抵制、迴避、模糊，乃至否認的姿態。

從1949年由大陸撤台至1971年被逐出聯合國，國民黨當局在處理兩岸關係時，一方面，拒絕接受「地方當局」定位，不僅仍以「合法中央」自居，同時還將中共貶為「叛亂團體」，並把「反共復國」視作「遷都」台北後「自由中國」各項政策的基點；另一方面，又鼓吹「中華民國主權」依然及於全中國，唯其才能在國際上「代表中國」，並借美國孤立、遏制中華人民共和國及對台庇護和支持，靠僅擁有的全國1%人口和2%領土，長期竊據中國的對外代表權。值得一提的是，在前後二十二年間，蔣氏父子曾多次頂住美國壓力，始終恪守「一個中國」的底線，堅決反對「台獨」分裂，特別是在外交場合，不僅反覆宣稱「漢賊不兩立，敵我不共存」，而且極力避免造成「一中一台」、「兩個中國」的假像。譬如，1950年9月，針對美國炮製的「台灣地位未定論」，台灣「外交部」奉命發表措辭強硬的聲明，認為「聯合國無權討論台灣問題」，不應干涉中國內政；1955年初，蔣介石又公開指責美國策劃將台灣問題國際化，強調「大陸、台灣皆我中華民族領土，不容割裂」；1958年10月，蔣介石還指名道姓批駁杜勒斯及其「劃峽而治」主張，堅決拒絕從金馬撤軍；1971年底，蔣經國在論及台灣被聯大驅逐時坦承：「我們為什麼退出聯合國？我們退出聯合國就是因為我們不願意、也不承認有所謂『兩個中國』的存在」。也就是說，中華人民共和國恢復其在聯合國合法席位前，海峽兩岸都主張世界上只有一個中國，都堅持台灣及其附屬島嶼屬於中國，國共爭執的是中國的法統，雙方分歧的焦點在於誰才是全中國的唯一合法代表。

但進入1970年代後，國民黨當局開始面臨日趨嚴重的「合法性」危機。就社會基礎看，持續發展的經濟導致台灣新興中產階級與本土勢力快速崛起，相應的參政議政訴求也不斷高漲，並使省籍矛盾與派系權爭愈演愈烈，從而極大地侵蝕和動搖

了國民黨統治台灣的根本。從外部環境分析,伴隨著中國大陸漸趨強大與中美關係逐步正常化,一個中國原則日益成為世界各國的共識,大量的外交承認轉向北京,又使台北陷入了空前的國際孤立。因此,儘管1972年蔣經國出任「行政院長」時再三強調必須堅持「黨國法統」與「反共國策」,然而,基於強化政權「合法性」的需要,其統治策略的被迫調整卻更加突出「革新求變」,特別是在政治領域裡。如在「總體外交」設想中,蔣經國提出「外交工作的推動,在秉持國策,針對現實,創造時機,權衡利害,做適當的折衷,來維護國家的最高利益」,應「有所為,有所不為;知所變,知所不變」,除繼續主張「漢賊不兩立」,採取「敵來我走」,與中共「決不妥協」外,更期待能進一步加強與對台「無敵意國家」的聯繫,並以經貿往來與文化交流等,維持並擴大同其他國家和地區的「實質關係」,靈活、「務實」地參與相關的「國際事務」。而眾多資料顯示,正是在此「非正式外交」思維主導下,台灣一向堅定的一個中國立場出現了細微鬆動。像在調整中美建交後美台關係的談判中,台方重申「中華民國自1911年建國以來,一直是一個獨立之主權國家,中華民國是中國文化與中國歷史唯一真正的代表。中華民國政府是依據中華民國憲法所產生的合法政府。中華民國的存在一向是一個國際事實,中華民國的國際地位及法律人格,不因任何國家承認中共偽政權而有所變更。美國應當繼續承認並尊敬中華民國的法律地位和國際人格」,僅著重突出「中華民國」存在及其代表中國文化與歷史,而不再強調「中華民國」擁有全中國主權。1983年3月,台灣方面還與國際奧林匹克委員會達成協議,接受經大陸認可的更名易幟的變通方式,開闢了重新參與國際非政府組織活動的新模式。但在總體上,蔣經國主政期間,台灣在政治上仍拒不接受「雙重承認」,且迫於各方壓力,1987年11月,還宣布開放民間赴內地探親,在客觀上也有利於增進兩岸間的和解與交流。

　　1988年,李登輝繼任「總統」,從片面追求兩岸對等,到不斷製造「一中一台」,並最終拋出「特殊兩國論」,台灣逐漸加快了徹底背棄「一個中國」的步伐。1989年,出於經濟考量與政治權衡,台灣方面即接受更名,重返亞洲開發銀行,並以「只做不說」,對「國際承認」改採不迴避、不拒絕的立場,不再強求欲與「中華民國」建立或恢復「外交關係」的國家必須先與大陸斷交並承認「中華民國」是全中國唯一「合法代表」,開始尋求突破「務實外交」的非官方框架。1990年9月,李登輝於「總統府」設「國家統一委員會」(簡稱「國統會」),1991年

初，又相繼成立隸屬「行政院」的「大陸委員會」（簡稱「陸委會」）與民間性質的財團法人海峽交流基金會（即海基會，Straits Exchange Foundation，縮寫為SEF），完全剝奪國民黨中央對大陸事務的決策參與，企圖改變台灣問題係國共內戰遺留之屬性，損毀中國共產黨所宣導的以黨際合作謀求國家統一的談判平台，並為重新詮釋兩岸定位預留了空間。

1991年2月，「國統會」通過了「國家統一綱領」（通稱「國統綱領」），明確提出，中國統一「不是黨派之爭」且「首應尊重台灣人民的權益並維護其安全與福祉」，主張兩岸應「不否定對方為政治實體」，「建立對等的官方溝通管道」，「協力互助，參加國際組織與活動」等。同年5月，台灣廢止「臨時條款」，結束「動員戡亂」，不再以「叛亂團體」稱呼中國共產黨，默認大陸政權的合法性，並期能換取大陸的對等承認。翌年8月，「國統會」又在《關於「一個中國」的涵義》中聲稱：「我方則認為『一個中國』應指1912年成立迄今之中華民國，其主權及於整個中國，但目前之治權，則僅及於台澎金馬。台灣固為中國一部分，但大陸亦為中國之一部分」，「民國38年起，中國處於暫時分裂之狀態，由兩個政治實體，分治海峽兩岸，乃為客觀之事實，任何謀求統一之主張，不能忽視此一事實之存在」，將輿論從「一國兩區」、「一國兩府」、「一國兩體」逐步導向「一中一台」、「兩個中國」。

1994年7月，台當局「陸委會」經充分醞釀和精心策劃，正式發表了「兩岸關係說明書」，雖仍認為：「兩岸的分裂分治只是中國歷史上暫時的、過渡時期的現象，經由兩岸共同的努力，中國必然會再度走上統一的道路」，但同時也指出：「中華民國政府」「正式而且率先片面放棄以武力方式追求國家統一」，「不再在國際上與中共競爭『中國代表權』」，因為「『一個中國』是指歷史上、地理上、文化上、血緣上的中國」，「『台灣與大陸都是中國的一部分』，『中共不等於中國』，在中國尚未達成最後的統一以前，兩者既處於分治局面，理應各自有平行參與國際社會的權利」，應以「國統綱領」「提出『一個中國、兩個對等政治實體』的架構，來定位兩岸關係」，而政治實體「可以指一個國家、一個政府或一個政治組織」。至此，在李登輝主導下，台灣不僅直接否認了「一個中國」的政治法律事實，而且通過闡釋「一國兩區」、「一國兩府」、「一國兩體」等，間接地分裂中

國主權,製造所謂的「一中一台」和「兩個中國」。

繼1995年8月以「私人身份」高調訪美,恣意妄言「向不可能事物挑戰」,1999年7月在接受德國媒體專訪時,李登輝又公然兜售蓄謀已久的「兩國論」。而2000年政黨輪替後,上台的民進黨更肆無忌憚地推進「台獨」路線。2002年8月,不再滿足於漸進式「去中國化」與「台灣正名」活動的陳水扁迫不及待地丟棄了「一個中國」的幌子,赤裸裸地拋出了「一邊一國論」,儼然台灣已是「主權獨立國家」,大陸純係「外國」,兩岸之間則為一般的「國際關係」。為進一步彰顯台灣「主體意識」與「國家認同」,陳水扁還於2003年炮製了「制憲建國」時間表,2004年又鼓噪煽動「公投綁大選」,2006年乾脆終止了「國統會」與「國統綱領」運作,等等,民進黨倒行逆施與「台獨」冒進,不僅致台海緊張持續升級,而且還使台灣回歸「一個中國」局面錯綜複雜化。

綜觀近二十餘年間台灣對兩岸定位的頻繁挑戰,由不再堅持一個中國原則以至漸次滑向「台獨」立場,根源還在於其面臨著日益緊迫的政權「合法性」問題。首先,就內部社會變遷看,因現代經濟的快速增長,自1980年代中期以來,不斷壯大的台灣本地資本與民間力量不僅對國民黨一黨專政及其威權體制形成解構性衝擊,而且伴隨著政治自由化與「民主化」推展,強調權益自主的民眾人數迅速攀升,公開追求「台獨」的政黨、團體脫穎而出,也迫使台灣當局逐步放棄對中國代表權的執著,轉而尋求兩岸之間的「對等平行」和國際社會的「雙重承認」,力圖通過極力標榜「台灣至上」,以鞏固並擴大自身的執政根基。

其次,從兩岸實力較量分析,大陸改革開放與台灣解嚴開禁後,兩岸逐步地由隔絕走向互動,儘管李登輝、陳水扁之流相繼設置了「戒急用忍」、「有效管理」等政策障礙,但蓬勃發展的內地經濟所產生的巨大「磁吸效應」,仍在台灣引發了持續高漲的「大陸熱」,而雙方經貿往來與人員交流,以及與日俱增的「三通」籲求,不僅徹底衝垮了台灣大陸政策的底線,而且還導致「中華民國是全中國唯一合法代表」的幻象與「三民主義統一中國」的迷思不攻自破,特別是大陸將「一國兩制」統一模式進一步系統化,使「台灣經驗」相形見絀,更逼迫台灣急切確立區分中國的政治新定位,以舒緩前所未有的意識形態困境與掙扎求存壓力,重塑「拒

統」偏安的「堅固屏障」。

第三，著眼於國際層面，應該說，世紀之交世界格局的演化與中美關係的變動為「台獨」提供了嶄新的契機。北京繼1989年政治風波之後，東歐劇變，蘇聯解體，冷戰終結，「西方民主模式戰勝社會主義制度」的論調喧囂一時，加上全球化進程的加速不僅帶來世界經濟的大融合，也進一步侵蝕了民族國家的主權，從而致使台灣以為其推進「憲政革新」切合「歷史潮流」，具備追求獨立的「正當性」。此外，對中國大陸在後兩極時代快速崛起的高度關注，還促使美國國內政治日益右傾，新保守主義勢力及其對華防範和遏制政策突出強調台灣的「民主價值」，也變相慫恿了台灣當局對一個中國架構的突破。

小結：對台灣問題與兩岸關係的理解，應著重把握三方面的內涵。第一，從性質上說，台灣問題是1940年代中後期國共內戰的產物，對抗雙方爭執的焦點在於政府更迭繼承中所涉及的中國法統或曰中國在國際上的合法代表權，主要分歧限於意識形態和社會制度的不同選擇，以及相互關係的確切定位，並不涉及台灣的歸屬和中國主權的分割。儘管改革開放後大陸一貫奉行和平統一方針，台灣社會內部也發生了深刻變化，但北京的中央政府與台北的地方當局單方面的政策調整至今都尚未在政治與法理上徹底解決上述歷史遺留的殘局。因此，確認中國只有一個，大陸和台灣都屬於中國，依然是雙方結束敵對狀態，實事求是地探討融合途徑、構築統一模式的根本依據。第二，雖然按照公認的國際準則，台灣問題純屬中國內政，理應由海峽兩岸中國人協商解決；但戰後西方基於反共、反華的雙重目的，特別是美國為了謀求世界霸權，在冷戰思維與遏制戰略主導下，又強行介入中國內部事務，多方阻礙兩岸實現統一，致使台灣問題成為至今仍對中美關係發展產生重大影響的敏感焦點。正因為美國對台灣問題的產生及其久拖難決也負有不可推卸的責任，所以，中國政府和中國人民在實現國家完全統一的進程中，必須積極拓展對美外交，穩妥推進中美關係，堅決抵制粗暴干涉，才能切實維護主權與領土完整，真正捍衛民族尊嚴。第三，就本質而言，台灣問題原非追求統一和分裂主權之爭，但進入70年代後，台灣為應對愈益嚴重的政權「合法性」危機，卻逐步背棄了一個中國的原則立場，從片面強調平行對等，不斷追求「一中一台」，到最終拋出「兩國論」與「一邊一國論」，公然挑戰「兩岸同屬一個中國」的主權事實，進而導致台灣問題進一

步錯綜複雜化，兩岸互動日趨聚焦於分裂與反分裂鬥爭上。誠然，「台獨」是製造海峽局勢自90年代以來持續緊張的罪魁禍首！

二、兩岸關係的發展與演進

「小時候，鄉愁是一枚小小的郵票，我在這頭，母親在那頭；長大後，鄉愁是一張窄窄的船票，我在這頭，新娘在那頭；後來啊，鄉愁是一方矮矮的墳墓，我在外頭，母親啊在裡頭；而現在，鄉愁是一灣淺淺的海峽，我在這頭，大陸在那頭。」詩人余光中在《鄉愁》中，以細膩的筆觸對兩岸關係進行了生動刻畫。事實上，自國民黨當局撤離大陸，並在美國庇護下長期割據台灣迄今，台灣問題與兩岸關係在複雜的政治經濟互動中大致經歷了三個不同的歷史時期。

（一）1949—1987年的兩岸關係

這一時期，中國共產黨的對台方針由「一定要解放台灣」逐步發展為「和平統一、一國兩制」，從「以武力解放為主、和平爭取為輔」轉而「儘量爭取和平解決，決不承諾放棄武力」。而偏安台灣的國民黨當局則採取封鎖海峽、隔絕往來，頑固堅持「不妥協、不接觸、不談判」之立場，相繼提出了「反攻大陸」、「反共復國」，以及企圖和平演變大陸的「三民主義統一中國」等政策。總體而言，儘管國共角力的重心由軍事領域漸次轉向政治層面，雙方對抗的烈度也慢慢降低，但兩岸更廣泛的交流互動還尚處於醞釀之中。

1.隔海對峙僵持的形成

伴隨著內戰形勢的發展，針對美帝國主義陰謀分離和侵佔台灣，以及國民黨殘餘勢力企圖退踞台灣、負隅頑抗，1949年春，中共中央初步形成了通過武力解放台灣的政策，3月15日，新華社刊發社論，明確表示「中國人民一定要解放台灣」。新中國建立後，蔣介石集團撤離大陸，「解放海南島、台灣和西藏，全殲蔣介石的最後殘餘勢力」迅速躍升為中共中央工作重心。為此，人民解放軍在籌畫進軍大西

南的同時，發動了奪取廈金的戰役行動。繼攻佔廈門後，人民解放軍三野十兵團於1949年10月24日對金門發起了進攻，但因準備不足、增援不濟、敵眾我寡，26日，搶灘登陸的9000餘名官兵遭遇國民黨軍圍困、伏擊，大部分壯烈犧牲。古寧頭戰鬥的失利並沒有阻止中國人民解放台灣的決心，中共中央在同年12月31日《告前線將士和全國同胞書》中再次重申解放台灣的戰略目標，人民解放軍也積極備戰，並在集結實訓的基礎上，1950年4、5月間解放了海南、舟山等沿海島嶼，從而使「解放台灣為全黨最重要的戰鬥任務」更進一步突顯。至當年6月上旬，人民解放軍已擬定於颱風季節來臨前相機實施渡海攻擊，解放台灣的輿論宣傳與軍事準備基本就緒。

　　就在台海局勢日趨緊張之際，朝鮮半島卻突然爆發了戰爭，美國隨即採取了大規模武裝干預，致使中國政府被迫作出派兵參戰、抗美援朝的決定，從而暫時擱置了攻略台灣的既定計劃，處在風雨飄搖中的國民黨當局也因此獲得了喘息與休整。相關資料顯示，1950年3月1日，蔣介石於台北復行「總統」職權時，除再三鼓吹「同舟共濟、捨身成仁」，虛幻叫囂「一年準備，兩年反攻，三年掃蕩，五年成功」外，尚無將台灣帶出「煎熬」的「靈丹妙藥」；直到杜魯門拋出「6‧27聲明」，美國武裝力量進駐台灣，強行阻擾人民解放軍渡海作戰，「病入膏肓」的國民黨政權才「絕處逢生」。總體而言，退台初期，蔣介石集團力圖在確保生存及安全的前提下，將台灣建設成「三民主義模範省」，進而「反攻大陸，復國雪恥」。為此，國民黨當局一方面積極爭取美國的政治支持和軍事保護，另一方面不斷強化內部安定，培植和擴增「反共抗俄」實力。1952年10月，經改造重組的國民黨召開了「七全」大會，通過了「反共抗俄時期工作綱要」及「加強大陸地區對敵鬥爭工作案」等，極力主張「驅逐俄寇、消滅共匪」，「團結反共力量，聯合反共團體，建立反共抗俄聯合陣線」，同時決定在台實行一黨專政和戒嚴體制，以因應「反攻復國」之需。翌年，蔣介石又在元旦文告中提出「軍事第一，反攻第一」的口號，再加上入主白宮的艾森豪徹底撕掉了「中立化」偽裝，轉向奉行所謂的「放蔣出籠」政策，極力尋求締結美台同盟，甚至公開叫囂「協防台灣」，從而使國民黨當局愈發積極地襲擾大陸沿海，特別是隨著板門店停戰協定簽署與中國人民志願軍陸續回撤，國共之間的武裝衝突開始越演越烈。

針對台灣的肆意挑釁與逐步升級的海峽危機，以及日內瓦會議後美國加緊對台侵略和控制，中共中央不得不重新將解放台灣提到議事日程，認為「在朝鮮停戰之後，我們沒有及時（約遲了半年時間）地向全國人民提出這個任務，沒有及時地根據這個任務在軍事方面、外交方面和宣傳方面採取必要的措施和進行有效的工作」是不妥當的。1954年8月2日，周恩來代表中國政府鄭重聲明：「台灣是中國的領土，中國人民一定要解放台灣」，同時嚴正指出：「這是中國的內政，決不容許他人干涉」；12月8日，周恩來再度發表聲明，強烈譴責美蔣非法訂立「共同防禦條約」，明確認定：美國「企圖利用這個條約來使它武裝侵佔中國領土台灣的行為合法化，並以台灣為基地，擴大對中國的侵略和準備新戰爭」。為配合外交鬥爭，贏得政治主動，人民解放軍還奉命對盤踞閩浙沿海諸島國民黨軍實施懲罰性連續炮擊，並於1955年1月18日一舉攻佔一江山島。中國東南海域戰事的持續加劇更使美國決策高層深感不安，繼美蔣「共同防禦條約」換文，1月28日，美國國會又罔顧中方聲明與抗議，公然授權總統在必要時使用美國武裝力量協防颱澎及其相關島嶼；2月初，艾森豪政府即按該「福爾摩沙決議案」，在台灣海峽和浙東洋面集結大量兵力，同時動用美軍艦船、飛機，協助國民黨部隊撤出大陳群島。換言之，自台灣問題產生，中國共產黨與中國政府就一直承受著兩條戰線、雙重作戰的壓力——在國內層面，必須憑藉武力消滅國民黨殘餘，在國際層面，也必須依靠武力將美國逐出台海。

台海局勢的急劇惡化引發了國際社會廣泛關注，有關國家甚至提出相當詳盡的方案，呼籲和平，敦促談判，為爭取世界輿論支持，中共中央因應內外環境變化，果斷調整了對台政策，適時提出「在美國撤退台灣和台灣海峽的武裝力量的前提下，和平解放台灣」的主張。1955年4月23日，出席萬隆會議的周恩來向印度、緬甸、印尼、巴基斯坦、菲律賓、泰國、斯里蘭卡等七國代表團團長全面介紹了台灣問題的歷史背景與中國政府的基本觀點，同時公開宣布：「中國人民不要同美國打仗，中國政府願意同美國政府坐下來談判，討論和緩遠東緊張局勢的問題，特別是和緩台灣的緊張局勢問題」。5月，周恩來又進一步闡明了中國政府的原則立場，認為：台灣問題既可以用武力解決，也可以爭取和平的解決方式；談判的關鍵在於美國必須放棄侵略，必須從台灣和台灣海峽撤走一切武裝力量，使中國人民可以和平解放台灣；談判的性質必須嚴格區別，中美之間進行的是國際性談判，為的是要

美國放棄干涉，而兩岸之間的談判則屬於中國內政。後經各方積極斡旋，北京倡議始得到華盛頓回應，8月1日，中美大使級會談在日內瓦正式開啟，高度緊張的兩岸關係才漸次緩和。

第一次台海危機意味著兩岸對峙基本形成。因為危機引爆及其深化的焦點——美國部署在台海的武裝力量並未隨著局勢緩和而逐步撤離，儘管中國政府竭盡努力。誠如杜勒斯曾抱怨說，中共採取了聰明的雙重立場，在涉及台灣問題的中美關係中，要求美國放棄使用武力，但同時又將台灣問題作為「國內問題」，保留使用武力解決的權力，這樣做是企圖將美國從這個地區趕走。相反，主要圍繞著台灣問題以及美國放棄干涉而展開的日內瓦——華沙中美大使級會談雖進行了136次漫長而艱苦的磋商，但幾經波折，從1955年至1970年卻沒能取得任何實質性進展。而正是在美國的庇護下，蔣介石集團與國民黨當局才敢於頑固堅持「不接觸、不談判、不妥協」之立場，並長期盤踞台灣，只求偏安，不思統一。若從大陸、台灣、美國三角博弈及其實力對比看，顯然，美台相互勾結具有一定的優勢，但由於彼此的政策意圖並不完全一致，雙方摩擦也不斷湧現，甚至在危機存續期間，基於挫敗美國企圖分裂中國的陰謀，海峽兩岸、國共兩黨還就一個中國原則達成某種默契——不僅蔣介石堅決拒絕了美方提出的「劃峽而治」建議，派出重兵固守金門、馬祖，人民解放軍在奪取大陳島後也未乘勝進軍，而只對金馬實施了炮轟。美台聯盟的內部矛盾及其暴露，無疑為大陸處理兩岸互動和中美關係，探索解決台灣問題的新方式、新途徑創造了有利條件。

儘管浙東衝突後福建沿海尤其金馬周邊仍有零星交火，但國共較量大體回到了休戰與膠著狀態。其間，中共中央雖為爭取和平解放台灣進行了多方努力，但始終未得到國民黨方面的積極回應。蔣介石當局依然將大陸的和談建議看作「統戰陰謀」，仍一味叫囂「反攻復國」。特別是進入1957年後，台灣軍方還加強了騷擾江浙閩粵沿海的力度，第七艦隊等美國武裝力量也頻繁進出台灣，並接二連三地舉行針對中國大陸的各種軍演。1958年1月，國共兩軍在馬祖附近發生激烈海戰，美台防務協作進一步加快；7月，由於黎巴嫩、伊拉克政局變動與反美浪潮，為配合美國干預中東事態，國民黨當局不僅大量增兵金馬，而且宣布海峽緊急戒備、部隊進入臨戰。面對美蔣持續不斷的戰爭挑釁，中共中央決定「炮轟金門」但「攻而不

取」。1958年8月23日，人民解放軍福建前線部隊奉命對金門等島嶼實施毀滅性炮擊，重創國民黨守軍及其海上補給線；9月2日，雙方海軍又在料羅灣遭遇，台灣方面損失慘重。為了扭轉被動、頹勢，艾森豪竟不顧中國政府的再三警告，繼續增兵台灣，並公然將「協防範圍」擴及金馬，調派美艦介入「聯合護航」。人民解放軍則按中央軍委與毛澤東「只打蔣艦，不打美艦」的戰略部署，集中攻擊國民黨軍，儘量避免中美間直接的武裝對抗。後迫於國際輿論壓力，美國才同意恢復中美大使級會談。10月6日，中國政府發布文告：暫停炮擊以便國民黨軍恢復給養，但以美軍不得護航為前提。至此，危機轉入以政治鬥爭、外交折衝為主，以軍事進攻為輔的新階段。10月下旬，美國國務卿杜勒斯抵台，企圖脅迫國民黨當局從金馬撤軍，實現與中共「劃峽而治」，但遭蔣介石嚴詞拒絕，人民解放軍也恢復炮擊；10月25日，中國政府發表《再告台灣同胞書》，指出「世界上只有一個中國，沒有兩個中國，這一點我們是一致的」，提出「中國人的事只能由我們中國自己解決。一時難以解決，可以從長計議」，宣布「逢雙日」不打炮，讓金門等島嶼「得到充分的供應」，「以利你們長期固守」，「一致對外」。誠如周恩來所言，「中國炮擊金門、馬祖並不是就要用武力解放台灣，只是要懲罰國民黨部隊，阻止美國搞『兩個中國』」。

第二次台海危機沉重打擊了國民黨當局「反攻大陸」的囂張氣焰，徹底挫敗了美國軍事恫嚇政策與「劃峽而治」陰謀，同時還導致美蔣矛盾進一步公開化，並使國共兩黨、海峽兩岸通過炮火攜手維護了中國主權統一與領土完整。雖然，對金門單日炮擊一直延續到1979年元旦，但「八・二三」炮戰後人民解放軍的主要精力已漸次轉向強化東南防禦。而台灣方面則依靠美國軍援，仍不時襲擾大陸沿海城鄉與島嶼，並配合美軍偵察、刺探中國內地情報，兩岸雙方還因此爆發了上百次海空戰鬥。特別是1962年夏，蔣介石趁中蘇關係惡化與大陸連續遭遇自然災害，再度鼓噪「反攻大陸」，甚至下令部隊登船待發，由於人民解放軍積極應對，福建前線緊急部署，國民黨當局才知難而退。1969年春，國民黨「十全」通過了「積極策進光復大陸案」，力圖趁大陸「文化大革命」混亂，實現「反攻復國」，後因美國未給予明確支持，台灣才轉而發動「中華文化復興運動」，在台灣外大肆煽動，不斷掀起反共高潮。

從總體上看,伴隨著內外形勢的變化,兩岸關係在幾經危機之後已漸次走向和緩,尤其是蔣經國當政後,台灣也不得不進一步調整政策,在與大陸繼續較量中,更加突出政治攻勢,力圖以和平演變取代軍事對抗。

2.國共統一主張的演變

應該說,1950年代中期中國國內外形勢的巨大變化為台灣問題和平解決提供了可能。從國際方面看,1953年朝鮮半島實現停戰,1954年印度支那結束戰爭,1955年第一次台海危機消解,遠東局勢在整體上趨向緩和。從中國國內方面看,伴隨社會主義改造順利完成與社會主義制度逐步確立,大規模經濟建設迅速拉開,大陸不僅需要一個相對穩定的和平環境,同時也需要調動一切積極因素,動員所有愛國者,參與社會主義現代化建設。而台灣的經濟發展與民生改善也取得了長足進步,廣大民眾也熱切盼望兩岸雙方在解決歷史遺留問題時能擯棄戰爭手段。為此,中國共產黨和中國政府及時調整了對台政策,率先致力於用和平的方式謀求國家統一。

早在1954年8月,周恩來在與民主人士座談時就提及擬對逃台人員既往不咎、寬大處理;而中共中央也在當年9月發出的解決台灣問題的宣傳方針中明確表示:除了追隨美國侵擾沿海的蔣介石之外,任何人都允許棄暗投明,回大陸與家屬團聚。至萬隆會議,周恩來又就如何處置蔣介石作了專門闡釋,指出:「如果美軍撤退,我們可能用和平的方式解放台灣,如蔣介石接受,我們歡迎他派代表來北京談判」,「只要蔣介石同意中國的和平統一,同意和平解放台灣,並且派代表來北京談判,我們相信即使蔣介石本人,中國人民也可以寬恕他,但蔣介石必須承認中央人民政府,不能自稱代表中國」。同年7月,周恩來在全國人大一屆二次會議上正式提出:「中國人民解放台灣有兩種可能的方式,即戰爭的方式和和平的方式,中國人民願意在可能的條件下,採取用和平的方式解放台灣」,「如果可能的話,中國政府願意同台灣地方的負責當局協商和平解放台灣的具體步驟」,當然「這是中央政府同地方當局之間的協商」。

中美大使級會談開始後,中共中央再度向台灣方面釋放了更多善意與誠意,毛

澤東還不失時機地提出了「和為貴」、「愛國一家」、「愛國不分先後」等倡議。1956年1月，周恩來在《中國人民政治協商會議第二屆全國委員會常務委員會工作報告》中不僅號召台灣同胞和一切逃台人員「站到愛國主義旗幟下來，同祖國人民一起，為爭取和平解放台灣，實現祖國的完全統一而奮鬥」，而且代表中國共產黨和中國政府宣布了「五個凡是」政策，即「凡是願意回到大陸省親會友的，都可以回到大陸上來。凡是願意到大陸來參觀和學習的，也都可以到大陸上來。凡是願意走和平解放台灣道路的，不管任何人，也不管他們過去犯過多大罪過，中國人民都將寬大對待，不咎既往。凡是在和平解放台灣這個行動中立了功的，中國人民都將按照立功大小給以應得的獎勵。凡是通過和平途徑投向祖國的，中國人民都將在工作上給以適當的安置。」6月，周恩來又在全國人大一屆三次會議上強調：「中國人民一定要解放台灣，這是中國六萬萬人不可動搖的共同意志。中國政府曾經再三指出：中國人民解放台灣有兩種可能的方式，即戰爭的方式和和平的方式；中國人民願意在可能的條件下，爭取用和平的方式解放台灣。毫無疑問，如果台灣能夠和平解放，那麼，對於我們的國家，對於我們全體中國人民，對於亞洲和世界的和平，都將是最為有利的」。

至此，中共中央因應內外形勢的變化，已將解決台灣問題的思路從「武力解放」過渡到「和平解放」。猶如劉少奇在中共八大的政治報告中稱：「解放台灣的問題完全是中國的內政問題。我們願意用和平談判的方式，使台灣重新回到大陸的懷抱，而避免使用武力。如果不得已而使用武力，那是在和平談判喪失了可能性，或者是在和平談判失敗以後。不管採用什麼辦法，解放台灣的正義事業一定能夠取得最後的勝利。」為落實國共和談，推進統一，周恩來還在全國人大一屆三次會議上呼籲：「我們願意同台灣協商和平解放台灣的具體步驟和條件，並且希望台灣在他們認為適當的時機，派遣代表到北京或其他適當的地點，同我們開始這種商談。」中共中央隨後專門成立了由李克農、羅瑞卿負責的對台領導小組，以開展對台工作，處置對台事務，並對和平解放台灣的條件作了兩點說明。即兩岸對話必須是在沒有外來干預的情況下進行；兩岸對話必須在「一個中國」的前提下進行，是中央政府和地方當局的協商，任何「兩個中國」想法和做法都是中國人民堅決反對的。

面對中共的「和平解放」倡議，反覆強調「漢賊不兩立，敵我不共存」、一再聲稱「必與漢匪朱毛搏鬥到底」、堅決拒絕與北京談判的國民黨當局回應謹慎。除繼續派遣武裝特務竄犯、襲擾東南沿海外，1956年7月，蔣介石委託滯留香港的原國民黨中央通訊社記者曹聚仁隨新加坡工商考察團訪問內地，進行試探。周恩來則在會見曹聚仁時明確表示：「和平解放的實際價值和票面價值完全相符。國民黨和共產黨合作過兩次，第一次合作有國民革命軍北伐的成功，第二次合作有抗戰的勝利，這都是事實。為什麼不可以第三次合作呢？台灣是內政問題，愛國一家，為什麼不可以來合作建設呢？」次年4月，毛澤東也在歡迎蘇聯最高蘇維埃主席伏羅希洛夫的酒會上公開宣布：「國共兩黨過去已合作過兩次，我們還準備進行第三次國共合作。」後周恩來、李維漢等還在接見進京的蔣介石代表、國民黨「立法委員」宋宜山時更進一步指出：國共兩黨可通過對等談判實現國家和平統一；台灣作為直轄中央政府、享有高度自治的區域，仍由蔣介石領導，可派員參與全國性政務的組織、規劃，大陸不派人入台、不干預其內部事務，但一切外國武裝力量必須撤離台海。顯然，上述第三次國共合作的設想已使台灣「和平解放」及以和平方式實現祖國統一更加具體化。即使1958年爆發了第二次台海危機，大陸方面仍發表了由毛澤東親自起草的《告台灣同胞書》與《再告台灣同胞書》，重申了中國共產黨和中國政府堅持一個中國、反對「兩個中國」，主張國共和談、反對外國干涉的原則立場。毛澤東甚至還深入思索了台灣回歸後的制度安排，認為：蔣介石可以繼續搞三民主義，台灣可以繼續保留軍隊，簡政、裁兵不能強制、不能壓迫。

總體而言，進入1960年代後，在總結前十年經驗的基礎上，中共「和平解放」的對台政策已趨於完善。像毛澤東在比較美台因素、反對外來干涉的基礎上，主張：台灣寧可放在蔣介石手裡，不能落到美國人手中；對蔣介石我們可以等待，解放台灣的任務不一定要我們這一代完成，可以留交下一代人去辦；現在要蔣介石回來也有困難，逐步地創造條件，一旦時機成熟就好辦了；只要蔣介石一天守住台灣，不使台灣從中國分裂出去，大陸就不會改變和平統一的對台政策。1963年初，周恩來將調整後的對台政策概括為「一綱四目」。「一綱」，即台灣必須統一於中國。「四目」，指（1）統一後，除國防、外交歸中央統轄，台灣所有軍政、人事均由國民黨當局自行安排；（2）台灣一切軍政、經建費用不足之數悉由中央撥付；（3）台灣社會改革從緩，應俟條件成熟並尊重蔣介石意見，經協商決定；

（4）雙方互不派特務，不做破壞對方團結之舉。為配合政策調整，緩和海峽緊張，中國政府還於1959年9月、1960年11月、1961年12月、1963年3月、1964年12月、1966年3月及1975年3月，分批特赦了全部在押的國民黨戰犯，並且宣布：願意工作的給安排工作，喪失工作能力的由政府供養，希望前往台灣的提供路費，去台後又想回內地的仍然歡迎；同時，也允許長期滯留海外、不再堅持反共立場的國民黨軍政人員回大陸探親、訪友、定居、工作。曾任中華民國代總統的李宗仁就是在這種背景下毅然返回大陸。此外，北京方面還通過各種祕密管道，特邀章士釗等知名人士跨海奔走、傳遞資訊、溝通意見，表達中央政府和平解決台灣問題的誠意，希望同蔣介石進行「面對面晤談」，以順暢國共兩黨為主體的海峽兩岸關係。

然而，遺憾的是，蔣介石與國民黨當局卻誤判了形勢，仍將中共的緩和努力視作純粹的「統戰陰謀」，仍一味地叫囂「反攻大陸」。繼1952年10月完成改造、召開「七全」大會，建構「反共抗俄」基本理論，形成「反共抗俄」工作綱領；1954年成立直屬「總統府」的「光復大陸設計研究委員會」；1957年10月，國民黨「八全」依然將「反攻復國」列作中心任務。1958年台海危機後，在諸如1961年「雙十」致詞、1962年元旦文告中，蔣介石仍在公開鼓吹「光復大陸失土」，甚至組建了「反攻行動委員會」，下達了「徵兵動員令」。直到1963年11月，國民黨「九全」大會提出「立足台灣、光復大陸」，確立「精神重於物質，政治先於軍事」的「反共復國總體戰略」，才正式放棄「武力反攻」政策。1969年3月，國民黨舉行「十全」大會，力圖「從根作起，全面革新」，將台灣建設成「三民主義模範省」，以「積極策進大陸光復」。儘管1972年蔣經國執政，1975年蔣介石去世，但在1976年11月，國民黨「十一全」大會還通過了《反共復國行動綱領案》等，不僅妄言「實踐三民主義，光復大陸國土，復興民族文化，堅守民主陣容」，而且重申「決不與共產黨政權談判」、「拒不接受任何和談建議」的頑固立場，並在僵硬的「三不政策」指導下，斷然拒絕被特赦的原國民黨軍政人員去台，汙衊中共企圖「以不流血的手段解放台灣」。

實際上，1970年代末80年代初，解決台灣問題的內外環境都發生了深刻變化。一方面，中美關係實現了正常化，國際形勢在客觀上有利於推進兩岸緩和、互動；另一方面，十一屆三中全會後，中國共產黨和中國政府的工作重心轉向經濟建設，

而只有減少對抗、避免戰爭,才能實現穩定、贏得發展。為此,以鄧小平為核心的中共第二代領導集體審時度勢,在毛澤東、周恩來有關和平解放台灣設想的基礎上,創造性地提出「和平統一、一國兩制」對台新方針。

1979年1月1日,全國人大常委會發表了《告台灣同胞書》,首度以「和平統一」取代「和平解放」,且「寄希望於1700萬台灣人民,也寄希望於台灣」,並明確指出,將來台灣實行什麼制度應由台灣民眾的意志決定,必須「尊重台灣現狀和台灣各界人士的意見,採取合情合理的政策和辦法,不使台灣人民蒙受損失」。同日,人民解放軍奉命停止對金門等島嶼的炮擊行動,為結束台海長期軍事對峙,改善並緩和兩岸關係創造了條件。隨著大陸改革開放的全面展開,1981年9月30日,葉劍英又提出了解決台灣問題的九項建議(通稱「葉九條」),包括:(1)舉行兩黨對等談判,實現國共第三次合作,儘早結束民族分裂,攜手推進統一,作為第一步,雙方可先派人接洽溝通、交換意見;(2)共同為兩岸「三通」、「四流」(即通郵、通商、通航,以及開展學術、文化、經濟、體育交流)提供方便,並儘快達成協議;(3)國家統一後,台灣可作為特別行政區,享有高度自治,並可保留軍隊,中央政府不干預台灣地方事務;(4)台地現行的社會、經濟制度不變,生活方式不變,同境外經濟、文化關係不變,私人財產和外國投資不受侵犯;(5)台灣當局和各界代表可擔任全國性政治機構領導人,直接參與國家管理;(6)台灣地方財政遇有困難,中央政府可酌情補助;(7)台灣各族人民、各界人士願回內地定居者,保證妥善安排,不受歧視,來去自由;(8)歡迎台商、台企到大陸投資、興業,保證其合法權益和利潤;(9)統一祖國,人人有責,熱誠歡迎廣大台胞、各種團體通過不同管道,採取不同方式,共商國是,齊襄盛舉。至此,中國共產黨和中國政府「和平統一,一國兩制」的對台新方針初步形成。

中國共產黨在十二大致開幕詞中提出:「加緊社會主義現代化建設,爭取實現包括台灣在內的祖國統一,反對霸權主義,維護世界和平,是中國人民在八十年代的三大任務」,1983年6月,鄧小平又就兩岸和平統一發表了六點主張(亦稱「鄧六點」)。即(1)明確了台灣問題的核心是統一,「和平統一已成為國共兩黨的共同語言」,兩岸統一「不是我吃掉你,也不是你吃掉我」;(2)建議以適當的方式實現統一,宜「舉行兩黨平等會談」,達成正式協議,「實行第三次合作,而

不提中央和地方談判」，但須杜絕外國插手；（3）不贊成「完全自治」的提法，自治當有限度，應以不損害統一的國家利益為前提，「完全自治」就是「兩個中國」；（4）指出「三民主義統一中國」不現實；（5）堅持世界上只有一個中國，「在國際上代表中國的，只能是中華人民共和國」；（6）統一後，台灣作為中國的特別行政區「可以實行同大陸不同的制度」，包括「司法獨立、終審權不須到北京」，並保留對大陸不構成威脅的軍隊，黨政軍悉由台灣統轄，「大陸不派人駐台」，「中央政府還要給台灣留出名額」等。應該說，「鄧六點」的提出，使新時期大陸對台政策及「一國兩制」科學構想更加具體，也更趨完備。值得注意的是：中國共產黨與中國政府在努力宣導「和平統一、一國兩制」的同時，也一直對台灣外拒統、求獨、反共、排華等各種勢力及其消極影響保持清醒的認識，對台灣問題的複雜性有充分的估計，始終堅持「兩手抓，兩手硬」，積極進行武裝鬥爭的各項準備，從不承諾放棄使用武力，並不排除以非和平的方式解決台灣問題。

針對中國共產黨「和平統一，一國兩制」的主張與國共再度合作、攜手振興中華之倡議，以及兩岸關係在台灣由「敏感禁區」逐步演變為「公開話題」——從探討是否應當統一轉向論證如何實現統一，國民黨方面既明確表示「和平、統一確實是我們全中國人民的願望」，國家應該統一，又反覆強調與中共「不接觸、不談判、不妥協」。如1979年元旦，台灣宣稱：「我們在任何情況下都絕不會同中國共產黨進行任何形式的談判。」蔣經國隨後也表示：「我們的立場是絕不與中共談判，也不與中共發展任何接觸」，「只有中共徹底廢棄共產主義體系，建立自由經濟，恢復民主政治，以三民主義為立國根本，台灣海峽兩邊人民才能通郵、通航、通商、文化交流的可能性」，並在重申「三不政策」、繼續凍結跨海峽往來溝通之餘，反覆強調決不改變「反共復國」基本政策、決不改變「中華民國國體」、決不改變「三民主義統一中國」目標，力圖對台灣統一言論實施嚴格管控。次年6月9日，蔣經國又在《自立晚報》上發表《國家基本立場的精神》一文，對「建立三民主義中國」進行了深入闡釋。1981年3月，國民黨「十二全」正式通過了「貫徹以三民主義統一中國案」，以綱領形式鼓吹「台灣經驗」，突出對大陸和平演變、「和平反攻」，且於翌年10月專門成立了以何應欽、陳立夫為首的「三民主義統一中國大同盟」。直到1984年初，台灣方面始允許非官方人員依循「不迴避、不退讓、不畏縮」的原則，在海外與大陸人士接觸；7月，還接受國際奧會的更名決

定,同意以「中華台北」的名義參與洛杉磯奧運會及各項體育競賽。1985年7月,台灣當局又改採「不接觸、不鼓勵、不干涉」之立場,進一步放寬自港澳進出口內地貨物的限制,默許民間經轉口形式與大陸通商。而華航貨機事件與自立晚報風波發生後,1987年7月15日,蔣經國才迫於形勢,宣布解除台灣實行了三十八年之久的「戒嚴令」,10月14日,同意有限開放台灣民眾赴大陸探親。

(二)1987—2000年的兩岸關係

這一時期,面對中國共產黨與中國政府積極推進改革開放,堅決維護「一個中國」、反對「台灣獨立」,努力完善「和平統一,一國兩制」,國民黨當局先後兩度大幅調整大陸政策,從蔣經國有限開放民眾赴大陸探親、啟動跨海峽民間交流,到李登輝由「國家統一綱領」倒退,拋出「戒急用忍」,炮製「兩國論」,兩岸關係可謂跌宕起伏、一波三折。整體而言,儘管政治分歧、「統獨」鬥爭相當尖銳,甚至間或還會發生激烈對抗和危機,但伴隨著大陸經濟的快速崛起,商業利益與貿易往來日益成為跨海峽聯繫的主軸,經貿與文化領域的政策博弈也逐步凸顯。

1.大陸對台政策的進一步完善

因應兩岸民間往來開啟後持續擴增的人、財、物大流動,繼1987年10月公布《關於台灣同胞來大陸探親旅遊接待辦法通知》,1988年6月,國務院正式頒布了《關於鼓勵台灣同胞投資的規定》(俗稱「22條」),9月,還組建了台灣事務辦公室(1991年4月,中共中央台灣工作辦公室與之合署),專門負責管理對台事務。與此同時,為便利處置跨海峽交流所衍生的各種事務性問題,1991年12月,大陸方面又授權成立旨在推動兩岸交流互動、促進和平統一的民間仲介機構——海峽兩岸關係協會(簡稱海協,即Association for Relations Across the Taiwan Straits,縮寫為ARATS)。而經海協主動聯繫台灣海基會,雙方還就「一個中國」達成了「九二共識」。1992年10月,江澤民主席又在中國共產黨十四大上明確表態:「我們堅決反對任何形式的『兩個中國』、『一中一台』或『一國兩府』,堅決反對任何旨在製造『台灣獨立』的企圖和行動。我們將繼續促進兩岸直接通郵、通航、通商,推動兩岸人民的往來和各個領域的交流合作,特別是大力發展兩岸經濟合作,

共同振興民族經濟。我們再次重申，中國共產黨願意同中國國民黨儘早接觸，以便創造條件，就正式結束兩岸敵對狀態、逐步實現和平統一進行談判。在商談中，可以吸收兩岸其他政黨、團體和各界有代表性的人士參加。在一個中國的前提下，什麼問題都可以談，包括就兩岸正式談判的方式問題同台灣方面進行討論，找到雙方都認為合適的辦法。」

基於保障和增進廣大台胞、台商在大陸的合法權益，切實維護兩岸正常的交流秩序，1994年3月，全國人大專題審議並通過了《台灣同胞投資保護法》。1995年1月30日，江澤民主席還不失時機地提出了推進和平統一的八項主張（通稱「江八點」）。即（1）堅持一個中國原則，是實現和平統一的基礎和前提。中國主權和領土不容分割，堅決反對任何製造「台灣獨立」的言行，包括「分裂分治」、「階段性兩個中國」等違背「一中」原則的論調。（2）對台灣同外國發展民間性經濟文化關係不持異議。但堅決反對台灣以搞「兩個中國」、「一中一台」為目的的所謂「擴大國際生存空間」活動。（3）進行兩岸和平統一談判。在談判中，可以吸收兩岸各黨派、團體有代表性的人士參加。在一個中國的前提下，什麼問題都可以談，作為第一步，雙方可以先就「在一個中國原則下，正式結束兩岸敵對狀態」進行談判。（4）努力實現和平統一，中國人不打中國人。不承諾放棄使用武力，決不是針對台灣同胞，而是針對外國勢力干涉中國統一和搞「台獨」圖謀的。（5）大力發展兩岸經濟交流與合作。反對以政治分歧影響、干擾經濟合作，將繼續執行鼓勵台商投資政策，繼續加強兩岸同胞往來交流，以增進瞭解和互信，並採取切實舉措加速實現直接「三通」。（6）中華各族兒女共同創造的五千年燦爛文化是維繫全體中國人的精神紐帶，也是實現和平統一的重要基礎。兩岸同胞要共同繼承和發揚中華文化的優秀傳統。（7）充分尊重台灣同胞的生活方式和當家作主的願望，保護台灣一切正當權益。歡迎台灣各黨派、各界人士來大陸參訪，並就兩岸關係與和平統一交換意見。（8）歡迎台灣領導人以適當身份前來訪問，也願意接受台灣方面邀請前往台灣。可以共商國是，也可以先就某些問題交換意見。中國人的事自己解決，不需借助任何國際場合。

然而，就在中國共產黨和中國政府將「和平統一，一國兩制」進一步具體化之際，1993年台灣卻啟動了「參與聯合國」活動，1994年李登輝更拋出了「中華民國

在台灣」、台灣是「一個獨立的主權國家」等主張,特別是在1995年訪美期間,李登輝還恣意挑戰中國主權,致使大陸被迫作出強硬反應,在繼續促進兩岸經貿合作與文化交流的同時,對台實施了「文攻武嚇」。1993年,國務院台辦與國務院新聞辦聯合推出《台灣問題與中國的統一》白皮書。1995年6月,《人民日報》和新華社評論員先後發表了四評「李登輝在康乃爾大學的演講」和四評「李登輝的『台獨』言行」等,大陸報刊雜誌、廣播電視等主要輿論媒體也陸續刊登了一系列的文章,揭露李登輝的「台獨」真面目,批判李登輝挾洋自重、分裂祖國的行徑。同年7月,人民解放軍在台灣東北方向進行了導彈發射訓練;8月,又在東海海域及其上空展開了導彈、火炮實彈射擊和海空聯合作戰、海上封鎖演習;11月,還在閩南沿海舉行了三軍合成演練。1996年台灣舉行首次「總統」直選,為阻止李登輝當選後冒進「台獨」,3月,人民解放軍實施了一系列軍演,包括向基隆和高雄近海發射導彈、在閩南粵東沿海進行海空實彈射擊、於台灣海峽北段舉行三軍聯合演練等(在此期間,美國派遣了2個航母艦群進入台灣島以東公海洋面實施監控)。

此外,大陸還採取了其他相應措施。像1995年5月,白宮宣布允許李登輝以「私人」、「非官方」身份訪美,中國外交部即提出強烈抗議,並明確表示:「對於已經站起來的中國人民來說,沒有什麼比國家主權和統一更為重要,中國政府和中國人民準備面對任何挑戰!」中國政府隨後中止了一系列重要團組訪美計畫,駐美大使也應召回國述職。10月,出席聯合國成立五十周年慶典的江澤民主席在與美國總統柯林頓會晤時再次強調:「影響中美關係最重要、最敏感的問題是台灣問題,構成中美關係基礎的三個聯合公報的核心問題也是台灣問題。我們不希望再發生使兩國關係穩定發展受到干擾的事件。」海協則暫停了原定於當年7月舉行的「辜汪會談」,與海基會其他層次的事務性商談也一律中斷。

直到1997年,兩岸緊張才有所緩和。7月1日,香港順利回歸,「一國兩制」進入實踐層面。9月,中國共產黨十五大重申了解決台灣問題的基本立場。10月,華盛頓借江澤民主席到訪,再次表明了一個中國立場。此外,在兩岸兩會重啟接觸商談的基礎上,海基會董事長辜振甫還於1998年10月造訪了大陸,海協會長汪道涵也準備於1999年秋天回訪台灣。但1999年,即將卸任的李登輝卻於5月公布「七塊論」、7月拋出「兩國論」,再度引發海內外各界的強烈反應。江澤民主席在與柯

林頓通話時明確指出:「兩國論」是李登輝在分裂道路上走出的十分危險的一步,「如果出現搞『台灣獨立』和外國勢力干涉中國統一的情況,我們絕不會坐視不管!」國台辦也發出嚴正警告,敦促「台獨」勢力「立即懸崖勒馬,放棄玩火行動,停止一切分裂活動」;《解放軍報》署名評論則反覆強調,「面對李登輝分裂祖國的罪惡圖謀,全軍指戰員無比憤慨。中國政府一貫主張和平統一,但從未承諾放棄使用武力。我們堅決擁護這一嚴正立場,正密切注視著海峽對岸的動向和事態發展」,軍方領導人還公開表示,「中國人民解放軍嚴陣以待,時刻準備捍衛祖國的主權和領土完整,堅決粉碎任何分裂祖國的圖謀」。8、9月間,人民解放軍陸海空、二炮部隊和民兵預備役相繼舉行了一系列有針對性的演練。就在海峽緊張不斷升級之際,台灣發生了「9‧21」大地震,出於人道主義考慮,為避免國際社會誤解,大陸中止了各項對台軍演,危機才逐步消解。

2.台灣大陸政策的調整

1986年3月,國民黨召開十二屆三中全會,蔣經國全面闡述了中國國民黨對於統一的主張,再次強調「中國只有一個,中國必將統一」。1987年7月15日,台灣「戒嚴令」解除;11月,台灣開放了除現役軍人和公職人員以外、在大陸有血親、姻親、三親的台灣居民經第三地赴內地探親(但在大陸的台胞和眷屬仍不允許入台);兩岸關係由此邁入了一個全新的歷史時期。為應對兩岸緩和互動之新情勢,伴隨著1990年代啟動的「憲政改革」,國民黨當局大幅調整了其大陸政策。政治上,力圖借「經濟發展奇蹟」與「民主政治成就」,推展「台灣經驗」,凸顯兩岸差異,抗拒和平統一,謀求「台灣獨立」;經濟上,以「安全」為由,堅持「民間、單向、漸進、小額」原則,甚至提出「戒急用忍」政策,人為設置樊籬,強行阻擾兩岸往來深化。具體地說:

1988年1月,蔣經國去世。2月,李登輝繼任「總統」,在明確「中華民國的國策」就是只有一個中國的政策的同時,宣稱將用「新的觀念」靈活處理兩岸關係。3月,「行政院長」俞國華也一改以往所堅持的「以不變應萬變」及「絕不與中共接觸談判」的立場,公開表示「所謂『三不』政策只是一種策略性運用而已,並不是固定的政策」。7月,國民黨召開「十三全」大會,通過了「中國國民黨現階段

大陸政策案」,提出「立足台灣,放眼大陸,胸懷全中國」,強調運用「政經實力」,擴展「台灣經驗」,爭取大陸民心,促進大陸「政治民主化」、「經濟自由化」、「社會多元化」、「文化中國化」,進而「達成國家高度統一」。8月,台灣增設了「大陸工作會報」與「大陸工作指導小組」,以統籌、指導大陸政策的調整與落實。11月,台灣相關部門開始受理大陸台胞赴台奔喪探親申請,12月,正式公布了「允許現在大陸台籍前國民黨軍人返台定居案」。

但1989年接受更名重返亞洲開發銀行後,台灣對「國際承認」改採不迴避、不拒絕之立場,並以「只做不說」的方式,多方尋求「務實外交」的突破。至1990年,李登輝已公開主張「一國兩府」,甚至直接聲稱「台灣早已是一個主權獨立的國家,國名就叫中華民國」。為此,台灣在頒施「對大陸地區從事間接投資或技術合作管理辦法」同時,相繼組建了「國統會」、「陸委會」及海基會,將大陸事務決策權由國民黨中央移至「府院」行政系統,為進一步歪曲兩岸定位預設伏筆。

1991年2月,在李登輝主持下,國民黨當局通過了「國統綱領」,明確提出,中國統一「不是黨派之爭」,「首應尊重台灣人民的權益並維護其安全與福祉」,應「不否定對方為政治實體」,「建立對等的官方溝通管道」,「協力互助,參加國際組織與活動」等。作為四十多年來台灣方面公布的第一個關於「國家統一」方案,台灣大學教授王曉波認為:「這個綱領的三個進程其實質是中國統一的退程,預設了『兩個中國』和分裂固定化、長期化的前提在內,是從抗拒統一的立場出發所擬定的統一綱領」,其根本在於「以拖待變」。同年5月1日,台灣宣布終止「動員戡亂」,並企圖以默認中共的合法性,換取大陸的對等承認。

1992年2月,李登輝以「度假」之名訪問了菲律賓、印尼和泰國;7月16日,台「立法院」三讀通過「兩岸關係條例」;8月1日,「國統會」按照李登輝指示對「一個中國」涵義進行重新解釋,稱:「『一個中國』應指1912年成立迄今之中華民國,其主權及於整個中國,但目前之治權,則僅及於台澎金馬。台灣固為中國一部分,但大陸亦為中國之一部分」、「民國三十八年起,中國處於暫時分裂之狀態,由兩個政治實體,分治海峽兩岸,乃為客觀之事實,任何謀求統一之主張,不能忽視此一事實之存在」,將輿論從「一國兩區」、「一國兩府」逐步導向「一中

一台」、「兩個中國」。

1993年2月，李登輝公開聲稱：「我主張中華民國在台灣，始終沒講過一個中國」。4月，「辜汪會談」舉行。6月，台灣啟動「參與聯合國」行動，慫恿中美洲國家反覆向聯大提案。12月，台「經濟部長」江丙坤出席「亞太經濟合作會議」，拋出「階段性兩個中國」政策。

1994年3月，李登輝與日本作家司馬遼太郎對談，主張：「中華民國在台灣」，台灣是「一個獨立的主權國家」；4月，李登輝借題發揮，惡意炒作，將千島湖事件政治化，攻擊共產黨為「土匪」，汙衊人民政府「草菅人命」，並再度否認「一個中國」原則，「台獨」分子更趁機叫囂、煽動「台灣獨立」；7月，「陸委會」對外發表了「兩岸關係說明書」，雖承認：「兩岸的分裂分治只是中國歷史上暫時的、過渡時期的現象，經由兩岸共同的努力，中國必然會再度走上統一的道路」，但更明確：「中華民國政府」「正式而且率先片面放棄以武力方式追求國家統一」，「不再在國際上與中共競爭『中國代表權』」，因為「『一個中國』是指歷史上、地理上、文化上、血緣上的中國」，「『台灣與大陸都是中國的一部分』，『中共不等於中國』，在中國尚未達成最後的統一以前，兩者既處於分治局面，理應各自有平行參與國際社會的權利」，應以「國統綱領」「提出『一個中國、兩個對等政治實體』的架構，來定位兩岸關係」，而政治實體「可以指一個國家、一個政府或一個政治組織」。至此，在李登輝主導下，台灣不僅直接否認了「一個中國」的政治法律事實，而且通過闡釋「一國兩區」、「一國兩府」、「一國兩體」，間接地分裂中國主權，製造所謂的「一中一台」和「兩個中國」。

1995年4月8日，李登輝對「江八點」作出回應，認為：兩岸應在「分治」的基礎上追求中國統一；兩岸應以中華文化為基礎，加強交流；兩岸應增進經貿往來，發展互利互補關係；兩岸應平等參與國際組織，雙方領導人借此自然見面；兩岸應堅持以和平方式解決一切爭端；兩岸應共同維護港澳繁榮，促進港澳民主。6月，李登輝高調訪美，恣意妄言「向不可能的事物挑戰」，並再三強調「中華民國在台灣」或「在台灣的中華民國」。

而針對日益高漲的「大陸熱」，李登輝也深感不安，認為：「以大陸為腹地，建設亞太營運中心的論調，必須加以檢討」，1996年9月，明確表示：「必須秉持『戒急用忍』的大原則，來適應兩岸當前的關係。」為此，台灣經濟主管部門頒布了「投資從嚴，商業、貿易、科技交流從寬；大企業從嚴，中小企業從寬；特殊行業從嚴，一般行業從寬」的政策框架。從1997年5月公布的「企業對大陸地區投資審查辦法」看，台灣對台商赴大陸投資實施了極為嚴苛的規範、審查，禁止專案涵蓋了基礎設施、高科技、房地產、金融保險等眾多領域，涉及整個兩岸經貿關係。在拋出「戒急用忍」同時，李登輝還別有用心地提出「南向」政策，鼓勵台商將投資重點轉向東南亞。而1997年襲捲亞洲的金融風暴卻使「南進」台商「血本無歸」。

1998年林滴娟事件後，10月，辜振甫參訪大陸，舉行「辜汪會晤」，兩岸關係轉向緩和。但1999年5月，李登輝卻出版《台灣的主張》，公開鼓吹：「我們目前將台灣定位為『在台灣的中華民國』，『在台灣的中華民國』具有國家的主體性，也保持了主權獨立」；7月9日，李登輝又悍然將兩岸關係定位為「國與國關係，至少是特殊的國與國的關係」；8月，國民黨十五屆二中全會居然通過決議，企圖將「兩國論」法律化；海峽危機因此再度引爆。

3.兩岸關係的突破與發展

歷史潮流終歸無法擋住。儘管這一時期台灣的大陸政策僅僅「有限開放」，李登輝又不斷製造「台獨」事端，但在雙方政治尚處僵持，官方還在猶豫之際，廣大台胞卻已掀起空前規模的探親熱、通婚熱、尋根熱、交流熱、旅遊熱、投資熱、求職熱、訪學熱……

兩岸關係衝破「堅冰」，民間聯繫日益熱絡，最為生動的場景體現在「宗教直航」中。1989年，台灣宜蘭南方澳南天宮組織200多位香客，分乘20艘漁船，護送該廟媽祖聖像「回娘家」，從海上直航福建莆田湄洲；1997年，湄洲媽祖金身環島巡遊102天、途經19個縣市，參拜信眾近千萬人次；2000年，台中大甲鎮瀾宮開展了謁祖進香活動，2000多名信眾包機經香港至湄洲進行為期5天的交流……

在此期間，1997年1月，大陸方面的海峽兩岸航運交流協會與台灣的海峽兩岸航運協會還在香港商談，達成福州、廈門與高雄「境外航運中心」試點「直航」的共識，4月，兩岸中斷四十八年的海上「直航」重新恢復。2000年3月，台「立法院」更通過「離島開發建設條例」，允許金門、馬祖及澎湖地區與大陸廈門、福州直接通航、直接貿易。據概略統計，截至2000年，兩岸貿易總額已達305.3億美元，同比增長了30.1%，其中，台灣向大陸出口254.9億美元，自大陸進口50.4億美元。

這一時期，對兩岸關係及其發展具有深遠影響的無疑是《金門協定》與「辜汪會談」。1986年「兩航」談判後，儘管台灣有限度地開放了民眾赴大陸探親，但依然堅守「不接觸、不談判、不妥協」的政策底線，並將「中共徹底放棄馬列主義，認同三民主義」作為兩岸官方接觸的前提。然而，伴隨著人、財、物跨海峽交流的迅速擴大，相關問題也日益凸顯，特別是在處理越界捕魚、打擊走私偷渡等方面，由於眾多人為因素的介入，常常導致海上糾紛複雜化。直到1990年7、8月間，「閩平漁5540號」與「閩平漁5502號」傷亡事件相繼發生，引發了公眾普遍指責與輿論高度關注，9月，兩岸紅十字組織才受託進行工作商談，就海上遣返約定了具體的原則、對象、交接地點、方式等，簽署了《海峽兩岸紅十字會組織有關海上遣返協定》，通稱《金門協定》。《金門協議》是1949年兩岸對峙隔絕以來雙方簽訂的第一份法律文稿。

也是在1990年代初期，海基和海協會相繼成立，並受權開展多層次事務性商談，以應對日益增多的跨海峽問題。尤其是1992年10月至11月間，「兩會」還在香港就「一中」原則的表述進行了密集探討，達成了「海峽兩岸均堅持一個中國的原則，各自以口頭聲明方式表述」及「在事務性商談中不涉及一個中國的政治涵義」的「九二共識」，為雙方正式對話與談判奠定了基礎，提供了可能。後經過17次函電往來以及預備會議磋商，1993年4月27日至29日，在海協的主動倡議和積極推動下，經過兩岸雙方共同努力，備受注目的「辜汪會談」在新加坡海皇大廈正式舉行。海協會長汪道涵與海基會董事長辜振甫共同簽署了《兩岸公證書使用查證協議》、《兩岸掛號信函件查詢、補償事宜協定》、《兩會聯繫會談制度協定》及《辜汪會談共同協議》等4個檔。雖然「辜汪會談」的性質只是「民間性的、經濟

性的、事務性的、功能性的」，但作為兩岸高層人士自1949年以來首次正式接觸，卻開啟了國共兩黨、海峽雙方邁向和解的新時代，在兩岸關係發展史中具有里程碑意義。

　　1994年2月，汪道涵向辜振甫發出在北京舉行第二次「辜汪會談」的邀請，希望通過會談促進兩岸經貿、科技合作和其他領域的交流，並進行政策性對話，提高「兩會」商談的水準。1995年5月，海協還專門派員赴台，與海基會進行第二次「辜汪會談」預備性磋商。但因李登輝訪美從事分裂活動，毒化兩岸關係，6月，「兩會」商談被迫停止。直到1996年9月，海協才再次公開表態，願與海基會在合適的政治氣氛下為兩岸政治談判的程式性安排進行商談。1997年9月，在中國共產黨十五大上，江澤民主席又鄭重呼籲儘早開展兩岸政治談判。1998年10月，辜振甫始率海基會代表團訪問大陸，並與汪道涵在上海舉行了「辜汪會晤」，拉開了兩岸政治對話的序幕，達成了包括繼續進行政治、經濟等廣泛內容的對話及邀請汪道涵訪台等四項共識。1999年7月，李登輝拋出「兩國論」，拆毀「兩會」商談的根基；陳水扁上台後，又拒不承認一個中國原則與「九二共識」，兩岸關係持續緊張，兩會聯繫遂告中斷，雙方協商也因此陷入長時間的僵局。

　　（三）2000年以來的兩岸關係

　　這一時期，雖然兩岸民間交流持續深化，經貿聯繫日益密切，但台灣政局發生了前所未有的新變化，特別是民進黨迅速崛起，從倉促成立到擊敗國民黨，由街頭「反對派」到獲得「執政權」，前後不到十四年。台灣政治生態朝「藍綠」對立、兩黨糾葛的急劇分化，以及民意傾向「統降獨升」、回歸一個中國局面錯綜複雜化的逐步形成，直接影響著兩岸關係的整體走勢。為此，中國共產黨與中國政府果斷調整了對台政策，從團結「泛藍」、堅持一個中國原則，到孤立「深綠」、打擊「台獨」，圍繞著經濟民生建設與和諧海峽構建，努力維護並極大地促進了兩岸和平與發展。台灣方面，國民黨經歷了丟失政權到再度上台，在重新認同一個中國原則，著力推動「西進」的同時，又堅持「不統、不獨」，彰顯所謂的「中華民國主體性」；而民進黨八年當政卻未能徹底拋棄「台獨」幻象，下野後能否順應潮流，逐步調整大陸政策，依然面臨著意識形態的迷思和困惑。

1.民進黨的大陸政策

迄今為止，民進黨的大陸政策大致經歷了在野主張「台獨」、執政推行「漸獨」、下台艱難轉型三個不同階段。

作為目前能與國民黨相抗衡的台灣重要政治勢力，民進黨組建於1986年9月28日，全稱民主進步黨，成立之初主要還是一個反國民黨專制、要求自由民主的「黨外」勢力集合體，包括了傾向統一的費希平、林正杰等，其黨綱雖標榜「台灣前途應由台灣全體住民決定」，但並未鮮明地主張「台獨」，如其黨名也刻意迴避「中國」或「台灣」之前冠，以平息內部「中國情結」和「台灣意識」的紛爭。而鑑於當時國民黨當局軟弱退讓與無力制止，民進黨才不斷打破政治禁忌、刻意衝撞當局底線、日益邁向「台獨」深淵。1986年11月，民進黨一屆「全代會」即積極宣導「台灣的前途應由台灣全體住民以自由、自主、普遍、公正而又平等的方式共同決定」，「任何政府或政府的聯合，都沒有決定台灣的政治歸屬的權力」，並將大陸政策赫然列入「外交」項目。次年11月，民進黨二屆一次「全代會」又公開聲明「人民有主張台灣獨立的自由」，並確立了其大陸政策的自決原則、人道精神、平等立場、和平方式等四個基點。1988年，民進黨二屆一次「臨全會」通過了「417決議文」，斷然宣稱「台灣國際主權獨立，不屬於以北京為首都之中華人民共和國。任何台灣國際地位之變更，必須經台灣全體住民自決同意」，「如果國共片面和談，如果國民黨出賣台灣人民利益，如果中共統一台灣，如果國民黨不實施真正的民主憲政，則民進黨主張台灣應該獨立」。1990年，民進黨四屆二次「全代會」又發表了「1007決議文」，在重申「417決議文」精神的同時，還進一步確認台灣「事實主權不及於中國大陸及外蒙古」。儘管這一階段民進黨的「台獨」理念已初具雛形且呼之欲出，但受內外各種力量的制約，仍「猶抱琵琶半遮面」，其對台灣前途的核心論述依然限於「住民自決」。

隨著李登輝「憲政改革」的開啟及民間「廢除刑法100條」運動，台灣「台獨」死灰復燃、迅速蔓延，競相「闖關」返台的海外「台獨」分子逐步成為民進黨骨幹，少數「統派」人士不得不脫離民進黨，「台獨」訴求也漸次佔據民進黨的意識形態核心。1991年8月，在民進黨主導下，「人民制憲會議」召開，提出了所謂

的「憲法草案」，叫囂應以「台灣共和國」為「國號」。9月，民進黨拋出「以台灣名義加入聯合國宣言」。10月，民進黨舉行五屆一次「全代會」，假借民主、「公投」等包裝「台獨」，正式將「基於國民主權原理，建立主權獨立自主的台灣共和國及制定新憲法之主張，應交由台灣全體住民，以公民投票選擇決定」寫入黨綱，徹底蛻變成色彩鮮明的「台獨黨」。

雖然民進黨歷來就有「派系共治」的傳統，一向並非鐵板一塊，但由於黨內溫和力量的薄弱和妥協，以及台灣客觀政治環境的制約，其始終未能徹底拋棄1991年黨綱所確立的「台獨」條款，從而也使其大陸政策一直無法實現真正的突破與創新。像1994年8月，民進黨公布的「大陸政策白皮書」的主旨依然是「在『台灣是台灣、中國是中國』的基礎上重構兩岸秩序」，仍舊主張「台灣是台灣人民的台灣」，「台灣主權不屬於中華人民共和國」，「『台灣問題』本質是台灣沒有應有的國際地位」，「『有效管轄』、『人民自決』為國家主權界定的最高原則」。事實上，台灣多次選舉業已表明，「台獨」黨綱乃「票房毒藥」。為此，1995年前後，以施明德、許信良為代表的務實派也曾嘗試著進行轉型，像對外表明「台獨」黨綱已是歷史文獻，「民進黨如果執政，不必也不會宣布台灣獨立」，台灣在實質上已經「獨立」，只要「維持現狀」即可確保「台灣主權獨立」；包括新生代於1996年5月炮製的「『台獨運動』的新世代綱領」也認為：「當更改國體、國號等與凝聚共同體意識的目標發生衝突時，可以暫時放棄更改國體、國號」，「台獨不一定以台灣為國家名稱」，等等。但施明德、許信良等人的努力並沒使民進黨擺脫「台獨」困境，黨內激進勢力反倒多方排擠、打壓、圍剿，並最終迫其作出退黨選擇。一直到1996年「大選」慘敗，1998年7月，柯林頓又在上海公開發表新「三不」政策，出於2000年奪取政權的需要，1999年5月，民進黨八屆二次「全代會」才在1997年「71宣言」的基礎上，發表了「台灣前途決議文」，既強調「台灣是一主權獨立國家」，「與中華人民共和國互不隸屬，其主權領域僅及於台澎金馬與其附屬島嶼，任何有關獨立現狀的更動都必須經由台灣全體住民以公民投票的方式決定」，同時也承認和接受「中華民國」「國號」，其激進「台獨」路線才逐步修正。2001年10月，民進黨舉行九屆二次「全代會」，通過「台灣前途決議文」位階等同「台獨」黨綱案。誠如陳水扁後來不得不承認：「在我的任期之內，要把我叫的『國號』改為『台灣共和國』，我做不到」，「我不能夠騙自己，我也不能夠騙

別人,我做不到,我就是做不到」。

值得注意的是:民進黨奉行「台獨」路線的政治動因並不是出於單純的理想信念,而是多方面因素聚合的結果。將「台獨建國」、「制憲正名」視作奮鬥目標的只是極少數團體與頑冥分子,像「台獨聯盟」、台灣基督教長老教會,以及諸如彭明敏、辜寬敏、史明、李鴻禧等「台獨大老」。基於現實權力鬥爭的需要,民進黨中大部分政治人物僅將「台獨」當作反國民黨的「工具」,或視「台獨」為要脅大陸的「籌碼」。因為,「台獨」本是「兩蔣」威權統治的政治禁忌,也是中國共產黨和中國政府歷來堅決反對的,主張「自決獨立」,彰顯「自由民主」,標榜「愛台灣」,既可從政治上將台灣對手打壓成「賣台集團」,又能拓展兩岸談判中的喊價空間,進而撈取更多選票,把握政治主動權。

2000年3月,台灣「大選」揭曉,長期執政的國民黨下野,陳水扁當選「總統」,因民進黨奉行「台獨」綱領,台灣當局的大陸政策難免面臨著深度調適。執政伊始,為了控制局面、穩定政權,也為了博取美國支持,陳水扁擺出「柔軟身姿」,在就職時公開承諾:「只要中共無意對台動武」,其將遵守「中華民國憲法」,任內不會宣布台灣獨立,不會更改「國號」,不搞「兩國論入憲」,不搞改變現狀的「統獨公投」,也沒有廢除「國統會」與「國統綱領」的問題,即眾所周知的「四不一沒有」。2001年1月,陳水扁還拋出「統合論」,宣稱:依據「中華民國憲法」,「一個中國原本不是問題」,希望兩岸能盡速重啟協商,並從經貿文化統合著手,逐步建立互信,進而尋求跨海峽永久和平的政治統合。2002年5月,陳水扁又在「用心看台灣」之旅中發表「大膽喊話」,邀請江澤民主席訪台並提出「三項主張」,包括:兩岸關係正常化必須從經貿關係正常化開始,兩岸政治統合的第一步必須從經貿及文化統合著手;兩岸必須重啟協商大門,方能減少誤會及誤判,復談的第一步就是先行互訪;兩岸「三通」是必走的一條路等。甚至在2003至2004年間,陳水扁仍不斷地建議兩岸基於和平原則,圍繞協商機制、對等互惠、政治關係、防止衝突等,建立和平、穩定的互動架構。

然而,從極力否認一個中國原則,到拒不承認自己是中國人,表面標榜願意改善兩岸關係的陳水扁骨子裡卻一直頑固堅守「台獨」立場,其不僅誣稱:只有「92

年香港會談」，不存在「九二共識」，甚至還妄言：「統一並非唯一選項」，接受「一國兩制」就是吞併「中華民國」。實際上，早在2001年3月，陳水扁即公開向首次在台北舉辦年會的「世界台灣同鄉聯誼會」（即「世台會」）表白，「台獨」目標在他心中，他不會忘記。2002年8月3日，「世台會」在日本東京召開第29屆年會，陳水扁以視訊直播方式發去賀辭説：台灣「要走自己的路」，「台灣不是別人的一部分；不是別人的地方政府、別人的一省，台灣也不能成為第二個香港、澳門，因為台灣是一個主權獨立的國家，簡言之，台灣跟對岸中國一邊一國，要分清楚」，迫不及待地丟棄了「一個中國」幌子，公然拋出了「一邊一國論」、「主權對等論」，儼然台灣已是「主權獨立國家」，大陸純係「外國」，兩岸之間係一般的「國際關係」。2003年9月，陳水扁又肆意操弄「法理台獨」，精心炮製「公投制憲」的「台獨」時間表，反覆叫囂要在卸任前「交給台灣人民一部合時、合身、合用的新憲法」。2005年2月，陳水扁還炮製了「中華民國主權與台灣前途三段論」，認為「中華民國是一個主權獨立的國家，中華民國的主權屬於台灣2300萬人民，台灣前途的任何改變只有2300萬台灣人民有權利做最後的決定」；隨後又補充説明了「中華民國四個不同演進階段」，即「1912年中華民國在中國大陸成立」、「1949年中華民國到台灣」、「李登輝時代為中華民國在台灣」，2000年政黨輪替後是「中華民國是台灣」，並圍繞兩岸交易處理提出：應在「民主、對等、和平」的原則下與大陸展開對話協商，堅持「民主改革的理想、台灣主體意識的主流路線與讓台灣成為一個正常、完整、進步、美麗而偉大的國家」，反對「讓台灣變成中國一部分的一個中國原則，將台灣香港化、澳門化的『一國兩制』，以『一個中國、一國兩制』為內涵的『九二共識』，以統一為前提或唯一選項的『兩岸一中』或『憲法一中』，以非和平方式解決台灣問題的《反分裂國家法》」。至2006年2月，陳水扁更自食其言，斷然終止「國統會」運作與「國統綱領」適用；2007年3月，陳水扁又公然拋出「四要一沒有」主張取代「四不一沒有」承諾；10月，民進黨代表大會還通過了「正常國家決議文」。

總體而言，陳水扁八年執政，民進黨當局的大陸政策乏善可陳，在意識形態裹脅下，從「只做不説」到「又説又做」，貫徹的是一條赤裸裸的「台獨」漸變路線，兩岸關係也因此緊張對立、危機四伏。

從政治上看，陳水扁當權期間，無論內政，還是外交，一直熱衷於「拚正名」，以期破除「大中國意識」，凸顯台灣「主權」，實現「獨立建國」之目標。自2000年迄2008年，大至公權力象徵、小到居民身份標識，以李登輝為代表的極端「台獨」勢力借助體制外街頭群眾運動，與以陳水扁為首的民進黨當局通過體制內具體規劃落實，一唱一和，瘋狂推進「去中國化」運動。典型的如：2000年7月，台灣當局正式收回台灣銀行貨幣發行權，改稱新台幣為「國幣」，並於2002年7月完成新舊版鈔券兌換，票面圖案由孫中山、蔣介石頭像變成玉山、帝雉等「本土景物」；「中央銀行」、「中央信託局」等金融機構英文名稱也隨即刪除了「CHINA」用字；2001年12月，台「行政院新聞局」廢止帶有中國版圖與「中華民國國旗」的原局徽，啟用橋梁圖形加英文縮寫「GIO」的新局徽；2003年10月，台「外交部」稱，在符合「憲政法令」、彰顯台灣「主權」的前提下，「將研議台灣與中華人民共和國區隔之適當名稱」，未來駐「非邦交國」機構名稱將統一冠名「台灣」；2004年1月，「中國海軍」、「中國空軍」、「中國聯勤」等台軍刊物也將「中國」、「CHINA」改為「中華民國」、「ROC」，各部佇列裝導彈上的「中國」字樣則用迷彩塗抹；同年8月，台當局還在「總統府」、「行政院」網站的「中華民國」後加注「台灣」字樣；2005年初，台「經濟部」所屬「中國石油公司」更名「中油公司」、「中國造船公司」改為「中央造船」或「中船船舶公司」……又如，2001年5月，台「外交部」首度證實將在「中華民國護照」上加注英文「台灣」；2002年1月，陳水扁表示已批准「護照」加注「TAIWAN」，強調「這是送給FAPA（台灣人公共事務會）二十周年慶最重要的禮物」；2003年6月，台「外交部」宣布，自9月1日起正式發行封面加注「台灣」英文的新版「護照」；次年5月，台灣換發的新式居民身份證同樣加注了「TAIWAN」字樣，基調圖案也由傳統的「國家」象徵梅花變成台灣島形。

從經濟上看，民進黨當局更突出意識形態考量，側重強調「國家安全」與「台灣優先」，政策制定往往落後於發展現實，充斥著權宜性和矛盾性。譬如，2001年底，陳水扁提出，兩岸應在WTO架構下恢復對話、協商「三通」，認為，兩岸關係應「多一點經濟，少一點政治；多一些接觸，少一點誤會；多一些信任，少一點打壓」。2002年，圍繞著兩岸航線，陳水扁強調，「三通」不能預設前提，不能視為「國內事務」，台灣不能「被矮化、地方化與邊緣化」，兩岸協商、對話要遵循

「民主、對等、和平」的原則。民進黨高層在2003年後甚至誣稱，一旦開放「兩岸直航」，「中國會更方便在台灣收買民眾」，並利用他們左右選舉結果。針對2005年連戰、宋楚瑜訪問大陸，陳水扁氣急敗壞，叫嚷絕不能「中計」，不能變成「中國分裂台灣的統戰工具」，與大陸「沒有什麼好接觸」，南部農民一定要做當局的後盾，「不論如何，不能跟著中國熱燒不停，否則會燒到頭殼壞掉」；台「陸委會」還明確表示，在野黨競相推動農產品銷往內地與大陸「片面宣布便捷措施」並非為台農著想，除了對台「統戰」外，也有意影響台灣政局，協助「泛藍」收買民心，搶挖民進黨的票源。實踐中，民進黨當局調整了李登輝時期「戒急用忍」政策，在標榜「積極開放」同時，著力貫徹「有效管理」，刻意阻擾兩岸直接「三通」與經貿深層融合。誠如陳水扁曾多次坦承，「積極開放、有效管理」雖是當前推動兩岸經貿發展的基本原則，但重點不是開放，而是管理，「絕對不是大膽西進，或者無條件的全面西進，而是要在『有效管理』之下，才有所謂的『積極開放』，若做不好『有效管理』，寧願不再繼續開放」。為此，像2002年12月，台「行政院」通過了「大陸台商春節返鄉專案」，對間接包機的航空公司、往返中停機場、降落機場等，予以專門規範；2004年6月，台「陸委會」裁定大陸資金赴台投資產業不得超過僑資來台投資範圍、不得投資被台當局禁止赴大陸投資的項目、不得投資台當局當前正在推動的對產業發展有重大影響的朝陽產業等等。

　　從文化上看，陳水扁當局著眼於培植「台獨」社會基礎，突出強調台灣的獨特性與兩岸間的差異，力圖切斷台灣與大陸的內在紐帶。除卻多方破壞兩岸文化交流，像惡意阻擾北京奧運會聖火在台傳遞、斷然拒絕大熊貓入台，以及持續推動台北故宮「三化一改造」等，執政八年間，民進黨不遺餘力地推動「文化台獨」主要體現在：一是逐步落實大眾溝通媒介「本土化」。陳水扁以台灣眾多對立隔閡都源於語言問題為由，主張當局應推動各種族語言都成為「國家語言」；2002年6月，台「教育部」宣布，擬在三年內把「國語」、客家話、河洛語（閩南語）、少數民族語群並列為「國家語言」；7月，「國語推行委員會」通過「中文譯音採用通用拼音案」，以避免被大陸「同音同化」；10月，台「教育部」又決定，從小學三年級開始提前實施鄉土語言（閩南語、客家語）「音標符號」系統教學。二是強行貫徹中小學「去中國化」教改。如2002年11月，台「教育部」表示，新版教科書審查將明確：外蒙古已不屬中國，「中華民國首都」也不在南京，但「中華民國領土」

是否依然涵蓋中國大陸關乎「憲法」及有關法令，還有待相關「部會」協商；台「考試院」則頒布了相應決議，將「國家考試」科目中涉及「中國」字樣改為「本國」。再如，2003年1月，台「教育部」公布了「九年一貫課程綱要」，在語文與社會科目中增加了重視「台灣文化」與認識「台灣主體性」等內容；而當年9月，台「行政院」和民進黨中央還要求「教育部」刪除各級教科書中關於「中華民國依據《開羅宣言》統治台灣」的章節，企圖抹殺《開羅宣言》確定台灣法律歸屬的歷史地位；同期頒布的2005學年台灣「高級中學歷史課程綱要草案」更將明代中葉以後的歷史包括清朝及「中華民國」建立、海峽兩岸關係等全部歸入世界史。又如，2004年10月，台「教育部」宣布，預定於2006年調整高中歷史科的台灣史、中國史、世界史比重，並循「先台灣、再中國、後世界」展開「同心圓」教學；初中社會科自2005學年起率先實施新課標——初一以台灣為主軸，初二擴及中國和亞洲，初三再延至世界，基本學力測驗以本地素材命題也將超過50%。同年11月，台「教育部」頒布了高中歷史課程綱要新草案，以1945年國民政府接收台灣為界，將「中華民國」一分為二，之前列為中國史，之後劃進台灣史，且將「舊金山和約」和「日台和約」納入，稱《開羅宣言》並非法律檔，僅是新聞公報，公開鼓吹「台灣法律地位未定論」；而在高中語文課程暫行大綱中，不僅大幅縮減文言文比例，而且強調選讀應以近現代台灣文學為主、兼顧華文作品與優秀譯文，並將中國文化基本教程改為選修課。直到2008年，「去中國化」教改還在進行，2月，台「教育部」乾脆將「中文」更名為「華文」，「中華文化」也改稱「本國文化」。

　　2008年台灣政黨再度輪替，由於國民黨重歸「一個中國」立場，承認「九二共識」，使「兩會」得以復談，「三通」迅速實現，兩岸迎來了和平發展的新時期，丟失政權的民進黨面臨著大陸政策的深度反思，但因意識形態作祟，其轉型將倍加艱難——

　　一方面，在任的黨籍縣市首長等公職人員在現實利益驅使下，紛紛「西進」，嘗試著與大陸方面進行務實溝通，建立經貿聯繫。如2008年7月，雲林縣長蘇治芬專程抵京參訪；2009年5月，高雄市長陳菊率團前往京滬推介「世界運動會」；2010年6月，台南縣長蘇煥智親臨內地推銷芒果……而據台《遠見》雜誌抽樣顯示，至2010年5月，已有58.3%的受訪者認為民進黨應在未來兩年內調整大陸政策，

較去年底增加7.1%。面對民意壓力，2008年8月，民進黨主席蔡英文被迫表態，稱不排除與對岸做「輔助性、一般性的溝通」，但不希望在溝通與交往時要民進黨接受「一個中國、九二共識」等前提。2009年6月，民進黨還專門拋出了「三不一沒有」原則，力圖以「不辯論、不訂注意事項、不陷入政治操作、沒有鼓勵赴中交流」，通過「報備機制」與「個案判斷」相結合的方式，處理黨員「登陸」問題。2010年5月，蔡英文又宣布，不排除在不預設政治前提的情況下，與中國進行直接並實質的對話；6月，民進黨中常會還決議，委託民間智庫及學者規劃兩岸對話與交流平台，在尊嚴、對等且不預設政治前提下與大陸展開對話；9月，蔡英文更反覆強調，兩岸最重要的是穩定，「民進黨若執政，會延續前朝政策，不會橫柴入灶（閩難話，意指蠻幹）」；處理兩岸關係應軟硬適中以維護「主權」立場，但也須維持穩定，不能惡化為對抗。

另一方面，為與國民黨及「一個中國」立場相區隔，重振因陳水扁貪腐而持續低迷的綠營士氣，民進黨又刻意突顯其「台獨」傾向，2008年5月後不斷掀起「打馬」、「反中」的新高潮。譬如，2009年5月17日，民進黨組織了「嗆馬保台」遊行及「守護台灣24小時」靜坐；8月30日，民進黨執政縣市長聯合邀請「藏獨」頭目達賴喇嘛訪台；9月22日，高雄電影節又播放了「疆獨」分子熱比婭《愛的十個條件》紀錄片；12月20日，民進黨還在台中市舉辦「破黑箱、顧飯碗」遊行，多方干擾第四次「江陳會」……特別是2010年針對兩岸經濟合作框架協定（ECFA），民進黨更是動作頻繁，「為反對而反對」。5月20日，謝長廷專門發起「520上街頭，ECFA要公投」示威，抨擊國民黨與馬英九將台灣帶到「錯誤方向」，並稱「ECFA是最大偏差」；6月5日，民進黨又在高雄進行「人民要做主，ECFA要公投」集會，抗議「公審會」駁回「ECFA公投」案；26日，民進黨還舉辦了「反對一中市場，人民公投作主」大型活動；7月5日，蔡英文進一步提出，不要「大火快炒」ECFA，應當「細火慢燉」ECFA，揚言將ECFA審議變成「藍綠」鬥爭的新戰場；9日，民進黨宣布退出「立法院臨時會」，轉以「民主客廳——ECFA開講」的形式，下鄉發動反ECFA行動；直到26日，鑑於多數民眾反對民進黨「執政後將公投廢止ECFA」，蔡英文才表示，在ECFA議題上「與其狗吠火車，不如打好選戰」。

2.新形勢下中國共產黨發展兩岸關係的主張

基於台灣政局劇烈變動，以「台獨」為綱領的民進黨迅速坐大，台灣「台獨」日益猖獗，世紀之交，中國共產黨和中國政府的對台政策適時地轉向反「獨」促統。

首先，旗幟鮮明地堅持「一個中國」原則，堅決反對任何形式的「台獨」分裂活動。2000年2月，國務院台辦與國務院新聞辦聯合發表了《一個中國的原則與台灣問題》白皮書，全面闡釋了「一個中國」原則是台海局勢穩定與兩岸關係發展的首要前提；3月，朱鎔基總理公開表示：不管誰上台，絕對不能搞台灣獨立，任何形式的台灣獨立都不能允許；10月，國務院新聞辦發表了《2000年中國的國防》白皮書，也對「台獨」分裂發出嚴正警告。但陳水扁上台後，民進黨當局卻對「一個中國」原則置若罔聞，仍以「小步快跑」的方式，不斷推動「漸進台獨」。2002年3月，在將「一個中國」原則概括為「世界上只有一個中國，大陸與台灣同屬一個中國，中國的主權和領土完整不容分割」的同時，朱鎔基總理再次強調，「一個中國」原則是恢復兩岸對話談判、擴大雙方經貿文化交流、儘早實現直接「三通」、促進和平統一的根本；11月，江澤民主席還在中共十六大上重申，堅持「一個中國」原則是發展兩岸關係與實現和平統一的基礎，堅決反對任何旨在製造「台灣獨立」、「兩個中國」、「一中一台」的言行。然而，2004年春，借台灣領導人再度選舉之機，台灣「台獨」氣焰越發囂張。5月17日，中共中央台辦、國務院台辦受權發表聲明，明確指出，「台獨」沒有和平，分裂沒有穩定！始終堅持「一個中國」立場，堅決制止「台獨」分裂，切實維護台海和平穩定，是當前兩岸同胞最緊迫的任務。7月底，國防部也對外表態，如果「台獨」分裂勢力一意孤行，中國人民解放軍有決心、有能力，堅決粉碎任何「台獨」分裂圖謀。2005年3月初，針對依然嚴峻的反「台獨」分裂鬥爭形勢，因應新出現的有利於遏制「台獨」的積極因素，胡錦濤總書記專門就兩岸關係發展提出了四點建議，系統闡述了中央對台政策的新思維，表達了堅持一個中國原則決不動搖、爭取和平統一努力決不放棄、貫徹寄希望於台灣人民的方針決不改變、反動「台獨」分裂活動決不妥協的堅定立場。3月14日，全國人大十屆三次會議以2896票贊成、2票棄權，高票通過《反分裂國家法》，有效地震懾了「台獨」分裂活動。進入2007年後，陳水扁當局又大肆操弄「法理台獨」，胡錦濤總書記、溫家寶總理等在不同場合反覆強調，兩岸關係發展受阻的主要癥結在於台灣否認「九二共識」，拒絕「一個中國」原則，企圖通過

「憲政改革」，謀求「法理獨立」，對此，中國人民決不答應、也難以容忍。10月召開的中共十七大更進一步闡明：中國的主權和領土完整不容分割！「我們願以最大誠意、盡最大努力實現兩岸和平統一，絕不允許任何人以任何名義、任何方式把台灣從祖國分割出去」；當前「台獨」分裂活動已嚴重危害兩岸關係和平發展，兩岸同胞要共同反對和遏制「台獨」分裂，任何涉及中國主權和領土完整的問題必須由包括台灣同胞在內的全中國人民共同決定；堅持「一個中國」原則是兩岸關係和平發展的政治基礎，台灣任何政黨，只要承認兩岸同屬一個中國，「我們都願意同他們交流對話、協商談判，什麼問題都可以談。我們鄭重呼籲，在一個中國原則的基礎上，協商正式結束兩岸敵對狀態，達成和平協定，構建兩岸關係和平發展框架，開創兩岸關係和平發展新局面」。

其次，充分展示誠意、善意，主動頒布便利措施，務實推進兩岸經貿文化互動，積極爭取台灣民心。如2002年10月，錢其琛副總理就公開表態，「三通」是經濟問題，可不涉及「一個中國」政治涵義，只需雙方民間機構通過協商、達成共識，再由公權力部門各自確認，即能儘快實現，而使用「兩岸三通」航線即可避免「國際」或「國內」的定位分歧。2003年3月，胡錦濤總書記在論及新形勢下對台工作時，明確表示「凡是有利於祖國和平統一、凡是有利於台灣的社會經濟發展、凡是有利於實現中華民族偉大復興的措施，我們都會全力推動」。2005年春夏之交，胡錦濤總書記分別與到訪國民黨主席連戰、親民黨主席宋楚瑜、新黨主席郁慕明舉行會談，反覆闡明了改善和發展兩岸關係的各項主張。2006年3月，溫家寶總理再次強調，兩岸關係朝著和平穩定、互利共贏方向發展是人心所向，任何人妄圖破壞這種大趨勢是注定要失敗的，「我們將繼續和台灣同胞一道，促進兩岸人員往來和經濟、科技、文化交流與合作，構建和平穩定的兩岸關係」。同年4月，胡錦濤總書記在會見國民黨榮譽主席連戰等參加兩岸經貿論壇的台灣人士時概括指出，和平發展理應成為兩岸關係發展的主題，成為兩岸同胞共同為之奮鬥的目標。2007年10月，中共十七大進一步闡明：應牢牢把握兩岸關係和平發展的主題，真誠為兩岸同胞謀福祉、為台海地區謀和平、維護國家主權完整和領土完整，維護中華民族根本利益。13億大陸同胞和2300萬台灣同胞是血脈相連的命運共同體。凡是對台灣同胞有利的事情，凡是對維護台海和平有利的事情，凡是對促進祖國和平統一有利的事情，中國共產黨都會盡最大努力做好。兩岸同胞要加強交往，推動直接「三

通」，使彼此感情更融洽、合作更深化，為實現中華民族偉大復興而共同努力。2009年3月，在答記者問時，溫家寶總理深情表白：「我真心希望能有機會到台灣走一走、看一看」，「如果有這種可能，到那時即使走不動，就是爬我也願意去」。

實踐中，國務院及有關部委、各省市也相繼頒布了一系列惠台措施。如2003年3月，國台辦和民政部聯合頒布了《台灣同胞投資企業協會管理暫行辦法》；9月，國台辦宣布將以個案放寬台灣記者駐點時限。2005年6月，國台辦宣布放寬台胞在大陸就業條件，簡化台胞往來大陸出入境手續；8月，商務部對台灣15種水果實施零關稅進口，教育部公布台生赴大陸就學收取同等學費並設置專項獎學金等多項優惠；9月，國台辦與國家開發銀行簽署合作協定，為台資企業提供300億人民幣開發性金融貸款，國台辦同期表示，延長台灣記者在大陸駐點採訪的時限，以進一步促進兩岸新聞交流（台當局當時中斷新華社、《人民日報》記者赴台採訪）。2006年4月，國台辦宣布15項惠台措施，國家旅遊局、公安部、國台辦聯合頒施《大陸居民赴台灣旅遊管理辦法》；7月，國台辦和華夏銀行簽署「支援台資企業發展合作協定」，擬在5年內為台資企業提供200億元的融資支援和多種金融服務。10月，國台辦又宣布20項農業惠台措施。2007年4月，教育部、公安部、人事部、交通部、民航總局和國家旅遊局分別宣布了促進兩岸交流合作的13項政策；11月，國家廣播電影電視總局宣布影視產業新的惠台政策；12月，大陸又頒布10項惠台措施。2008年5月，國台辦宣布8項惠台措施；9月，再頒布5項促進兩岸人員往來新舉措。2009年4月，國務院呼籲兩岸攜手應對國際金融危機，並頒布了5項惠台政策。2010年3月，頒施了《對台小額貿易檢驗檢疫管理辦法》。9月，國台辦重申未來將繼續按照先易後難、先經後政思路推進兩岸關係，並提出要「以民為本，為民謀利」、「謀求共同發展，實現良性互動」、「遵循市場規律，優化投資環境」、「加強政策指導，推動轉型升級」等。

2008年12月31日，在紀念《告台灣同胞書》發表三十周年座談會上，胡錦濤總書記發表了重要講話，對新形勢下中國共產黨和中國政府推動兩岸關係和平發展各項政策進行高度概括。包括：

第一，恪守一個中國，增進政治互信。在講話中，胡錦濤總書記首先明確，世界上只有一個中國，中國主權和領土完整不容分割；兩岸儘管至今尚未統一，但並非中國領土和主權分裂，而僅僅是1940年代中後期國共內戰遺留並延續的政治對立。這並沒有改變大陸和台灣同屬一個中國的事實。兩岸復歸統一，不是主權和領土再造，而是結束政治對立。兩岸對一個中國原則的共同認知和一致立場，是構築政治互信的基石，應本著建設性態度，面向未來，共同努力，創造條件，平等協商，逐步解決歷史遺留的問題和交往中產生的新問題。而反對「台獨」分裂是推動兩岸關係和平發展的必要條件，是兩岸同胞的共同責任。凡是有利於兩岸關係和平發展的事都應大力推動，凡是破壞兩岸關係和平發展的事都必須堅決反對。

第二，推進經濟合作，促進共同發展。在講話中，胡錦濤總書記倡議，擴大兩岸直接「三通」，通過開展經貿合作，厚植共同利益，形成緊密聯繫，進而以最大限度地實現優勢互補、互惠互利。為此，繼續歡迎並支持台灣企業到大陸經營發展，並鼓勵和支援有條件的大陸企業到台灣投資興業，儘快實現兩岸經濟關係正常化，推動經濟合作制度化，為兩岸關係和平發展奠定更為扎實的物質基礎，提供更為強大的經濟動力。

第三，弘揚中華文化，加強精神紐帶。在講話中，胡錦濤總書記肯定了源遠流長、瑰麗燦爛的中華文化是兩岸同胞共同的寶貴財富，是維繫兩岸同胞民族感情的重要紐帶。主張兩岸同胞要共同繼承和弘揚中華文化優秀傳統，開展各種形式的文化交流，使中華文化薪火相傳、發揚光大，以增強民族意識，凝聚共同意志，形成共謀中華民族偉大復興的精神力量。尤其要加強兩岸青少年交流，不斷為兩岸關係和平發展增添蓬勃活力。認為，愛鄉愛土的台灣意識不等於「台獨」意識。

第四，加強人員往來，擴大各界交流。在講話中，胡錦濤總書記希望兩岸同胞和社會各界能擴大交流，加強善意溝通，增進相互瞭解。強調：應積極回應任何有利於推動兩岸關係和平發展的建設性意見；應繼續推動國共兩黨交流對話，共同落實「兩岸和平發展共同願景」；應以最大的包容和耐心化解、疏導部分台胞因各種原因對祖國缺乏瞭解甚至存在誤解、對發展兩岸關係持有疑慮，並採取更加積極措施讓越來越多的台胞在推動兩岸關係和平發展中增進福祉；應熱誠歡迎那些曾經主

張過、從事過、追隨過「台獨」的人回到推動兩岸關係和平發展的正確方向上來。只要民進黨認清時勢，改變「台獨」分裂立場，停止「台獨」分裂活動，我們願意作出正面回應。

　　第五，維護國家主權，協商涉外事務。在講話中，胡錦濤總書記指出，兩岸在涉外事務中避免不必要的內耗，有利於增進中華民族整體利益。解決台灣問題、實現國家完全統一是中國內部事務，應不受任何外國勢力干涉。長期以來，我們一貫致力於維護台灣同胞在國外的正當權益，我們駐外使領館也不斷加強同台灣同胞的聯繫，誠心誠意幫助他們解決實際困難。同時，我們也瞭解台灣同胞對參與國際活動問題的感受，重視解決與之相關的問題，對於台灣同外國開展民間性經濟文化往來，可以視需要進一步協商，包括台灣參與國際組織活動問題，在不造成「兩個中國」、「一中一台」的前提下，可以通過兩岸務實協商作出合情、合理的安排。

　　第六，結束敵對狀態，達成和平協定。在講話中，胡錦濤總書記認為，海峽兩岸中國人都有責任終結兩岸敵對的歷史，應竭力避免再次出現骨肉同胞兵戎相見，要讓子孫後代在和平環境中攜手創造更美好的生活。當前，為有利於協商談判及對彼此往來作出安排，兩岸可以適時就在國家尚未統一的特殊情況下的政治關係展開務實探討。為有利於穩定台海局勢，減輕軍事安全顧慮，兩岸可以適時就軍事問題進行接觸交流，探討建立軍事安全互信機制問題。我們再次呼籲，在一個中國原則的基礎上，協商正式結束兩岸敵對狀態，達成和平協定，構建兩岸關係和平發展框架。

3.「泛藍」跨海「登陸」與國民黨現階段大陸政策

　　2005年4月19日，民進黨中央通過了「政黨訪問中國決議文」，明確提出「三反三要」原則，企圖干擾政黨跨海交流，壟斷大陸政策話語權，阻止兩岸關係進一步和緩。而兩度「大選」失利的「泛藍」則痛定思痛，頂住壓力，不為所困，國民黨主席連戰、親民黨主席宋楚瑜、新黨主席郁慕明等還不畏「抹紅」，把握契機，先後率團訪問大陸，終化被動為主導，並使兩岸關係迎來了和平發展的新局面。

縱觀近十年國民黨的大陸政策，其調整主要集中在兩個方面：一是擯棄李登輝的「台獨」路線，重新認同「九二共識」，逐步回歸「兩岸一中」，積極充當跨海聯繫的「橋梁」；二是政策立場從「兩蔣」時期堅定地主張中國必將「統一」，倒退至不願、不敢談「統一」的「不統、不獨、不武」。

事實上，早在2000年2月台「陸委會」發表聲明稱，應在「一中各表」的共識下儘早恢復兩岸對話，至2002年7月國民黨主席連戰提出「朝野協商，兩岸互動」、「雙軌協商，加速直航」、「交流促和，民主保台」等三項主張，以及同年11月國民黨智庫發布《「一個中國，各自表述」共識的史實》期間，國民黨高層如副主席吳伯雄（於2000年11月）、蕭萬長（於2001年5月）就已相繼訪問大陸。2005年3月，國民黨副主席江丙坤率團赴大陸，與中國共產黨舉行了首次工作會談，達成了12項初步成果，正式啟動了兩黨溝通機制。當年4月29日，連戰高調「登陸」，與胡錦濤總書記廣泛而深入地交換了意見，達成了五項共識，並共同發布了《兩岸和平發展共同願景》，實現了國共歷史性和解；8月，國民黨召開「十七全」大會，除了重申反對「台獨」、回歸「九二共識」、重啟兩岸商談外，還強調以「國共共同願景」為基礎，擱置政治爭議、致力經貿合作、推動和平發展。國民黨中央還宣布21縣市黨部擬與大陸21個重要城市展開經貿、文教及農業全方位交流，並稱未來將進一步落實到基層單位。其後，國民黨黨公職人員更頻繁地穿梭於海峽兩岸，有力地促進了雙方隔閡化解、共識累積與互信培植。譬如，2002年11月，國民黨籍「立委」章孝嚴就以台商協會理事長身份赴大陸洽商，並直接促成了2003年兩岸「春節包機」。2004年12月，國民黨又公開呼籲民進黨當局比照「春節包機」模式，開放民航業者申請兩岸定點包機，採取「港澳不落地」的通航便利；同時明確表示，將按「兩岸關係條例」，爭取「復委託」授權，以推動兩岸「三通」等事務性協商。2005年1月，國民黨「立委」組團赴大陸商定「春節包機」方案，實現了兩岸航空公司共同參與、雙向對飛；8月至10月，國民黨「立院」黨團又兩度派員赴大陸商洽「客貨運包機直航」。2006年初，國民黨再次倡議「兩岸客貨包機週末化、常態化及開放大陸民眾赴台觀光」，包括揚言要發動「直航公投」。2008年5月，國民黨在台灣重新執政，6月，兩會復談，7月，兩岸週末包機正式營運，首批大陸遊客進入台灣，12月，兩岸「三通」基本實現。

需要注意的是，2000年後國民黨大陸政策的調整雖以承認「九二共識」為基軸，但其「兩岸一中」的闡述卻過分拘泥於「維持現狀」，並在大陸不能「統」與台灣不應「獨」的反覆糾纏中，刻意迴避、逐步淡化對「國家統一」的追求。2001年，在連戰主導下，國民黨「十六全」大會提出，將秉持「民主至上、國家第一、台灣優先」，以階段性「邦聯制」推動中國統一。至2003年底，連戰雖仍認為，兩岸復談可以「九二共識」為基礎，但又反覆強調，「一中」只有在代表「中華民國」時才能為台灣接受，「泛藍」主張「維持現狀，反對急獨，也反對急統」等；「連宋競選總部」主委王金平甚至稱，國親聯盟將不再談「九二共識」，而以「反對急統和急獨、台灣主權、維持現狀」為主線，「在維持現狀的前提下，不排除『台獨』成為未來的選項之一」。2004年初，連戰還以增進2300萬台人共同福祉、安全、發展為出發點，以「對等、尊嚴」為前提，勾勒了「兩岸和平路線圖」；8月，國民黨形成了「本土化新論述」，並一再重申反對「一國兩制」、反對「變更國號」，認為「中華民國」已和台灣合為一體，「中華民國」是台灣民主、和平的最大保障。2005年年中，馬英九當選國民黨主席，雖一貫主張兩岸「既非一邊一國，也不是兩個國家」，而是「一國兩區」；國民黨不贊成國家永久分離，「台獨」不是國民黨的選項，「法理台獨」是破壞兩岸現狀，但也不認為這時候要去討論統一問題，應走「新中間路線」，在「反共不反中」與反「台獨」的同時，從經貿文化入手，「加強交流、創造條件」，通過「雙邊」協商，謀求和平解決；但又始終堅持「六四不翻案，統一不能談」。2008年就任台灣領導人後，馬英九表示將以「不統、不獨、不武」的理念，維持兩岸現狀；強調兩岸人民同屬中華民族，都是炎黃子孫，一定有智慧找到解決爭端、和平共榮之道，希望能在「一中憲法」及「九二共識」的基礎上，「先經濟後政治」，以「正視現實、累積互信、求同存異、續創雙贏」為原則，「步步為營」推動兩岸關係順利發展，以實現台灣「黃金十年」的願景。2010年8月，馬英九提出大陸政策「三階段論」，從海陸空大交流，爭取和平紅利，到「不統不獨不武」，「維持現狀」，再到台海深度交流，進而影響大陸。

總體而言，國民黨重新執政後，馬英九當局在大陸政策上「撥亂反正」，有利於海峽局勢穩定，有利於兩岸和平發展。如2008年6月，台「外交部」表示，「駐外使館」公文書上「中華人民共和國」宜改稱「中國大陸」或「大陸」，外賓「訪

台」應改為「訪問中華民國」或「訪華」；台「新聞局」恢復大陸新華社及《人民日報》駐點，並允許大陸影視劇組、演員歌手赴台拍攝、表演。同月，台「行政院」通過「人員往來正常化實施方案」；通過「人民幣在台灣管理及清算辦法」，准許人民幣自由兌換。8月，台「經濟部」進一步放寬台資「登陸」上限。9月，台當局捨棄通用拼音，改用中文拼音。10月，台「教育部」公布放寬陸生赴台研修期限，隨後頒布了「三限六不」原則。11月，台「交通部民航局」與大陸民航局完成兩岸直航新航路飛航管制磋商；台「陸委會」宣布6項擴大大陸配偶權益政策。12月，台「交通部」降低陸客組團門檻、延長簽證期限。2009年6月，台「立法院」三讀通過修正「兩岸人民關係條例」部分條文，放寬大陸配偶申請居留、在台工作權及財產繼承等限制。9月，台「外交部」表示，未委託「友邦」提「參與聯合國案」，而是更務實積極地爭取參與聯合國專門機構，並以「國際民航組織」及「聯合國氣候變化框架公約」為優先推動目標。2010年2月，台當局公布第二波赴大陸投資鬆綁產業項目。3月，台當局通過大宗陸資投資案，公布「兩岸金融往來投資三法」。6月，台「陸委會」宣布開放大陸觀光客赴澎湖落地簽證，放寬大陸民眾經廈門、馬尾赴台許可有效期；台行政部門負責人吳敦義強調，支持「內政部」將「疆獨」分子熱比婭列入境管名單、3年內不得訪台的決定。8月，台「立法院」審議通過ECFA，　　ECFA在台灣走完「立法」程序；同時，台「立法院」還正式通過「大學法」、「專科學校法」及「兩岸人民關係條例」修正案，正式承認大陸學歷，並開放陸生赴台。

4.兩岸關係在曲折中前進

2000年民進黨在台灣執政後，雖然海內外有識之士再三呼籲，如2001年4月，辜振甫明確表示，兩會1992年達成的「九二共識」是雙方恢復對話與協商的基礎，兩岸對共識與協議的誠實遵守，對於雙方互信的累積與正常往來，尤為必要；6月，台塑集團董事長王永慶也籲請當局調整「戒急用忍」政策，坦然接受一個中國原則；翌年4月，辜振甫又稱，兩會制度化協商管道無可取代，有必要依照「辜汪會談」各項協議與共識的既有基礎，盡速恢復協商；7月，在「經發會」上，辜振甫、王永慶還共同建議當局重視兩岸「三通」；2003年9月，由歐洲華僑華人社團聯合會、歐洲中國和平統一促進會、俄羅斯中國和平統一促進會共同發起的全球華

僑華人推動中國和平統一莫斯科大會隆重舉行，50多個國家的600名華僑華人與會，堅決反對陳水扁「一邊一國」論與「去中國化」舉措；10月，遠東、華航、華信、立榮、長榮、復興等6家航空公司總經理聯名呼籲台當局開放「春節包機直航雙向對飛」，代替「間接包機」，以降低成本；2005年3月，被視為「台獨基本教義派」的奇美實業創辦人許文龍在民進黨舉辦「反《反分裂國家法》大遊行」前發表「退休感言」，公開支持《反分裂國家法》、反對「台獨」、認同「兩岸一中」；但是，陳水扁當局始終不予回應，始終不願回歸「一個中國」立場。而正是民進黨當局頑固堅持「台獨」理念，才致兩會復談陷入僵局，海峽危機愈演愈烈，台灣經濟轉型更加艱困。如2002年8月5日，台北股市因陳水扁「一邊一國」論遭遇重挫，當日股票總市值即縮水達5000億元新台幣。

儘管如此，跨海峽民間交流依然十分活躍，特別是2008年國民黨重新贏得「大選」，兩岸互動更趨蓬勃。如2001年1月，金門、馬祖等與大陸之間海上客、貨運航線開通。2月，首批獲准在台駐點採訪的新華社記者抵台。2002年2月，陝西扶風法門寺佛指舍利赴台巡禮；廈金首度同步施放高空煙火，共慶元宵佳節。3月，台灣國泰世華銀行、彰化銀行獲准在上海浦東、江蘇昆山設立辦事處。4月，金廈定期航班開航。7月，上海與台北實現「一機到底」間接直航；福建泉州與澎湖馬公進行首次直航。2003年1月，「兩馬」定期航班始發；金門與泉州首輪直航；兩岸春節包機正式啟動。2005年1月，兩岸採「雙向、多點、對飛、不中停第三地」執行春節包機。11月，國台辦與台「陸委會」同步公布2006年春節包機方案。2007年4月，全國台胞投資企業聯誼會正式成立。6月，兩岸首開端午包機。9月，兩岸中秋包機實施。2008年7月，兩岸週末包機順利啟航；大陸13個省市正式開放居民赴台旅遊（至2010年7月，31個省市全部啟動赴台團隊遊；2011年6月，京滬廈居民開始試點赴台個人遊）。10月，兩岸正式建立食品安全聯繫視窗。12月，泉州至澎湖開始貨運直航。12月，兩岸海、空直航及直接通郵正式啟動，兩岸「三通」基本實現；大陸贈台大熊貓落戶台北新家，珙桐樹也移種宜蘭植物園。2009年初，兩岸故宮博物院實現互訪，雙方達成8項交流方案。8月，兩岸定期直航航班正式起飛。10月，「兩馬直郵」正式運營。11月，「兩岸一甲子」學術研討會在台舉行，雙方探討了政治互信、經濟合作、文化產業、涉外事務等多項議題；兩岸正式簽署銀行、證券及期貨、保險業等3項監管合作備忘錄（MOU）。2010年1月，台灣牌照車

輛獲批進入福建省境內行駛。2月，台灣銀行上海代表處正式掛牌。5月，台灣的海峽兩岸觀光旅遊協會北京辦事處、大陸的海峽兩岸旅遊交流協會台北辦事處相繼揭牌，「小兩會」互設辦事機構正式運作。9月，公安部副部長陳智敏訪台，與台「警政署署長」王卓鈞就兩岸警方共同打擊犯罪達成6項共識；海峽兩岸海上聯合搜救演練在廈金海域成功舉行。

尤其是2008年春，兩岸兩會先後進行了高層人事改組；5月，海協致函海基會，邀請海基會新任董事長率團訪問大陸，並就相關事宜進行商談，海基會覆函表示同意；6月，雙方在北京恢復中斷九年多的往來，重啟了制度性協商，並在前後三年時間裡，舉行了六次領導人會談，簽署了15項協議，達成了3項共識，實現了從「文來文往」到「人來人往」，有力地推動了兩岸關係朝和平與發展方向邁進。其中，第一次「江陳會談」於2008年6月在北京舉行，海協會長陳雲林與海基會董事長江丙坤共同簽署了《海峽兩岸包機會談紀要》和《海峽兩岸關於大陸居民赴台旅遊協議》，並對外宣布兩岸將互贈大熊貓、珙桐樹與長鬃山羊、梅花鹿。同年7月4日，兩岸週末包機正式起飛，大陸遊客以「團進團出」的形式首次踏上台灣。第二次「江陳會談」於2008年11月在台北召開，這是兩會成立後首次在台灣舉行領導人會談。雙方達成了《海峽兩岸空運協定》、《海峽兩岸海運協議》、《海峽兩岸郵政協議》和《海峽兩岸食品安全協議》，並深入探討了兩岸攜手應對國際金融風暴等問題。當年12月15日，兩岸空運、海運直航和直接通郵啟動，全面「三通」基本實現。2009年4月，兩會又在南京舉行第三次「江陳會談」，會簽了《海峽兩岸空運補充協定》、《海峽兩岸金融合作協定》及《海峽兩岸共同打擊犯罪及司法互助協議》，公布了關於大陸企業赴台投資事宜之共識，充分展示了兩岸相互支持、共度時艱的同胞情誼。12月，第四次「江陳會談」在台中舉行，雙方針對兩岸租稅問題、兩岸標準檢驗與認證合作、兩岸農產品檢疫檢驗以及兩岸漁業勞務合作等問題進行協商，並舉辦了「國共密約回應」座談會，達成了《海峽兩岸漁船船員勞務合作協定》、《海峽兩岸農產品檢疫檢驗合作協定》和《海峽兩岸標準計量檢驗認證合作協定》。2010年6月，第五次「江陳會談」在重慶召開，兩會求同存異、務實合作，簽署了惠及廣大同胞的《海峽兩岸經濟合作框架協定》和《海峽兩岸智慧財產權保護合作協定》，一致同意：逐步減少或消除彼此間的貿易和投資障礙，創造公平的貿易與投資環境；持續增進雙方的投資貿易關係，建立有利於兩岸

經濟繁榮與發展的合作機制；以及對兩岸專利、商標、著作權等各類智慧財產權提供廣泛而有效的保護。第六次「江陳會談」於2010年12月在在台北舉行，雙方簽署了《海峽兩岸醫藥衛生合作協定》，並就投資保障議題等達成階段性共識，進一步強化了兩岸互動的基礎。

小結：1949年迄今，兩岸關係經歷了跌宕、曲折的六十餘年，從以鬥爭求發展，到在發展中謀和諧，並翻開了跨海大交流、大合作的新一頁，總體上順應了歷史潮流，體現了時代要求。透過兩岸互動的辯證歷程，尤須持續關注的是：台灣主要政黨的政治路線及其大陸政策的基本立場。目前，國民黨雖接受「兩岸一中」，但卻堅持「各自表述」；民進黨則拒絕承認「九二共識」，然不反對甚至企圖利用「各自表述」製造「一中一台」。相對中國共產黨始終堅持的一個中國原則，顯然，國共主張比較接近，由此，國民黨若在台灣執政，兩岸更易於保持和平與穩定；同樣，民進黨倘能改弦更張，不否認「兩岸一中」、「九二共識」，其在台灣當政，兩岸互動也不至於停滯、倒退。事實上，基於台灣現行的政黨制度與選舉運作，無論國民黨，還是民進黨，政策制定與實施都必須顧及台灣主流民意，爭取多數選票；故仍應繼續堅持「寄希望於廣大台灣同胞」共同推進統一！可通過「西進」台商「現身說法」、「反哺」投資，或經由互動交流，直接幫助台胞實現切身利益，逐步改善台灣民眾對大陸的觀感，進而使其心向大陸、心繫統一。

第六章　台灣法律歸屬與涉外因素

　　台灣屬於中國。歷史以其堅實的腳步證明了一個不容置疑的事實：是中國人發現了台灣、開發了台灣、發展了台灣；台灣的物質基礎、政治文化、精神財富是由一代又一代的中國移民及其後裔創造的，凝聚了包括台灣少數民族在內的中華民族的血汗與智慧。台灣是中國不可分割的一部分，生活在台灣的都是中國人，是不容爭論的事實。今天，包括台灣在內的中國國家主權問題在國際社會已經得到了公正、合理的解決。

一、國際社會對台灣問題的反應

　　儘管1949年以後，由於眾所周知的原因，台灣和大陸處於暫時的分離狀態，但這並未改變海峽兩岸同屬一個中國，台灣是中國不可分割的一部分的事實。所有的中國人都認為，世界上只有一個中國，台灣是中國不可分割的一部分。這也得到世界上絕大多數國家和人民，包括聯合國等國際組織的一致肯定。

　　（一）國際社會對台灣法律地位的認知與共識

　　近代以來，台灣的歸屬定位先後經歷三個階段：（1）1895年前，台灣屬於中國版圖。對此，當時國際社會並無疑義。像中日簽署的1874年《北京專條》與1895年《馬關條約》，即形象表明當時台灣係中國一部分，的確處於中國主權涵蓋之下。（2）1895年至1945年，日本非法竊取、佔據台灣。1940年代，世界反法西斯

同盟為此專門發布了《開羅宣言》、《波茨坦公告》等，敦促日本歸還原屬中國的有關領土，包括台灣與澎湖列島在內。（3）1945年以來，台灣重歸中國，但1949年後，兩岸陷入對峙隔絕，加上東西方冷戰的加劇，國際社會對台灣的法律地位出現了分歧，直到1971年中華人民共和國恢復在聯合國的合法權利，世界各國才普遍公認「兩岸同屬一個中國」，台灣問題是中國內政，應由兩岸中國人協商解決。可見，要弄清今日台灣的主權歸屬，就必須結合特定的歷史背景加以考察，尤其是要理順1940年代至70年代國際關係發展的基本脈絡，以及世界各主要國家對包涵著中國對台灣擁有主權的「一個中國」的態度。

1941年太平洋戰爭爆發後，12月9日，中國政府正式對日宣戰，明確昭告天下：「所有一切條約、協定、合同，有涉及中日間之關係者，一律廢止」，鄭重宣布《馬關條約》無效，中國將收復台灣、澎湖等失土。基於反對德、日、義法西斯的共同目標，中國與美國、英國、蘇聯、法國等結成同盟；中國人民前仆後繼、英勇抗擊日本侵略者，為世界反法西斯戰爭的最後勝利做出了不可磨滅的重要貢獻。因此，1943年12月1日，中、美、英三國首腦在開羅會晤，發表了共同主張：「三國之宗旨，在剝奪日本自從1914年第一次世界大戰開始後在太平洋上所奪得或佔領之一切島嶼，在使日本所竊取於中國之領土，例如滿洲（即原中國東北的黑龍江、吉林、遼寧和熱河四省）、台灣、澎湖群島等，歸還中國。其他日本以武力或貪慾所攫取之土地，亦務將日本驅逐出境」，「根據以上所認定之各項目標，並與其他對日作戰之聯合國目標相一致，我三大盟國將堅忍進行其重大而長期之戰爭，以獲得日本之無條件投降。」美國總統羅斯福在隨後論及《開羅宣言》時坦承，這「既簡單，又基本，其中包括歸還偷盜的財產給當然的主人」，台灣、澎湖等係被日本以非法方式竊取的中國領土，理所當然應該還給中國，再度肯定了台灣是中國領土不可分割的一部分。

1945年7月26日，中、美、英三國簽署了敦促日本投降的《波茨坦公告》（蘇聯於當年8月8日正式加入），又次重申：「盟國對日作戰直到它停止抵抗為止，日本政府應立即宣布無條件投降」，「《開羅宣言》的條件必須實施，日本的主權必將限於本州、北海道、九州、四國及盟國所決定的其他小島之內」。同年8月15日，日本宣布投降，並「接受中美英三國共同簽署的、後來又有蘇聯參加的1945年

7月26日的《波茨坦公告》中的條款」。9月1日,中國政府公布了《台灣省行政長官公署組織大綱》,任命陳儀為台灣省行政長官。9月2日,盟軍在日本東京灣美國「密蘇里」號軍艦上舉行了受降儀式。10月25日,日本第十方面軍司令兼台灣總督安藤利吉向中國方面投降;中國政府向全世界宣告:自即日起,台灣及澎湖列島已正式重入中國版圖,所有一切土地、人民、政事皆已置於中國主權之下。翌年1月12日,中國政府對外頒布了第01297號訓令:「查台灣人民原係中國國民,以受敵人侵略致損失國籍,茲國土重光,其原有中國國籍之人民,自三十四年10月25日起應即一律恢復中國國籍。」至此,台灣、澎湖結束了被日本殖民統治的歷史,重新歸於中國主權管轄之下。

對於中國政府的接收行動,以及重新行使在台灣的主權與國際法相關權利,美、英等國都給予肯定。譬如,1949年11月,時任英國外交大臣梅休就兩度在英國國會下院表示:根據《開羅宣言》,中國當局在日本投降的時候對該島(台灣)加以控制,並在此後一直行使著對該島的控制。同年12月,美國國務院發出《關於台灣政策宣傳指示》,也認為:「台灣在政治上、地理上和戰略上都是中國的一部分」,「雖然它被日本當作『台灣』統治了五十年,然而從歷史上來看,它是中國的」。直到1950年1月,美國總統杜魯門還在重申《開羅宣言》和《波茨坦公告》的規定,承認中國已經在台灣行使主權,並宣稱:美國對台灣或中國其他領土從無掠奪的野心,美國無意在台灣獲取特別權利或軍事基地。美國國務卿艾奇遜甚至還強調,「當台灣被作為中國的一個省份的時候,沒有任何人曾經對此提出過任何法律上的疑難」,中國收復台灣「是符合各項約定的」。也就是說,台灣歸還中國並不存在任何國際糾紛,中國收復台灣是完全合法的,世界各國接受中國已經收復台灣的事實是維護人類正義和國際公理的結果。

遺憾的是,伴隨著國民黨敗退台灣、中蘇締結同盟條約,美國出於冷戰遏制的需要,重新評估了台灣的戰略價值,並借1950年6月爆發的朝鮮戰爭,炮製並拋出了「台灣地位未定論」。在《關於美國第七艦隊在台灣的任務的聲明》中,杜魯門不僅誣稱:「中共奪占」台灣「將會直接威脅太平洋地區的安全以及在該地區執行合法與必要勤務的美國部隊」,第七艦隊將奉命「阻止對福爾摩沙的任何進攻」;而且胡說:台灣「未來地位的決定,必須等待太平洋安全的恢復,對日和約的簽訂

或聯合國的考慮」。當年9月，美國又悍然將台灣等地的歸屬納入對日媾和，再次推翻此前做出的莊嚴承諾。此後，儘管海峽兩岸、國共兩黨曾一再抗議，並強烈反對，美國仍不斷策劃、製造「一中一台」、「兩個中國」，並長期支援蔣介石政權，孤立封鎖中華人民共和國。直到1971年10月25日，第26屆聯合國大會以壓倒多數通過2758號決議，恢復中華人民共和國在聯合國的合法席位，進而在聯合國確立了一個中國原則。恰如時任美國駐聯合國代表布希所言：「任何人都不能迴避這樣一個事實——剛剛投票的結果實際上確實代表大多數聯合國會員國的看法。」

如今，世界上所有與中國建交的國家和重要的政府間國際組織，都承認中華人民共和國政府是中國的唯一合法政府，都尊重或承認中國政府在台灣問題上的原則立場。像美國，在1972年《中美聯合公報》中聲明：美國認識到，在台灣海峽兩邊的所有中國人都認為只有一個中國，台灣是中國的一部分；美國政府對這一立場不提出異議，但關心由中國人自己和平解決台灣問題。在1979年《中美建交公報》中，美國承認中華人民共和國政府是中國的唯一合法政府，並再次認識到中國的立場，即只有一個中國，台灣是中國的一部分。而在1982年《中美聯合公報》中，美國又重申，無意侵犯中國的主權和領土完整，無意干涉中國的內政，也無意執行「兩個中國」或「一中一台」政策。1998年夏，柯林頓還在上海公開發表「三不」講話，強調美國不支持台灣獨立、不支持「一中一台」與「兩個中國」、不支持台灣參加以主權國家身份參與的國際組織。再如，日本在《中日建交公報》中也承認中華人民共和國政府是中國的唯一合法政府，並充分理解和尊重中國政府的立場，即台灣是中華人民共和國領土不可分割的一部分，並堅持遵循《波茨坦公告》第八條的立場。又如，2007年9月，聯合國祕書長潘基文也明確表態，從法律上講，根據第2758號決議，聯合國不可能接受所謂「台灣加入聯合國」申請，中華人民共和國政府是中國在聯合國的唯一合法代表，這是自1971年以來聯合國的一貫立場；此前，世界動物衛生組織第75屆大會剛以壓倒性多數通過決議，承認中華人民共和國是包括台灣在內的全中國唯一合法政府，並作為主權國家成員加入，台灣名稱由「中國台北（Taipei China）」改為「中華台北（Chinese Taipei）」，為「非主權區域會員」。可以說，一個中國原則、台灣是中國領土不可分割的一部分，已為國際社會所普遍公認，也是世界各國與國際組織發展對華關係的基本準則。

（二）台灣問題涉外因素的變遷及其影響

但冷戰終結後，台灣問題的涉外因素卻出現了兩種令人擔憂、值得警惕的新動態、新傾向、新變數——

1.介入主體日益多元

伴隨著意識形態對抗的消退，在現實利益驅動下，冷戰後，國際社會行為主體紛紛建立或強化對台實質聯繫，並從經貿文化領域逐步滲透到政治法律層面，從而使兩岸協商與中國統一面臨著越來越複雜的外部環境。

從國家行為主體看，不僅美國、日本持續、密切跟蹤兩岸動向，如進入新世紀後，美日「2＋2」戰略對話曾連續多次高調宣稱關注台海局勢的發展，公然干涉中國內政；歐洲各主要國家也先後將利益鏈條延伸至台灣，像繼美台F-16軍售案，1992年，在西方諸國中最早與中國建交的法國竟不顧中方再三抗議，亦將幻象-2000戰機賣給台灣；2003年，歐洲議會還向陳水扁發出非正式訪問的邀請。而原本較少涉台的俄羅斯、蒙古等，也相繼成立了「對台交流協會」，並與台灣互設了「代表處」；印度則希望能與台灣儘快簽訂雙邊自由貿易協定（FTA）。此外，一些小國也逐步拉近了與台灣的關係。如2010年7月，巴拿馬與台灣簽署了「遣送受裁判人條約」，互認刑事確定判決；8月，東盟的新加坡同意在世界貿易組織（WTO）架構下同台商簽FTA。再如甘比亞等極少數國家連續多年公開為台灣「參與聯合國」活動「搖旗吶喊」；基里巴斯、聖露西亞等小國還同台灣恢復了所謂的「外交關係」。

從政府間國際組織看，也不同程度地存在著涉台事務，甚至暗中將台灣視同「主權獨立國家」的情形。像2001年台灣以「台澎金馬單獨關稅區」加入WTO，2009年又成為該組織的「政府採購協定」成員；2009年，台灣還開始以觀察員身份出席世界衛生大會（WHA）。儘管台灣並非以主權國家的身份參與相關政府間國際組織及其活動，且須得到中國政府認可、同意，但不可避免地也使相關政府間國際組織與台灣之間的關係進一步加強。

從非政府組織看，借助台灣政治「民主化」，加緊將觸角深入台灣各地，物色人員、布建網路，積極延伸對台業務，並通過專題研討、承辦論壇等，擴大影響。譬如，2002年8月，美國凡登比爾大學美日研究中心、傳統研究基金會、日本岡崎研究所和台灣智庫即在台北共同舉辦了「美、日、台三邊戰略對話」，不少官方要員還應邀出席並發言。

2.輿論導向逐步傾斜

在全球範圍第三次民主化浪潮烘托下，西方價值觀出現了的新一輪擴張、膨脹，特別是科索沃戰爭前後，「人權高於主權」、「人道主義干涉」等論調開始佔據了國際話語的主流，致使「公民投票」、「國際仲裁」等呼聲甚囂塵上，傳統的國際關係準則面臨深度挑戰，從而也變相地鼓勵「台獨」，拓展了「台獨」的操作空間，並在無形中加劇了兩岸統獨爭鬥。1999年李登輝拋出「兩國論」，2002年陳水扁鼓噪「一邊一國論」，特別是「台獨」勢力不遺餘力地推動「住民自決」，正是企圖利用國際輿情，博取世界同情，實現所謂的「制憲建國」。

值得警惕的是，2008年2月17日，科索沃「公投」獨立，以美國為首的西方國家紛紛給予了外交承認；儘管俄羅斯、塞爾維亞等堅決反對，2010年7月22日，國際法院還裁定，科索沃單方面宣布從塞爾維亞獨立並不違法。無獨有偶，在此之前，2000年3月15日，加拿大國會下議院卻通過法案，授權聯邦政府否決以法語為主的魁北克省「公投」獨立（該省曾於1980年和1995年舉行獨立「公投」，但多數選民並未選擇獨立）。美國隨即表示此為加國內政，其無意干涉。同年11月7日，直布羅陀也就主權歸屬舉行「公投」，絕大多數民眾反對英國與西班牙共用主權，但遭英、西兩國明確拒絕。為什麼魁北克與直布羅陀人民無權像科索沃那樣「公投」獨立呢？原因很簡單，那裡是「民主國家」，沒有其他「民主國家」願冒「干涉他國內政」之險提供聲援；而塞爾維亞則是發展中國家，應當輸入「民主」，應當鼓勵「自由」，應當推廣「人權」。同理，若台灣亦援例「公投」決定「前途」，西方諸國到時是否也會「大開綠燈」，讓其披上「合法」的外衣？實際上，科索沃正式宣布獨立後，陳水扁當局即公開致賀，並做不排除與之發展官方關係的表態，可謂喜形於色、言溢於表。

需要關注的還有，2008年國民黨在台灣重掌政權，兩岸經貿交流日漸頻繁，但政治對話與軍事互信仍舉步維艱，雖然大陸方面一再呼籲兩岸協商解除敵對狀態，但馬英九團隊似乎缺乏應有「熱情」。事實上，當選台灣領導人前，馬英九就反覆強調，除非大陸民主化及台灣人民同意，兩岸才有可能打破現狀、邁向統一。上任後，馬英九又將大陸撤除面向台灣的導彈列入協定和平的前提，並讓財金官僚江丙坤主持「海基」，靠李登輝賞識的賴幸媛運作「陸委會」，在人事布局上傾向「只談經濟、不講政治」。至2009年10月，馬英九透過「國安」高層幕僚、台灣亞太和平研究基金會董事長趙春山向大陸釋出三項要件，明確拒絕與北京開展政治對話，因為：（1）兩岸完成金融監理備忘錄（MOU）和經濟合作框架協議（ECFA）簽訂，並讓台灣民眾實際感受兩岸交流的經濟利益，MOU和ECFA已經生效，但讓台灣民眾分享兩岸互動的紅利卻是一個漸進的過程，不可能一蹴而就；（2）台灣內部必須達成進行兩岸政治協商的共識，包括啟動「公投」，而以今日台灣政治生態的非理性化，達成一致的可能性可謂微乎其微；（3）取得國際社會的支援，把美國、日本、歐盟等拉下水，希望協力廠商介入仲裁，不排斥國際規範適用，力圖制約、抗衡大陸，或謀求和平獨立。馬英九甚至還公開表示2012若能連任，不排除觸及兩岸政治議題，而「不排除並非一定要做」。換言之，馬英九及國民黨在兩岸政治對話上推脫民意，假借外國，其以拖待變的政策，實同民進黨如出一轍，已與「兩岸中國人協商解決台灣問題」漸行漸遠。

小結：台灣主權屬於中國，海峽兩岸同屬一個中國，中國的主權屬於包括2300萬台灣同胞在內的13億中國各族人民。這是由海內外經濟、政治、文化等各種因素長期綜合作用所決定的，絕非極少數國際反華勢力與一小撮「台獨」分子極力鼓噪所能改變的客觀事實。而從產生及其存續看，台灣問題具有鮮明的雙重性特徵，既屬於內政範疇，也涉及外在層面。「台灣的地位問題關係到中國的主權，是中國的核心利益問題，而各國對『一個中國』的態度實質上也關係到是否尊重中國對台灣擁有主權的問題。」但由於冷戰後介入主體、輿論導向等涉外因素出現了新變化、新態勢，台灣問題難免面臨日愈複雜的新局面。無論理論研究，還是實踐操作，目前，尤其應慎重對待美日等西方國家對台灣籲求「公投自決」、「國際仲裁」等回應，因為，早在1980年代初，鄧小平就一針見血地指出：「既然中美和中日關係正常化都是在解決了台灣是中國領土的一部分這個問題後實現的，那麼，以後能否繼續發

展中美關係、中日關係以及中國和其他國家的關係,這個問題是焦點。」

二、美台關係及其演變

美國無疑是一個年輕的國家,從1776年7月4日,發表《獨立宣言》,建立美利堅合眾國,迄今只有235年歷史。但自1784年(乾隆四十九年)8月28日,由紐約起航的美國商船「中國皇后號」抵達廣州黃埔港,開啟中美關係序幕,隨著兩國往來互動的逐步深化,美國也構築了與台灣之間的各種聯繫。總體而言,作為中美互動的重要聚焦,美台關係始於1830年代,除卻日本殖民台灣的1895年至1945年,迄今大致經歷了五個階段——

(一)1830年至1895年:緣起

1588年,英國打敗西班牙「無敵艦隊」,確立海上霸權,開始海外擴張。1600年,英屬東印度公司和倫敦佛吉尼亞公司相繼成立,英國殖民者先後踏上印度、北美。從17世紀初到18世紀中葉,英國已在北美大西洋沿岸建立了13個殖民地,並與中國開展了茶葉、瓷器等商業貿易。隨著「七年戰爭」(1756年至1763年)戰勝法國,英國進一步強化了對北美殖民地的控制與掠奪,進而引爆了1773年底的波士頓傾茶事件,並最終點燃了北美殖民地人民反英起義的導火索。1783年,美國最終贏得了獨立戰爭的勝利,在國際社會頭角。

建國後,美國又通過第二次英美戰爭(1812年至1814年)、南北內戰(1861年至1865年),掃除了內外制約,確立了經濟自主,踏上了工業化道路。特別是藉口「天賦使命」,持續向西部擴張,至1895年,美國工業產值已躍居資本主義各國前列。在此期間,美國主要精力集中於內部及周邊,除了採取金錢購買、暴力強佔,使墨西哥在1837年至1853年間喪失一半領土外,美還企圖排斥歐洲列強,獨佔美洲權益,1823年拋出了門羅主義。到1898年,美國發動奪取西班牙屬地古巴、波多黎各和菲律賓的戰爭,才更多地關注和參與到亞洲和世界事務中。

而恰在此時，列強在華競相爭奪租借地、劃分勢力範圍越演越烈，開始直接威脅並損害到日益增長的美國對華貿易。由於軍事力量相對薄弱，無力抗衡其他大國，因此，1899年，美國國務卿海約翰提出了「門戶開放」主張，力圖最大限度地攫取並維護自身在華利益。應該說，「門戶開放」政策及列強相繼給予認可，意味著美國作為後起大國，已不再滿足於充當侵華活動的配角和追隨者，相反，整個美國的對華政策已邁向成熟，並將更趨主動。相應的，作為列強角逐中國的積極參與者與有力競爭者，美國在華影響也將進一步擴大。1900年，美國參與八國聯軍侵華，翌年（光緒二十七年）迫使中國簽訂了《辛丑合約》，從僅索取巨額賠款未要求割地看，在列強博弈中，美英重商傾向顯然占了上風。

可見，早期中美關係相對「低調」，主要體現在貿易層面。在此大背景下，1895年前，美國官方與台灣之間聯繫並無重大突破，亦多限於商業領域。據有關文獻記載，早在1830年代，美台即有民間經濟往來，像德蘭歐等美國人就在淡水一帶經商；而美國政府也曾計畫開闢西海岸至中國東南沿海的輪船航線，並考慮在台灣建立儲存、提供燃料的固定基地，1842年初，美籍傳教士雅裨理還專程從廈門據點乘兵艦抵台「調查」，因為在中國沿海活動的美國官商不斷報告：僅台灣所產物品就適合美國多方面要求，且台灣地處戰略要衝，與中國大陸、日本、菲律賓等接近，適合進行海外貿易。

1844年（道光二十四年）夏，美國脅迫中國簽訂《望廈條約》（即《中美五口貿易章程》），攫取了領事裁判、協定關稅等特權。但因1851年至1864年的太平天國運動對五口商務造成嚴重衝擊，美商再次將眼光轉向台灣——傾銷鴉片，買賣米糖，勘探礦產。為此，諸如1854年抵台的美國東亞艦隊司令佩里等紛紛向政府進言，稱：「欲控制中國，必先控制台灣」，因為「台灣在海軍及陸戰上的有利位置是值得重視的⋯⋯該島直接地面對中國許多主要商業口岸，只要在該島駐泊足夠的海軍，它不但可以控制這些口岸，並且可以控制中國海面的東北入口」，所以「必須對一切足以改變中國、特別是台灣的政治及內務的任何具有實際意義的建議予以鼓勵，美國應該單獨採取這個主動」，或用武力侵佔，或以銀錢交易，並最終達成永久領有。但當時美國官方更熱衷於通過「修約」打開台灣市場。幾經周折，美國才借英法發動第二次鴉片戰爭，於1858年（咸豐八年）強迫清政府簽訂了包括台南

開埠等條款的《天津條約》。

南北內戰結束後，美國重新重視遠東貿易以及台灣商業價值。如1867年，其亞細亞艦隊司令柏爾率軍侵入台灣，但被當地軍民擊潰。後美國轉而支持日本侵台，以圖維護和增進其在台利益。像原美駐廈門代表李仙得等直接參與策劃、指揮了1874年日本對台軍事行動；美駐華公使田貝、前國務卿科士達等也不同程度地介入了1895年中日割台交涉。但日本殖民台灣後，依靠控制關稅，確立鴉片、樟腦等專賣制度等，利用政治權力和資本力量，極力排斥、驅逐西方經濟勢力，壟斷在台權益。如在1897年至1930年間，對日貿易占台外貿的比重呈明顯上升，由僅占18.7%攀至83.4%；其中，對日出口比率從14.2%增到90.6%，對日進口比率也由22.7%升至73.2%。而從1941年的統計資料看，台灣20萬元以上股份有限公司的實繳資本中，日資比例高達91.1%。因此，簽訂《辛丑合約》時，美英才堅決反對日俄對華割地殖民的要求。

（二）1941年至1950年：再造

第二次世界大戰為現代美台關係初創提供了特定的時空背景。1941年，日本偷襲珍珠港，中美結成同盟。儘管在開羅、在波茨坦，美國政府也公開敦促日本將台灣、澎湖等歸還中國，但為儘快打敗日本，美國軍方在太平洋戰爭爆發伊始就祕密策劃攻佔台灣。五角大廈專門成立的遠東戰略小組於1942年初提交的備忘錄中，以台灣對美國維護西太平洋權益的重要性，建議戰後先對台實施「國際託管」，再通過「公民自決」確定其未來前途，而非「輕易將台灣歸還中國」。1943年間，美海軍上將尼米茲制定了「先奪台灣、再取東南亞」的對日作戰計畫，並組建了「台灣研究室」，協同國防部「海軍委員會」，著手研擬攻佔台灣與戰後接管方案。但基於「遏蘇制日」戰略的通盤考慮，當時美國行政當局更願意「扶華支蔣」，將整個中國納入其勢力範圍，因此，否決了上述建議，並取消了美軍在對日和約締結前臨時接管台灣的行動，改由國民黨政府直接收回台灣。

實際上，日本投降後，美國官方並未放棄「託管台灣」的企圖。在中國接收台灣前後，美國就藉口協助「受降」與「遣俘」，派專業人員入台調查、搜集軍事要

地、港口設施、財政計畫等情報資訊。美國駐台總領館等相關機構及其人員還非法進行所謂「民意測驗」，肆意歪曲當地民眾的不滿情緒，特別是「二·二八」事件後，又不斷散布「台灣地位未定論」、「台灣人民願意接受美國領導和聯合國託管」等。對此，時任國民政府行政院長孫科曾公開給予點名譴責，國際輿論也一時大譁，而美國出於對蘇冷戰的戰略需要，奉行「援蔣反共」，分離台灣的活動才有所收斂。

進入1947年後，由於中國內戰形勢出現逆轉，國民黨潰敗漸成定局，美國開始相應地調整對華政策，從「阻止中共獲勝」移至「防止中共成為蘇聯附庸」，由「全面介入」轉而「尋求脫身」，力圖使中國成為美蘇衝突的緩衝帶，並著手考慮扶持日本以維護美國在遠東的利益。用當時國務卿馬歇爾話說，即「最重要的是要防止中國成為我們對外關係中，特別是對蘇關係中危險的刺激因素」。同期，美國參謀長聯席會議也指出，中國雖擁有眾多人口，但不具備武裝這些人口的工業能力，也沒有養活這些人口的糧食，在未來戰爭中難以成為美國可靠盟國，故援華不應成為優先選項；而日本原是東亞強國，是太平洋地區最重要國家，必須通過援助，使其恢復經濟實力及潛在軍力。

而在醞釀、發表《美國與中國的關係》白皮書，推出「袖手」政策，宣布等「塵埃落定」後再採取進一步措施的同時，美國還暗中挑唆台灣「自治」，企圖阻斷蔣介石入台，因為國民黨退守台灣必然導致中共跨海東征，而台灣一旦被中共控制，將會衝垮美國在西太平洋精心構築的反蘇反共「鏈條」。為此，一方面，美國向台灣派駐大量的現役部隊，並經「中美經濟合作總署」和「中美農村復興委員會」，掌控台灣重要資源；另一方面，又私下接觸魏道明、陳誠等，尋求獨立於國共兩黨的地方勢力，企圖「說服台灣脫離大陸並另立政權」，甚至提議以聯合國名義將蔣介石驅逐出台，在台建立由美國控制的臨時體制，再通過公民投票決定台灣歸屬。

1949年底，國民黨退踞台灣；1950年2月，中蘇締結友好同盟條約。美國國內「援蔣」、「保台」的聲音再度高漲。像時任國務院顧問的杜勒斯就竭力主張美國應「採取行動保住台灣」，認為，如果在台灣問題上讓步，整個亞太到地中海將產

生「一連串災難」；負責遠東事務的助理國務卿魯斯克還提出，鑑於中蘇結盟，台灣可能成為「蘇聯在中太平洋的一個海空軍事基地」，美國必須在台灣海峽動用海軍，並使台灣中立化。但自人民解放軍陸續奪取海南、舟山等沿海島嶼，美國情報部門在資訊匯總基礎上作出判定，中共將在1950年7月發動對台攻擊，並於數周內佔領台灣，美國唯一能做的就是派一支海軍特遣部隊在必要時安全撤走台灣209名美僑。

（三）1950年至1978年：同盟

就在美國行將無奈「棄台」之際，1950年6月朝鮮戰爭爆發，卻再度改變了美國對華政策。6月27日，杜魯門發表聲明，不僅炮製了「台灣地位未定論」，並以「中立」為幌子，派遣第七艦隊巡弋台海，迫使人民解放軍暫時擱置渡海攻台，延續「阻止共產黨統治台灣」的「歷史慣性」，使台灣「留在對美國友好的政府手中」，將台灣納入美國在西太平洋的反共「安全鏈」；而且在遂行「援蔣保台」的同時，乘美台關係升溫，開始全面控制了台灣——從軍事上看，1950年7月，遠東美軍總司令麥克阿瑟訪台，同蔣介石簽訂了「保衛台灣協定」，掌控了國民黨軍隊的指揮權；8月，美軍第13航空隊奉派進駐台島以協助「防共」；次年2月，美蔣又以換文方式達成「聯防互助協定」，大批美式軍備陸續運抵台灣；5月，美駐台「軍事援助顧問團」正式成立，在台美軍事人員不斷增加，國民黨軍隊從此喪失了「反攻大陸」的行動自由。從經濟上看，按1950年10月的「共同安全法案」，美國在1951年至1968年間累計向台提供了14.68億美元的各類援助，並借助美援附帶條件及台灣承允的「義務」，通過在台援助小組掌握美援物資與台幣基金的分配和使用，在協助台灣整頓財經、安定民生的過程中，實現對台灣經濟的全方位滲透，進而左右其經濟決策，影響其經濟發展，將其納入資本主義世界軌道。此外，美國還變換手法，頻繁操弄外交承認、內部「倒蔣」、「台獨」運動等，迫使台灣就範。譬如，1950年9月，美國為了製造「台灣地位未定」，別有用心地啟動了「對日媾和」，不僅罔顧中國大陸的強烈抗議，而且斷然拒絕蔣介石方面派代表參與舊金山和會；更有甚者，1952年4月，在其全盤導演下，台日雙方還簽訂所謂的「和約」。

而杜魯門以降歷屆美國政府正是憑藉美台主從關係，頻繁對華進行戰略訛詐。像1953年2月，艾森豪接任美國總統，宣布解除台海「中立化」，實行「放蔣出籠」；4月，美台正式恢復官方關係；7月，在美國顧問參與策劃下，國民黨軍萬餘人突襲了福建東山，企圖利用「台灣牌」，向中共施壓，以扭轉其在朝鮮戰場的被動，實現「光榮停戰」。值得注意的是：其一，隨著入朝參戰部隊陸續回撤，人民解放軍戰略重心南移，再度將「解放台灣」提上議事日程，1953年9月，美台簽訂了「軍事協調諒解協定」，次年12月，又簽署了「共同防禦條約」（1955年3月正式生效），雙方互助同盟關係「合法化」。由此，美國擁有了阻止兩岸協商統一的法律藉口與軍事措施，達到既阻斷大陸解放台灣，又防止台灣反攻大陸，進而長期分裂中國的目的。而在第一次台海危機期間，1955年1月，美國國會還相繼通過了「福爾摩沙決議案」及「台海決議案」，授權總統緊急時用兵協防台灣，開始將台灣「安全」置於其國內法範疇。其二，儘管美國國務院於1955年3月發表了對華政策「三原則」（即繼續承認「中華民國」、拒絕承認中華人民共和國、反對中共進入聯合國），國共兩黨又一致反對「兩個中國」陰謀，1958年8月還以極其特殊的炮火方式維繫「兩岸一中」，但美國陰謀製造「一中一台」卻從未停歇。典型如1959年9月推出的《康隆報告》既不反對中共進入聯合國，又主張承認「台灣共和國」（非「中華民國」）並使之擁有聯合國席位，同時要求台灣棄守金馬以換取美國保衛台澎（因為金馬從未被日本殖民過，不在「地位未定」之列，係分離台灣的重大障礙）。又如，甘迺迪上台後，居然同意發給當時「台獨」頭目廖文毅訪美簽證，並逼迫台灣同意外蒙加入聯合國，等等。

隨著中蘇交惡，以及蘇聯實力膨脹與對外擴張，1970年代後，冷戰攻守態勢轉換使美國開始盤算調整對華政策，處於美台同盟被動位置的台灣難免成為其「求和」的「棄子」。1970年4月，尼克森公然對訪美的蔣經國表示，美雖遵守雙方條約義務，在處理國際事務時尊重台的「基本權利」，但亦不反對中共進入聯合國，美擬與中共進行政治接觸；7月，尼克森又不顧台方強烈抗議，逕自以經濟困難為由，命令第七艦隊停止在台海巡邏。次年7月，季辛吉祕密訪華，尼克森又宣布其欣然接受邀訪，10月，聯大「驅蔣」，更在台灣引發了一場「政治大地震」。1972年2月，尼克森訪華，中美邁上關係正常化軌道，斷交、撤軍、廢約成了美台雙方不得不面對的事實。也就是說，在地緣政治需要的關鍵時刻，美國必須選擇國家利

益,把保守意識和對台灣問題的同情放到了次要地位。而鑑於台灣問題是中美關係正常化的主要障礙,為達到聯華抗蘇的目的,美國不得不在台灣問題上做出重大讓步。

但是,近三十年的苦心經營又使美國在台擁有龐大的政治和商業利益,台灣不僅是美國在全球實施反共遏制的重要夥伴,對台上百億美元的美援經累進投資也已產生不容忽視的巨額利潤,因此,美國還不能徹底拋棄台灣,仍打算盡力保持在台的「實際好處」。此外,從主流民意看,直到1970年代中後期,仍有相當一部分美國民眾希望維持美台關係。像1975年蓋洛普民調發現,雖然受訪者中有61%歡迎與新中國建交,但也有70%支持「繼續與台灣的國民黨中國保持關係」;1977年,還有64%的受訪者贊成與台灣保持「外交關係」;直到1978年11月,認可「美台關係重要」的仍占53%-55%。所以,無論是尼克森,還是卡特,又不得不「腳踏兩隻船」,在拓展中美關係時反覆強調不改變美台關係的「實質」,採取「雙軌制」,實行變相的「兩個中國」政策。如1971年8月,美國國務院就制定並推出了「雙重代表權」方案,主張「一個中國,但非現在」,力圖僅在名義上承認中國領土完整,台灣是中國一部分,實際上卻不做任何改變,以「一國兩府」使中國大陸和台灣都進入聯合國。

(四)1979年至1991年:調適

由於對華政策成敗關乎美國在遠東的戰略全域,而台灣又恰居美國防範共產主義、遏制中國崛起的交會處,因此,儘管1972年中美關係邁向正常化,1979年兩國正式建立外交關係,但美國卻始終沒有放棄對台控制,始終沒有放棄利用台灣問題要脅中國。

事實上,早在中美關係正常化啟動時,美國政府就開始籌畫為美台關係「善後」。一方面,通過軟硬兼施,多方逼迫台灣就範。像尼克森一邊宣布即將訪華,一邊對台承諾「我們謀求同中華人民共和國建立新關係的行動,不會以犧牲我們的老朋友的利益為代價」;歸國後還派專員簡報台北,重申條約義務,並希望能借助傳統友誼、防衛關係、經濟貿易、共同價值等維繫美台「邦交」。1974年10月,福

特簽署法案廢止艾森豪時期的「台海決議案」，季辛吉又在隨後訪華中公開提出「倒聯絡處」方案。而卡特在宣讀中美建交公報後，也公布了一份政府聲明，強調儘管美台「共同防禦條約」自1980年元旦失效，但美國「將經由非政府途徑，與台灣維持我們現有的經濟、文化、商務和其他關係」；美國國務院還向台灣做出「五點保證」以示安撫，包括：繼續承認台「國際人格」、未承認中國大陸對台「主權」、保持美台除外交之外全部關係、將就美台所餘59項條約及未來關係進行立法、頒布取代外交機構的新交流形式等。與此同時，針對雙方在斷交後聯繫機構名稱、性質、有關人員特權和豁免待遇等重大分歧，幾輪磋商無果後，美國就警告台方勿追求「法理承認」，應注重現實利益，並發出「最後通牒」，以中斷關係迫使台灣「打落牙齒和血吞」，僅單方面保留「北美事務協調委員會」的「官方」定位。換言之，中美建交並未徹底改變美台主從關係，也未從根本上削弱美國對台灣的掌控。

另一方面，一唱一和，主動配合國會兩院立法。在醞釀同新中國建交之初，卡特政府即著手準備從法律層面為斷交後美台關係的存續提供必要支援。1979年1月26日，卡特向國會提交了維持美台非政府關係的綜合法案，即「台灣授權法案」。雖然，國會兩院基於台灣的經濟價值（當時台灣是美國第七大貿易對象）與戰略地位（台灣與日本、韓國成犄角之勢），圍繞著美台互設機構性質與台灣安全問題展開激烈爭辯，且大幅修正了該法案，並於3月29日完成了立法程序，但基本上反映了卡特的初衷，即（1）美國承認並尊重台灣的「合法地位」與「國際個性」；（2）未來需要維持甚至擴大美台「現實關係」；（3）美國有義務對西太平洋做出具體的「安全保證」；（4）使售台防禦性武器「合法化」；（5）美台雙方建立「政府性質」的對等機構。4月10日，卡特不顧中國政府再三抗議，簽署了「台灣關係法」，以國內法形式將美台非官方關係固定下來，並載入《美國法典》；6月22日，卡特又下達了遵行「台灣關係法」的行政命令。由此，美台關係邁入了本質上與以前截然不同的新階段。

顯然，通過國內立法重新承認台灣，並把台灣直接置於美國保護之下，同時將國內法凌駕於國際協定之上，嚴重侵犯了中國主權獨立與領土完整，但美國力圖同時與兩岸發展實質關係，保持對兩岸關係發展的影響力，進而最大限度地維護其在

遠東的戰略利益，依然一意孤行，從而導致中美風波不斷，特別是雷根時期，雙方還幾度就美國售台武器問題發生激烈爭執。儘管1982年中美兩國聯合發表了《八・一七公報》，美方鄭重承諾「不尋求執行一項長期向台灣出售武器的政策」，「向台灣出售的武器在性能和數量上將不超過美中建交後近幾年供應的水準，準備逐步減少對台灣的武器出售，並經過一段時間導致最後的解決」；但雷根不僅「偷梁換柱」，將1979年設置為所謂的「基準年」，故意模糊對台軍售的實際金額與技術水準，而且「兩面三刀」，反覆強調對台軍售係依「台灣關係法」，該法位階上高於《八・一七公報》，甚至通過技術轉讓、合作生產、以租代售等方式，協助台方實現軍購多樣化。

應該說，美國的「雙軌」政策及作為勢必給中美關係健康發展埋下隱患，但其企圖平衡新義務與舊條約、新夥伴和「老朋友」，並希望為自身政策調整預留空間，也在一定程度上強化了美台實質關係，實現了繼續對台全面扼控。如由於雙方在斷交前簽訂的59項經濟協議依然有效，1979年後美台商業關係並未受政治調適的衝擊，相反，統計表明，雙方進出口總額還從1979年僅90.3億美元，至1985年突破100億美元，1987年更超過160億美元，而且，台灣還長期列居各國各地區對美貿易順差亞軍，對美經濟依賴明顯。又如，在安全領域，因擔心台灣可能憑藉先進武器「冒犯」大陸，使台海局勢失控，進而擾亂其亞太布局，損害其戰略利益，美國不僅強行終止了台灣「中山科學研究院」的核彈研發，而且還自我設限，使對台軍售存在「縮水」現象。

（五）1992年以來：傾斜

1980年代末90年代初，伴隨著東歐劇變、蘇聯解體，兩極格局漸成歷史，美國在戰後長期奉行的遏制戰略面臨著深度調整，日益壯大的社會主義中國難免成為其防範的主要對象。從1989年7月，美國會參議院通過有關「台灣前途」的285號修正案；1991年6月，美國會眾議院頒布「美國對台政策法案」；同年8月，《美國國家安全戰略報告》發表，首度論述美台關係，主張繼續保持同台灣強有力的非官方實質關係；至1992年9月，布希不顧中國政府強烈抗議，解除長達十年的禁令，批准售台150架F-16戰機，新一輪對台政策調整的序幕正式拉開。總體上，美國力圖通

過重新評估並借重台灣，對華打「台灣牌」，千方百計地利用台灣問題，將中國「分而治之」，在制約中國快速崛起、影響中國可持續發展的同時，達到「坐收漁人之利」的目的。

首先，冷戰後美國對華政策再度傾向台灣，根源於意識形態的長期慣性與綜合考量。美國一向都以民主「監護人」自居，且長期關注台灣的民主事業。早在1986年，為將台灣打造成「民主典範」與和平演變中國大陸的「樣板櫥窗」，美國國會部分議員就成立了「台灣民主促進委員會」，借世界範圍的第三次民主化浪潮，不斷向台灣施壓，要求解除戒嚴，開放黨禁，推行政黨政治。1988年1月蔣經國去世後，美國更公然介入台灣高層權力轉換，企圖引導並掌控台灣政治生態的發展。從雷根、布希、柯林頓對李登輝的青睞、厚愛；到民進黨成立後，不斷為「台獨」壯膽、鼓氣；美國一直期待著台灣政治能實現「非蔣化」、本土化、「去中國化」。典型的如，在1990年3月台灣「大選」中，美竟以停止軍售相要脅，迫使台軍方與政界放棄蔣緯國、選擇李登輝；1995年4月，美國不僅同意民進黨在華盛頓設立「辦事處」，而且允許其在全美公開活動。值得注意的是，「6.4事件」後，美國加大對台灣「民主派」的支持力度，強化對華人權施壓，甚至不惜縱容「台獨」坐大，阻遏兩岸和緩。像1996年台海危機期間，為確保李登輝「連任」，維護台灣「憲改成果」，美國不僅在亞太進行了越戰後最大規模的兵力集結，其國會眾議院還拋出了「保衛台灣決議草案」。而時任助理國防部長幫辦坎貝爾居然認為美艦駛往台海展示威懾是「提醒中國注意美國力量的堅固和持久，我們時刻保護我們的國家利益」。而2000年2月，在美國會兩院再次醞釀「加強台灣安全法案」時，第七艦隊也派出航母，為台灣「大選」「護航」。美亞太事務助理國務卿羅斯直言對台灣「總統」選舉「強烈關注」，「希望中國大陸與台灣都能自製，不要產生無法預期的後果」。

其次，美國再度實行對台政策傾斜，最為突出的體現在：冷戰後，美國不斷提高對台軍售水準，進一步強化美台軍事聯繫。繼1992年布希簽發售台F-16戰機後，1993年1月，美再向台出售了「愛國者」導彈硬體及技術，並就聯合生產改良型「愛國者」導彈達成協議；7月，美國會參議院還審議了「取消對台軍售最高限制法案」；9月，美國防部又宣布向台出租「諾克斯」級軍艦。1994年1月，美台公布

了合建F-16戰機維修廠計畫；4月，美國會通過了「美台關係修正案」，並進一步明確「台灣關係法」有關對台軍售規定高於中美間三個公報；9月，美向台出售41枚魚叉反艦導彈……據統計，美對台軍售1996年為4.6億美元，1997年升至6億美元，1998年已達13億美元。1998年3月，美前國安會高官包道格坦誠，在美國幫助下，台灣目前擁有的軍備已經超過純粹防禦的水準，過度武裝會適得其反。然美對台軍售並未因此下降，相反，柯林頓時期，美還協助台實施了以「量少、質精、戰力強」為目標的「十年兵力整編」，並反覆探討、論證將戰區導彈防禦體系（TMD）延伸至台灣。小布希上台後，對台軍售問題仍持續延燒，像2001年1月，五角大廈重新修訂了「保衛台灣獨立作戰方案」，4月，美又決定售台近60億美元武器，小布希還揚言，將竭盡所能協防台灣。2008年5月，兩岸局勢趨向緩和，歐巴馬政府依然不捨軍售「情結」，2010年8月，在中國軍力年度報告中，美國防部大肆渲染大陸「對台動武的紅線」與「對台動武的最優選項」，其意還在為對台軍售編造新理由。

　　第三，悄悄抬升美台「官方」關係，並在雙方高層互訪方面屢屢「闖禁」，是冷戰後美國對台政策傾向的關鍵目標。1992年11月，美國貿易代表希爾斯率先突破部長級官員不得訪台的禁限，赴台出席雙方工商聯合會會議。1994年5月，台「行政院長」連戰以探親名義赴美，成為「斷交」後首位訪美的台「行政首腦」；7月，美政府暗中將台視作「獨立的國際行為主體」，同意台駐美機構「北美事務協調委員會」更名為「台北駐美國經濟文化代表處」，使該機構性質由民間轉為半官方；10月，美國會兩院分別通過《移民及國籍技術修正案》，授權國務院以指定事項向訪美的台高官發放簽證，把美台官員互訪納入立法保障；12月，美運輸部長培尼亞抵台參加「中美工商聯合會年會」。1996年1月，美台首次舉行高層安全對話，次年，在美國會操作下，雙方溝通走向制度化。1997年4月，美國會眾議院議長金里奇赴台，係斷交後首例美議長訪台。1998年11月，美能源部長查理森與台出席台美工商聯合會年會。2001年5月，美國會眾議院國際關係委員會審議《國務院授權法案》，以口頭表決方式給予台「主要非北約盟國」地位……其中，1995年5月，應國會兩院的要求，柯林頓出爾反爾，做出允許李登輝訪美的決定，「打破了大陸、台灣和美國的三方表態平衡，激化了三方矛盾」，造成極其惡劣的影響。

第四，大力支持台灣拓展生存空間，協助台灣重返國際社會，妄圖製造「一中一台」、「兩個中國」，是美國在冷戰後調整對台政策的重要手段。1991年7月，布希明確表態支持台灣申請加入關貿總協定與亞太經濟合作組織。1994年美國政府專門成立「特別工作小組」，以幫助台灣在更多的國際組織中「表達意見」，實現重返國際社會。1995年初，台灣「外交部」應美方要求，正式提出欲參與的67個政府間國際組織名單；8月，美國務院認定台應先期加入包括世界銀行在內的13個國際組織。在這方面，美國會參眾兩院格外「賣力」，與行政當局一唱一和，演「雙簧」，1994年迄今，已多次通過議案支持台灣加入聯合國、世界衛生組織等。

第五，放眼長遠，廣結「良緣」，布局未來，是冷戰後美國實現對台政策傾斜的有力保證。美國對台經營可謂「深謀遠慮」，從國民黨退台初期拉攏「親美」的吳國楨、孫立人「倒蔣」；到利用美援培養技術精英與財經官僚，促使李登輝等於1972年後陸續進入台灣權力中心；再到經濟起飛後，關注、幫助留美青年學子在上80年代中後期相繼成為台灣政界「少壯派」；美國長期都與台灣政壇保持著密切聯繫，進而駕馭和操控了台灣政治局勢及其發展。實踐中，美國與台灣各種人物打交道也非常看重其未來發展潛力，無論台上台下、官方民間、政客商人、專家學生，從不厚此薄彼；對台灣各派政治勢力——國民黨或民進黨，統派或「獨」派，主流或非主流，亦不分親疏，一概都下籌碼。由此，美國成了台灣政爭不可忽視、也難以迴避的關鍵因素，特別是競爭雙方旗鼓相當、勢均力敵時，美國的傾向幾乎能夠決定一切。

值得特別提及的是：其一，美國在台海的戰略基點在於維持兩岸「不統不獨、不戰不和」，唯有如此，才能「兩頭取利」並實現利益最大化。從冷戰後美國對台政策調整看，顯然，柯林頓的第一任期總想「打擦邊球」，但照顧台灣卻「過了頭」，「造成了一種鼓勵政治活動分子出來積極支持台灣獨立運動的環境」，以致台海危機叢生。而李登輝濫用美國給予的「同情」，趁機「急獨」冒進，更急劇拉高了兩岸及中美對抗，直接危害到美國在亞太的整體利益，反迫使美國進行「逆向操作」，以免長期被台灣「牽著鼻子走」。相應的，美國對台政策的澄清又使本可策略性運用的模糊表述朝著不利於台灣方向明確和強化。像1995年底，美外交委員會就建議柯林頓政府應強烈警告台北不要採取「台獨」行動，提醒美國官方在提升

與台灣關係上不要走得太遠。自1996年下半年，柯林頓也在不同場合多次表示理解「李登輝訪美」的嚴重性和敏感性，宣稱今後美台關係只限於民間層次，並經由有效管道告誡台灣不要妄動而「觸怒」大陸。1997年11月，與江澤民主席舉行「高峰會晤」後，柯林頓又反覆敦促台灣儘快恢復兩岸商談，並希望通過對話，以制度化的非對抗方式消解歧見，將可預見的摩擦限制在一定範圍內；由於台灣方面未予積極回應，又長於金錢鋪路、鑽營國會，故美行政當局相當不滿，紛紛責其為「真正的麻煩製造者」。1998年6月，柯林頓在訪華期間公開表明了不支持台灣獨立、不支持「一中一台」和「兩個中國」、不支持台灣加入任何由主權國家參加的國際組織的「三不」立場，劃清了美台關係上限。而2000年後，針對陳水扁及民進黨一而再的「台獨」狂飆，小布希及其政府高官雖認為「台灣關係法」還是美台關係的核心檔，但更不斷重申，美國奉行一個中國政策，堅持美中三個聯合公報，反對任何單方面改變台海現狀的行動，不僅不支持「台獨」，而且反對「台獨」。

其二，就美國亞太戰略而言，台灣的經濟價值無疑與軍事價值同等重要。但在冷戰後美台關係及其演變中，雙方經濟互動也不盡如人意——市場競爭與貿易摩擦常常發生且時有激化，儘管雙方已形成你中有我、我中有你的依存格局，相互仍擁有巨大的經濟利益；特別是隨著中國大陸快速發展，無論美國，還是台灣，經濟空間與貿易對象的選擇相應開闊、多元，曾經的緊密合作也日漸鬆動。像1987年後，由於中國大陸的「磁吸效應」，大批台商「西進」，大量台資「登陸」，台灣經濟對美國市場的倚重已大幅降低。然而，從美國立場上看，自1980年代中期以來，台對美貿易順差逐年遞增，雙方利益獲得並不平衡，因此，美國憑藉自身在台的特殊地位，頻繁展開人為施壓，逼迫台灣進一步開放市場、降低關稅，而且動輒就以「301條款」加以報復，不斷在台灣製造恐慌。如1990年，因台灣屈從「超級301」壓力，開放美國禽肉進口，導致台農及相關工商企業經濟利益遭受直接損害，從而引發民眾大規模示威，數千人包圍「美國在台協會」，高喊「反剝削、反美帝」，後警方介入，還釀成上百人傷亡的流血事件。再如，1990年1月，台灣以「台澎金馬單獨關稅區」名義申請加入關貿總協定（GATT）；次年7月，布希政府出於阻擾中國加入該組織的政治目的，公開表態支援台申請加入GATT；1994年，美台高層經濟對話開通；當年，柯林頓還充分肯定了台灣經濟實力，主張應使美台至少在經濟上保持「正常的國家關係」，應提高台在美對外關係中的「實體地位」；1996

年,台向美提出舉行「入關」談判,但直到1997年美才給予回應,1998年2月,雙方才達成協議;由於完成與美國的此項談判不僅具有經濟意義,而且還有更重要的政治效應,為此,台灣本著「少輸就是贏」的原則,被迫做出重大讓步,包括開放農產品市場、降低農產品關稅等。

小結:如果將東亞看作美國西部擴張的邏輯延伸和歷史遞進,那麼,台灣無疑是其跨越浩瀚太平洋的重要支撐。長期以來,美國憑藉超強的綜合實力與顯赫的國際地位,成為影響台灣動態與兩岸關係走向的最大外部因素。考察美台關係發展歷程,從商業入侵、宗教滲透,到軍事控制、經濟吸附,再到政治操弄、價值推廣,美國涉台事務不僅立體多維,而且日漸加深,並呈現出三個較為顯著的特徵。一是突出軍事價值。雖然美國在台擁有巨大的商業利益,但台灣地處遠東航道樞紐,是構築環中國周邊圍堵和遏制「鏈條」不可或缺的關鍵環節,更直接關乎美國對華戰略及其亞太霸權的全盤得失,因此,台灣常被喻作美國「永不沉沒的航空母艦」。二是重視籠絡人心。如戰後美國從經援切入對台實施經濟滲透與控制,卻在客觀上提振了台灣民生,贏得了普遍好感;而著眼長遠,承認台灣事實上存在一個中國人治理當局,並對不同政治勢力與留美人士一視同仁,還培植了一批又一批聽話的「代理人」,實現了對台間接統治,並使台灣成為要脅中國的「王牌」。三是善用法律槓桿。從舊金山對日媾和,炮製「台灣地位未定論」,到簽訂「美台共同防禦條約」,武裝協防、強行侵佔台灣,阻止兩岸統一,再至頒布「台灣關係法」,保持美台實質聯繫,暗中慫恿台灣「拒統求獨」,美國行政當局與立法部門頻繁合演「雙簧」,不斷干涉中國內政。總之,美國對台灣問題的產生、存續負有不可推卸的責任。儘管美國口口聲聲、反覆表態:不做兩岸的「調節者」與「仲裁者」,但實際上其在兩岸和緩或緊張中進退攻守以謀取既得利益最大化卻是不爭的事實。

三、日台關係及其演變

近代以來,日本對台灣始終是有「想法」的。在台灣問題上,日本從來就不是一個「旁觀者」,一直都扮演著重要角色,其地位和作用僅次於美國。時至今日,台灣問題與對侵略戰爭歷史的認識,一隱一顯,處理不當,仍會對中日關係的健康

大陸對臺灣問題析論

發展產生不利影響。

（一）日本對台灣的侵略與殖民

早在16至17世紀，倭寇就不斷竄入台灣，並據為巢穴，頻繁騷擾、進犯中國東南沿海，更有甚者，從豐臣秀吉到德川幕府，日本官方還曾數次派兵入侵台灣。1639年，日本奉行鎖國政策，雖然日台貿易中斷，但是像吉田松陰、山縣有朋等政治人物也從未放棄過對外擴張、吞併台灣的思想與規劃。1868年明治維新後，日本走上資本主義道路，力圖躋身列強，開始「開疆拓土」，加緊侵略周鄰，朝鮮、琉球和台灣相繼成為其殖民目標。1874年，日本罔顧清政府一再嚴正申明，公然藉口牡丹社事件，悍然出兵台灣，中國軍民英勇抗擊。在隨後訂立的《北京專條》中，軟弱的清政府雖承認日本行為係「保民之舉」，但在妥協中仍堅持中國對整個台灣的主權，日本僅索得50萬兩白銀，不得不退出台灣。1894年，日本發動甲午戰爭，翌年3月攻佔澎湖，4月17日，逼迫清廷簽訂《馬關條約》，台灣和澎湖才被割讓予日本。

據台期間，日本殖民當局實行總督專制統治，一方面採取兇狠的員警手段，不斷健全保甲制度，嚴密控制、殘酷鎮壓台灣人民的反抗。如1898年，建保甲制、設壯丁團，實施《匪徒刑罰令》；1905年，進行戶口調查；1922年，實施《治安警察法》；1937年，更嚴禁公開結社與自由言論，等等。另一方面，積極推行奴化教育，扼殺中華傳統與自主意識，力圖把台灣人民變成日本的溫馴臣民。如1895年，在台北成立「國話（日語）傳習所」；1897年，以「住民去就決定日」，強迫台灣少數民族選擇日本國籍；1898年，制定實施《台灣公學校規則》；1937年，禁止新聞漢文欄，扶持「皇民奉公會」，推動「皇民化」，灌輸「忠君（天皇）愛國（日本）」思想；1940年，強迫台人改換日式姓名，等等。此外，日本殖民當局還在經濟上盤剝台灣人民，掠奪台灣資源。如通過成立「撫墾署」（1896年）、開展土地調查業務（1898至1905年），以及設立台灣銀行（1899年）等，實行所謂的「農業台灣、工業日本」政策，由台灣負責向日本本土提供稻米、蔗糖；後為配合進一步擴張需要，還在台地發展軍工產業，將台澎視作日軍「南進」的橋頭堡與補給地。

第六章 臺灣法律歸屬與涉外因素

應該說，面對清朝割讓台灣，以及日本殖民統治導致台地經濟社會日益畸形發展，台灣民眾從未屈服。從劉永福等率軍民武裝反抗日本占台，到1912年的林杞埔事件、1913年的苗栗起義、1915年的西來庵暴動，到1923年的「治警事件」、1924年的台北師範大罷課、1925年的蔗農爭取權益活動，再到1930年的霧社泰雅族起義、1932年的大湖武裝抗暴，以及1937年後台灣青年踴躍抗日，廣大台胞前仆後繼，不斷奮起抗爭，使日本侵略者與殖民勢力付出了慘重的代價。總體而言，在日據初期，以農民為主體的抗日武裝進行了長達二十年的鬥爭；後期，又有文化協會、民眾黨、共產黨等組織領導的反抗日本殖民統治的民族抵抗運動，整個日台關係並不平順。

（二）戰後日本對台政策的調整

在戰後，日本對台政策的調整，大致以1972年與1991年為界，先後經歷了三個階段——

1.「日台和約」與「政經分離」方針（1952年至1972年）

從1945年日本戰敗退出，國民黨接收台灣，到1949年蔣介石撤守大陸，盤踞沿海島嶼，基於一致的反共意識形態及日本式的人情世故，國民黨殘餘勢力的「友日」與舊日本軍人集團的「感恩」、日本國內的「親台勢力」與台灣的「日本情結」，共同架構了戰後日台關係的基礎。但在美軍佔領與管制下，當時日本尚不能自主外交，其對台政策的制定、實施，必須唯美國「馬首是瞻」。而自1947年遠東委員會決定盟國與日本締結和平條約，美國就一直主導並利用對日媾和進程，在亞洲進行冷戰布局。1950年9月，美國正式啟動對日媾和，赫然將原已作出確定安排的台灣等地的歸屬問題列為主要內容，這預示著戰後中日關係發展將難以繞開台灣問題，儘管吉田茂希望能在海峽兩岸搞「平衡」，然「儘快實現獨立以推進戰後重建」的更緊迫「國益」，又導致日本只能屈服於美國的意志。

隨著美英就中國代表權與台灣法律地位達成一致（即不邀請任何一方中國代表與會，對日媾和條約將在沒有中國參加的情況下履行簽署手續；日本放棄台灣主

權,而條約也不能決定這些島嶼的未來),1951年9月,舊金山會議召開,48個國家與日本簽訂了片面和約。是年12月底,在美國的壓力下,日本被迫表明對華立場,在《吉田書簡》中保證:只與台灣的國民黨政權締約,而不與中華人民共和國政府建立任何關係。1952年4月28日,在「舊金山和約」生效的同時,「日台和約」(即「日華和平條約」)正式簽署,日本與台灣一道成為美國亞洲的重要夥伴、遠東的戰略「棋子」。誠如當年5月5日周恩來代表中國政府發表的聲明所指出:「美國政府強令日本吉田政府和在台灣的中國國民黨反動殘餘集團締結所謂『和平條約』,顯然是企圖用這個所謂『和約』,把它所一手培植的兩個走狗聯合起來,妄想借此構成對我中華人民共和國的軍事威脅」,「中華人民共和國中央人民政府認為有必要再次聲明:對於美國所宣布生效的非法的單獨對日和約,是絕對不能承認的;對於公開侮辱並敵視中國人民的吉田——蔣介石『和約』,是堅決反對的。」

儘管日本政府追隨美國在政治上拒不承認新中國,但在西方聯合對華進行經濟封鎖與戰略禁運的背景下,經佔領軍司令部批准,自1949年底,日本民間對華貿易卻日趨活躍,特別是朝鮮停戰後,像1962年11月9日,自民黨議員高碕達之助還與中日友好協會會長廖承志簽訂了《中日長期綜合貿易備忘錄》(即「廖高備忘錄」或「LT備忘錄」),並成立了「高碕事務所」,同「廖承志辦事處」一起推動和促進兩國貿易。為此,從吉田茂至佐藤榮作,日本內閣一直奉行所謂的「政經分離」方針,力圖在保持與台灣國民黨政權的政治關係的同時,發展與中華人民共和國的經貿關係,進而實現「既不背棄台灣,也不得罪中國」的兩邊「取利」。事實上,這種「政治台灣,經濟大陸」的做法與美國「扶持台灣,遏制大陸」、製造「兩個中國」的政策並無本質區別。典型的如佐藤榮作在擔任首相期間,為了收回沖繩「剩餘主權」,百般討好美國,公然宣稱中國已「實際上分成兩個」,美國提出的台灣「自決論」和「託管論」是「很好的」。

中國政府堅決反對「政經分離」,歷來主張「政經不可分」,希望能以經促政、以民促官。早在1953年10月30日,《人民日報》就發表社論,強調:斷絕與台灣蔣介石政權的關係,擺脫美國侵略主義的附庸國與追隨者的地位,成為和平、獨立的國家,係實現中日關係正常化的三條件。而針對岸信介上台後變本加厲的「親

台反華」，以及1958年發生「長崎國旗事件」，中國政府還斷然採取措施，全面中止雙方貿易往來，並適時提出「政治三原則」，即停止敵視中國的言論和行動，停止製造「兩個中國」的陰謀，保證不再阻撓中日關係正常化。1960年8月，中國政府又進一步補充，形成了「政府協定、民間合同、個別照顧」的「貿易三原則」，使兩國民間經濟互動更具政治色彩，並以此向日方表明：若與中國進行經濟貿易，應當得到政府批准，必須放棄「兩個中國」思維。

對日本政府採取「政經分離」政策，實施「兩個中國」陰謀，台灣也持批判立場。當然，國民黨政權更擔心「一心二用」的日本與大陸進行經濟貿易會逐步滲入政治因素，並最終導致承認新中國，拋棄蔣介石。譬如，1960年夏，池田勇人組閣後就公開表示，對華政策須「向前看」，應實行「彈性外交」，要與大陸發展經濟文化交流；翌年春，日本政府宣布取消對社會主義國家強制實施的以貨易貨制度及不平等規定，為中日貿易突破創造了更加有利的條件；1962年冬，「LT備忘錄」簽署，隨即「廖承志辦事處」與「高碕事務所」開始發揮「視窗」作用；1963年，繼日本內閣批准向中國出口成套設備，又發生了「周鴻慶事件」……儘管池田政府一再表態不考慮中日關係正常化問題，不贊成簽訂中日政府間貿易協定，但中日經濟互動出現由民間向準官方「升格」的跡象仍引起台灣方面極大不安，甚至採取了一系列強硬應對措施，包括召回「大使」、抵制日貨、暫停貿易，等等，直到1964年吉田茂專程赴台疏通、安撫，日台關係全面危機才逐步緩解。

2.中日復交與日台「斷交」（1972年至1991年）

1971年7月15日，美國總統尼克森通過廣播電視公布了季辛吉祕密訪華及中美兩國尋求關係改善的消息。全球錯愕，舉世震驚，日本朝野與日本社會更是反應強烈——不僅有被美國「越頂外交」出賣的感覺，而且還面臨著該如何妥當處置棘手的台灣問題，儘快實現中日邦交正常化。一貫親台反華的佐藤首相被迫表態，「強烈期望」日益活躍的中日民間各種交流「能發展成為兩國政府間的交流」，「如果條件成熟，願意訪問中國」；並委託應邀訪華的日本東京都知事美濃部亮吉將自民黨幹事長保利茂希望與中方進行復交談判的信件帶給中國總理周恩來。

由於具備官方性質的「保利信件」在原則問題上「打馬虎眼」，只承認台灣是「中國國民的領土」，未明確台灣已歸還中國，是中華人民共和國領土不可分割的一部分，企圖為搞「一中一台」、策動「台灣獨立」埋設伏筆、預留後路；加上佐藤內閣始終缺乏改善中日關係的誠意，至1971年10月仍堅持「兩個中國」主張，追隨美國，參與「重要事項」和「雙重代表」提案，力圖阻撓中國恢復在聯合國的合法席位；因此，中國政府起初選擇日本在野勢力作為邦交正常化談判的仲介，並順利達成了「中日復交三原則」，即：中華人民共和國是代表中國人民的唯一合法政府；台灣省是中華人民共和國領土不可分割的一部分；「日台和約」是非法的，無效的，應予廢除。

1972年2月，尼克森訪華，在《中美聯合公報》中，「美國認識到，在台灣海峽兩邊的所有中國人都認為只有一個中國，台灣是中國的一部分。美國政府對這一立場不持異議」，同時承諾「從台灣撤出全部美國武裝力量和軍事設施」。儘管並未完全消除彼此分歧，但美方嘗試著重新認定台灣問題，結束了與中國的敵對狀態。由此，佐藤當局面臨日益高漲的內外壓力，並在一片譴責聲中黯然「謝幕」，1972年7月，田中角榮組閣，當即表示將努力推進中日邦交正常化。中國政府則通過到訪日本社會黨前委員長佐佐木更三、公明黨中央執行委員長竹入義勝等轉達中方有關復交的基本方案。

為了日本的國家利益，在與尼克森晤談，並派特使赴台北交涉日台斷交事宜後，田中飛抵北京，經與周恩來展開多輪磋商，並於1972年9月29日簽署了《中日聯合聲明》，不僅「承認中華人民共和國是中國的唯一合法政府」，而且「充分理解和尊重」中國政府關於「台灣是中華人民共和國領土不可分割的一部分」的立場，「並堅持遵循《波茨坦公告》第八條的立場」。大平正芳外相還同時宣布日台「斷交」、「日台和約」作廢。

但由於歷史原因及現實利益需求，日本對華政策仍採取「雙軌制」，日台「斷交」後，還通過「日本交流協會」與台灣「亞東關係協會」保持著實質性聯繫，不僅經貿和文化往來不斷，而且政治關係也藕斷絲連。如針對邦交正常化後，中日各領域交流互動日益加深，及兩國貿易、航空、海運等協定相繼簽訂，日本國內右翼

勢力與自民黨的「親台派」就夥同心有不甘的台灣，利用蘇聯反對及威懾，不斷阻撓、破壞、施壓，甚至以解決釣魚島爭端為要脅，致使1974年開始醞釀的《中日和平友好條約》直到1978年8月才正式締結，前後經歷了田中角榮、三木武夫、福田赳夫三任閣揆。

而即使處在中日關係的「蜜月期」，雙方高層密切互訪，達成協議涉及廣泛，並形成了「和平友好、平等互利、長期穩定、相互信賴」的四原則，組建了「中日友好21世紀委員會」，日本政府還於1979年12月決定向中方提供日元貸款，但圍繞著敏感的涉台問題及其處理，依然有諸如光華寮事件等不和諧「音符」出現。

3.冷戰後日本的對台政策（1992年至今）

1991年底，蘇聯解體，冷戰結束，世界格局、地區事務及國際關係翻開了嶄新一頁。對日本而言，一方面，由於俄羅斯正面臨轉型艱困，國力急劇衰微，在相當長的歷史時期裡，不可能再度嚴重危及日本的國家安全，繼續借重中國、實施「聯華抗俄」的現實意義與戰略價值因此驟降；另一方面，中國的快速崛起又動搖了日本在東亞的地位，削弱了其在周邊的影響，並對其國家利益造成直接衝擊，從而勢必引發其高度警惕，對華防範難免進一步加強。實踐中，日本緊隨美國，不斷製造事端，力圖分散中國精力，阻滯中國發展，尤其是頻繁動用「台灣牌」，以期困擾、制衡中國。譬如，2001年4月，日本政府竟以人道主義為幌子，以「不涉及政治活動」為條件，允許李登輝赴日「治病」。總而言之，1990年代中後期，日本大幅調整了對華政策，沿用了既有的「雙軌」策略，逐步加大了對台關注力度及工作傾斜，並日益呈現漸進性、滲透性、公開性、直接性的特點。具體地說：

一是強化公開層面的日本「對台交流協會」與台灣「亞東關係協會」聯繫，拉抬日台實質關係。1972年底成立的日本「對台交流協會」與台灣「亞東關係協會」名義上是民間機構，實際執行的卻是「準官方」事項，係日台相互感知對方政策意圖的「視窗」。2009年5月，經日方同意，台灣「亞東關係協會」在北海道增設了「札幌辦事處」，實現了在日全方位布局，並使雙方聯絡更加便捷、通暢。2010年5月，日本「對台交流協會」又與台灣「亞東關係協會」就增強彼此合作與交流達

成一致，簽署了自日台「斷交」三十八年來首份綜合性備忘錄。

二是挖掘政商人脈，經由私交互動，左右台灣經濟政治走向。基於歷史情感或現實利益，日本國內總是有人熱衷於推動日台關係。在政界，議會與黨派組建了眾多親台團體，像脫胎於自民黨內部組織的跨黨派「台灣幫」——「日台議員懇談會」、由自民黨右翼少壯議員歃血為盟糾集而成的「青嵐會」、主張經濟文化交流的民主黨「日台友好關係議員聯盟」、與日中友好協會對著幹的「日台親善協會」以及反共議員政治組織「APU」等；尤其不能忽視作為自民黨本部與台灣交流「視窗」、號稱日本政治家搖籃的自民黨青年局及其周邊「日台青年親善協會」。值得注意的是，日方還鼓勵台方建立對口管道以便溝通互動，如2001年8月，民進黨回應日本提議，成立了「台日友好協會」。此外，日本商界，包括三菱、三井、住友、富士通、NEC、伊藤忠、川崎、日立、索尼、松下等大型跨國公司集團，還通過「三三會」，與台灣工商協進會、工業總會、商業總會及其相關企業（總產值約占台灣三分之一）建立了緊密聯繫。

三是利用貿易往來與經濟連接，借助台灣對日本的市場依賴，努力擴大日本在台影響。長期以來，日本一直都是台灣農產及農產加工品的主要銷售地，也是台灣工業原材料和機械設備的主要來源地，對日進出口在台灣產業發展和經濟升級中作用極其特殊且十分重要。直到2002年，在台灣貿易結構中，自日本進口仍占到24.2%，而向日本出口則占9.2%。目前，日本依然是台灣第三大交易夥伴，僅次於中國大陸、美國。值得提及的是，早在1980年代末，在「東北亞經濟圈」構想中，日本就企圖將台灣納入其麾下。此外，「三通直航」之前，有相當一部分的兩岸貿易、貨物運輸經由日本沖繩的石垣島「繞道轉口」，90年代中期，日台雙方還專門進行了「開發沖繩」與建立「蓬萊經濟圈」的探討。

四是借助「美日安保」，將台灣納入勢力範圍，視「保衛台灣」為自身「防衛職責」。1992年，日本與美國聯合發表了《東京宣言》，重申「堅持實行」1960年簽署的《美日安全保障條約》。作為「1951年安保條約」的延續，「1960年安保條約」是以前蘇聯為假想敵的，冷戰後還被強調，顯然意有所指——針對所謂的「中國威脅」，因為，兩份「安保條約」都包含著「遠東條款」。而早在1960年，岸信

介就對「遠東」提出日本政府「統一見解」,即「大體是菲律賓以北和日本以及周圍地區,韓國及『中華民國』統治下的地區也包括在內」;至1997年,安倍晉三仍認為,「1960年的安保條約當然是非常明確地把台灣列入了條約的使用範圍。」繼1996年《美日安保共同宣言》暗中將中國看作不穩定、不確定因素,次年修訂的《美日防衛合作指針》則改採「周邊事態」。而圍繞「周邊地區」,安倍晉三一語道破「天機」:「把台灣海峽從適用範圍中排除出去,這是非常危險的行為。因為中國沒有承諾不使用武力。如果從新《日美防衛合作指針》中排除台灣,就有發生武裝入侵的危險。」為此,在美國「核保護」下「專守防衛」的日本才不斷突破規限、擴充軍備。至2005年,日美「2+2」外交與國防聯席會議發表聯合聲明,已將鼓勵通過對話和平解決台灣海峽相關問題公開列為雙方共同戰略目標,並著手制定、完善針對台灣海峽和朝鮮半島「有事」的協同作戰計畫,籌建聯合指揮中心。

小結:客觀地講,台灣相當於日本本土安全的南方屏障,台灣海峽又是日本生存發展的「生命通道」,從維護國家利益出發,日本不可能漠視台灣問題,但基於全盤考慮,又必須顧及中國的反應。總體而言,日本的對台政策雖一直追隨美國,但也力圖在分寸把握上做到「適度」——既不刺激中國大陸,也不得罪台灣,進而兩邊「取利」。這種貌似「無為」、實則「有為」的「雙軌」策略,不僅較修改教科書、參拜靖國神社等行為更具隱蔽性、欺騙性,而且在事實上,也變相刺激、慫恿、鼓勵了台灣方面「拒統求獨」,進而危害到中國的核心利益,故尤應引起高度警惕!需要進行深入批判!

第七章　「一國兩制」與台灣前途

　　1949年迄今，台灣問題已經經歷了六十餘年的風雨激盪；長期以來，海峽兩岸與國際社會，一直都十分關注台灣的前途與命運，一直都在探討解決台灣問題的方案。從理論上看，隨著各方力量消長，兩岸關係不可能永遠維持現狀。台灣未來的終局存在兩種可能：要麼與大陸實現統一，要麼從分離走向獨立；就達成目標的手段而言，不外乎和平與非和平兩種方式。由此，形成四種組合：和平統一、武力統一、和平獨立、武力獨立。而基於實力上中美差距的縮小與兩岸對比的懸殊，出現「台灣獨立」的機率相對較低。實際上，自1990年代中後期以來，美國立場就已從模糊的不支持「台獨」轉向清晰的反對「台獨」；而2000年2月，在《一個中國的原則與台灣問題》白皮書中，中國官方也明確表態：如果出現台灣被以任何名義從中國分割出去的重大事變，如果出現外國侵佔台灣，如果台灣無限期地拒絕通過談判和平解決兩岸統一問題，中國政府只能被迫採取一切可能的斷然措施，包括使用武力。故「台灣獨立」既不可行亦不可能，兩岸終將走向統一。那麼，是和平統一，還是武力統一？顯然，以非和平方式達成兩岸統一，可能導致中華民族再度創傷，並不符合「中國人不打中國人」的初衷，且自1972年以來美國即反覆重申其關注台灣問題的和平解決，國際社會也不樂見兩岸兵刃相向，可見，兩岸唯有共同追求和平統一！

一、各方和平解決台灣問題的政策主張

　　六十餘年來，圍繞著台灣問題及其解決，海峽兩岸與國際社會紛紛提出這樣或

那樣的方案,特別是1970年代末,伴隨著中美關係緩和與兩岸互動加速,尋求和平統一日漸成為官方政策與學術研究的主題。

(一)「一國兩制」方針

「一國兩制」,簡言之,即一個國家、兩種制度,是以鄧小平為代表的中國共產黨第二代中央領導集體提出的解決統一問題的設想,是在新歷史條件下,創造性地發展對港「長期打算,充分利用」和對台「一綱四目」等政策的昇華與結晶,是中國特色社會主義理論體系的重要組成部分。

1.「一國兩制」構想的形成

鄧小平「一國兩制」思想萌芽於中美建交談判。由於台灣問題是中美兩國建立外交關係的主要障礙,而在解決台灣問題的多種途徑中,和平方式又無疑是兩國、兩岸均能接受的最佳選擇,因此,鄧小平經過深入思索,通過一系列談話,勾勒了「一國兩制」的最初輪廓。1978年10月,鄧小平在會見日本文藝評論家江藤淳時說:「如果實現祖國統一,我們在台灣的政策將根據台灣的現實來處理。比如說,美國在台灣有大量的投資,日本在那裡也有大量的投資,我們正視這個現實。」11月,鄧小平又在接見美國《華盛頓郵報》記者羅伯瓦克時講:「和平統一實現以後,台灣可以保持非社會主義的經濟和社會制度」,也就是保持資本主義制度不變。12月,在研究中美建交後的對台工作時,鄧小平更進一步指出,在實現中國統一問題上,要實行第三次國共合作,統一後,台灣的社會經濟制度、生活方式、外國投資不變,軍隊變成地方武裝。1979年元旦,中美正式建交。同日,全國人大常委會發表《告台灣同胞書》,宣布和平統一的對台方針,並明確表示,「一定要考慮現實情況,完成祖國統一的大業,在解決統一問題時尊重台灣現狀和台灣各界人士的意見,採取合情合理的政策和辦法,不使台灣人民蒙受損失。」1月30日,鄧小平在訪美期間對美國會參眾兩院的演講中再次強調:「我們不再用『解放台灣』這個提法了,只要台灣回歸祖國,我們將尊重那裡的現實和現行制度。」

而基於新界租期將滿,當時中英兩國正著手開始商討香港的前途,鄧小平對妥

善解決香港問題也十分關注。1979年3月,鄧小平向到訪的港督麥理浩表示,「我們始終考慮到台灣的特殊地位,不改變那裡的社會制度,不影響那裡人民的生活水準,甚至作為一個地方政府可擁有廣泛的自治權,擁有自衛武裝力量。當然不能有兩個中國,也不能有一個半中國」,同樣,「我們把香港作為一個特殊地區、特殊問題來處理,到了1997年,香港問題不管如何解決,香港的特殊地位都可以得到保證,就是在本世紀和下世紀初相當長時間內,香港可以搞它的資本主義,我們搞我們的社會主義,因此請各國投資者放心。」次年5月,鄧小平又與英國工黨領袖卡拉漢重申:「我還是那句老話,投資者可以大膽地在香港投資,將來不論採取什麼樣的處理方法,我們都不會讓投資者的利益有所損失。」1981年4月,鄧小平會晤來訪的英國外交大臣卡靈頓,再度通報了上述要點,並請英方認真研究中國的對台新政策。當年9月,葉劍英提出和平解決台灣問題的九項建議,其中包括:舉行兩黨對等談判,實現國共第三次合作,儘早結束民族分裂,攜手推進統一;國家統一後,台灣可作為特別行政區,享有高度自治,並可保留軍隊;台地現行的社會、經濟制度不變,生活方式不變,同境外經濟、文化關係不變,私人財產和外國投資不受侵犯;等等。至此,「一國兩制」基本成型。1982年1月,鄧小平即對美國華人協會主席李耀基說:「九條方針是以葉劍英委員長名義提出來的,實際上就是『一個國家,兩種制度』。兩制是可以允許的,他們不要破壞大陸的制度,我們也不要破壞他那個制度。不只是台灣問題,還有香港問題,大體也是這幾條。」

1982年12月,全國人大五屆五次會議通過了《中華人民共和國憲法》,不僅為「一國兩制」提供了法律保障,而且推動了「一國兩制」進一步系統化、理論化。按照新《憲法》第三十一條規定:國家在必要時得設立特別行政區。在特別行政區內實行的制度按照具體情況由全國人民代表大會以法律規定。1983年6月,鄧穎超就在全國政協六屆一次會議上明確指出:「我們尊重歷史,尊重現實。我們充分考慮台灣各族人民的願望和台灣的處境。我們不僅考慮到現在,也考慮到將來。」
「祖國統一之後,台灣作為特別行政區,可以實行同大陸不同的制度,互為補充,互相支援。」鄧小平在接見美國紐澤西州西東大學楊力宇教授時也提及:「祖國統一後,台灣特別行政區可以有自己的獨立性,可以實行同大陸不同的制度。司法獨立,終審權不須到北京。台灣還可以有自己的軍隊,只是不能構成對大陸的威脅。大陸不派人駐台,不僅軍隊不去,行政人員也不去。台灣的黨、政、軍等系統,都

由台灣自己來管。中央政府還要給台灣留出名額。」

　　1984年5月，全國人大六屆二次會議通過的《政府工作報告》，正式闡述了「一國兩制」，使之上升為實現中國統一的基本國策，並在解決香港問題中率先貫徹。當年6月，鄧小平就在會見香港工商界訪京團和鍾士元等知名人士時反覆重申：「我們的政策是實行『一個國家，兩種制度』，具體地說，就是在中華人民共和國內，十億人口的大陸實行社會主義制度，香港、台灣實行資本主義制度。」「『一個國家，兩種制度』的構想是我們根據中國自己的情況提出來的」，「我們採取『一個國家，兩種制度』的辦法解決香港問題，不是一時的感情衝動，也不是玩弄手法，完全是從實際出發的，是充分照顧到香港的歷史和現實情況的。」7月，鄧小平在會晤英國外交大臣傑佛瑞‧豪時又說：「這個構想（即「一國兩制」）是從中國解決台灣問題和香港問題出發的。十億人口大陸的社會主義制度是不會改變的，永遠不會改變。但是，根據香港和台灣的歷史和實際情況，不保證香港和台灣繼續實行資本主義制度，就不能保持它們的繁榮和穩定，也不能和平解決統一問題。因此，我們在香港問題上，首先提出要保證其現行的資本主義制度和生活方式，在1997年後五十年不變。」10月，在中顧委第三次全會，鄧小平不僅指出：「『一國兩制』是從中國的實際提出的，中國面臨一個香港問題，一個台灣問題。解決問題只有兩個方式：一個是談判方式，一個是武力方式。用和平談判的方式來解決，總要各方都能接受，香港問題就要中國和英國，加上香港居民都能接受。什麼方案各方都能接受呢？就香港來說，用社會主義去改變香港，就不是各方都能接受的。所以要提出『一國兩制』」；而且強調「香港問題的解決會直接影響到台灣問題。解決台灣問題要花時間，太急了不行」，「用『一國兩制』的方式解決台灣問題，美國應該是能夠接受的，台灣也應該是能夠接受的⋯⋯『一國兩制』的方式，你不吃掉我，我不吃掉你，這不很好嗎？⋯⋯除了解決香港問題的這些政策可以用於台灣以外，還允許台灣保留自己的軍隊。」

　　2.「一國兩制」的科學內涵

　　1990年4月，全國人大七屆二次會議通過《中華人民共和國香港特別行政區基本法》，1993年3月，全國人大八屆一次會議通過《中華人民共和國澳門特別行政

區基本法》,「一國兩制」進一步具體化、法律化,與此同時,在中共十四大上,「一國兩制」還成為中國特色社會主義理論的重要內容。結合國務院台灣事務辦公室和國務院新聞辦公室聯合發表的《台灣問題與中國的統一》與《一個中國的原則與台灣問題》白皮書,以及江澤民主席《為促進祖國統一大業的完成而繼續奮鬥》講話、胡錦濤總書記「12‧31」講話,作為中國政府必須長期堅持的基本國策與對台工作的基本方針,「一國兩制」涵蓋了以下主要內容:

其一,一個中國。一個中國原則是「一國兩制」的核心,也是解決台灣問題的前提。世界上只有一個中國,台灣是中國不可分割的一部分,在國際上代表中國的只能是中華人民共和國中央人民政府;台灣的法律地位是確定的、不能改變的,無需所謂的「自決」。兩岸儘管至今尚未統一,但並非中國領土和主權分裂,而僅僅是1940年代中後期國共內戰遺留並延續的政治對立,這並沒有改變大陸和台灣同屬一個中國的事實。兩岸復歸統一,不是主權和領土再造,而是結束政治對立。必須堅決反對製造「雙重承認」、「兩個中國」、「一中一台」、「台灣獨立」等分裂活動。

其二,兩制並存。「『一國兩制』也要講兩個方面。一方面,社會主義國家裡允許一些特殊地區搞資本主義,不是搞一段時間,而是搞幾十年、成百年。另一方面,也要確定整個國家的主體是社會主義。否則怎麼能說是『兩制』呢?那就變成『一制』了」,「不講兩個方面,『一國兩制』幾十年不變就行不通了」。亦即:在統一的中華人民共和國境內,作為國家主體的大陸地區堅持社會主義制度,「這是個前提,沒有這個前提不行。在這個前提下,可以容許在自己身邊,在小地區和小範圍內實行資本主義」,「在小範圍內容許資本主義存在,更有利於發展社會主義」。而台灣、香港、澳門作為統一國家不可分割的組成部分,保持原有的資本主義制度。兩種制度長期共存、和平共處、相互支援、協調發展,共同致力於國家繁榮和民族振興。

其三,高度自治。即台灣與大陸統一後,不僅既有的社會制度、經濟體制、生活方式,以及與其他國家和地區的經貿往來與文化交流保持不變;而且作為統一的中華人民共和國境內的特別行政區享有高度的自治權,包括行政管理、立法、獨立

司法、財稅、還可保留軍隊；另外，台灣人士還可參與國家事務管理，在全國性的政權機構中，為台灣保留一定比例的名額；中央政府不派軍隊和行政人員駐台；台黨、政、軍系統由台人自己管理，台灣人民的各項合法權利都受到法律保護。但「我們不贊成台灣『完全自治』的提法。自治不能沒有限度，既有限度就不能『完全』。『完全自治』就是『兩個中國』，而不是一個中國」，「台灣作為特別行政區，雖是地方政府，但同其他省、市以至自治區的地方政府不同，可以有其他省、市、自治區所沒有而為自己所獨有的某些權力，條件是不能損害統一的國家的利益。」

其四，和平統一。以和平方式實現國家統一、民族復興，是全體中國人的共同心願。兩岸都是中國人，中國人不打中國人。若因中國的主權與領土完整被分裂，雙方兵戎相見，骨肉相殘，不僅是中華民族的再度創傷，而且也不利於兩岸經濟社會的穩定與發展，不利於全中國的振興和崛起。和平統一是中國政府的既定方針，「我們堅持謀求用和平的方式解決台灣問題，但是始終沒有放棄非和平方式的可能性，我們不能作這樣的承諾。如果台灣永遠不同我們談判，怎麼辦？難道我們能夠放棄國家統一？當然，絕不能輕易使用武力」，「但是，不能排除使用武力，我們要記住這一點，我們的下一代要記住這一點。這是一種戰略考慮。」「我們不承諾放棄使用武力，決不是針對台灣同胞，而是針對外國勢力干涉中國統一和搞『台灣獨立』的圖謀的」，即「如果出現台灣被以任何名義從中國分割出去的重大事變，如果出現外國侵佔台灣，如果台灣無限期地拒絕通過談判和平解決兩岸統一問題，中國政府只能被迫採取一切可能的斷然措施，包括使用武力」。

其五，談判實現。為結束敵對狀態，實現和平統一，兩岸應儘早接觸談判。通過談判，尋求雙方都可以接受的辦法，共同規劃互利雙贏、和平統一，避免出現「一國兩府」、「一中一台」或「兩個中國」。在一個中國的前提下，什麼問題都可以談，包括談判的方式，參加的黨派、團體和各界代表人士，以及台灣方面關心的其他問題。「作為第一步，雙方可先就『在一個中國的原則下，正式結束兩岸敵對狀態』進行談判，並達成協議。在此基礎上，共同承擔義務，維護中國的主權和領土完整，並對今後兩岸關係的發展進行規劃。至於政治談判的名義、地點、方式等問題，只要早日進行平等協商，總可找出雙方都可以接受的解決辦法。」

（二）台灣方面的統一設想及模式

針對中國共產黨提出的「和平統一，一國兩制」倡議，1980年代以來，華人世界，尤其是台灣與台灣學術界也就兩岸統一問題展開了深入研討，並先後提出了一系列觀點和主張，或為終局解決方案，或係權宜性、過渡性安排，儘管存在刻意模糊、迴避兩岸衝突核心問題等消極因素，但也有不少值得深思的可取成分——

1.「一國良制」

這是1980年代台灣確定的政治「反攻」目標與國家統一模式，核心在於以台灣的政經制度「吃掉」大陸，採取「一國一制」。1981年上半年，蔣經國在不同場合反覆提到，中國問題的真正解決，必須使大陸實現三民主義，重建民有、民治、民享的自由中國，除此之外，別無他途；「中華民國」統一大陸所憑藉的主要是三民主義而非武力。時任台灣「行政院長」的孫運璿也說：「我們絕不放棄原則與中共進行任何接觸或談判，除非中共公開宣布切實放棄共產主義及其制度，忠實遵奉國父孫中山先生所創導的三民主義及五權憲法，並尊重中華民國的國體、國旗與國歌，則中國的和平統一自然水到渠成。」專門成立的「三民主義統一中國大同盟」還提出中國統一應遵循的「三大基本原則」，即中共必須放棄共產主義，統一在「三民主義旗幟」下；中共必須放棄無產階級專政，統一在「中華民國憲政體制」下；中共必須放棄馬列毛思想，統一在中華文化精神下。對此，鄧小平曾一針見血地指出，「蔣經國提出用『三民主義』統一中國，這現實嗎？你那個『三民主義』在中國搞了二十二年，1927年到1949年，中國搞成了什麼樣子？『中國人站起來了』，是什麼時候站起來的？是1949年。使中國人站起來的，不是蔣介石，而是共產黨，是社會主義」；鄧小平還說：「和平統一不是大陸把台灣吃掉，當然也不能是台灣把大陸吃掉。所謂『三民主義統一中國』，這不現實。」

但蔣經國晚年還將「三民主義統一中國」歸納成「一國良制」，認為兩岸統一是制度之爭，「三民主義是良制，要以民主、自由、均富的方式與制度來統一中國」。「六四事件」後，為配合西方對華和平演變，台灣的大陸政策更進一步將兩岸之爭定位為「主義與制度」之爭。特別是隨著德國統一、蘇東劇變，李登輝反覆

強調:「當兩種不同的制度合併或統一的時候,必然是好的制度統一不好的制度。絕對沒有大家放棄好的制度、優裕的條件,而接受不好的或不合理的制度之理」,「只要我們堅持理想,精益求精,三民主義一定可以打敗共產主義,最後的勝利一定是屬於我們的」。

為更有效地反制「一國兩制」,實現以小吃大,台灣方面還以攻為守,大肆炫耀台灣在戰後所取得的發展成就,企圖借助所謂的「台灣經驗」,將台灣的政經制度包裝成「良制」,進而增強「三民主義統一中國」的說服力。如台灣《聯合報》1987年7月21日發表了署名文章認為,台灣經濟繁榮與政治民主在所有發展中「國家」中名列前茅,表明「台灣經驗」具有歷史性、世界性和全中國性;「台灣經驗」是大陸改革的「催化劑」,對中國統一具有重要意義。台灣理論界還相繼拋出了「和平統一區」設想、「大陸台灣化」主張,以及「一陸兩制」模式等在大陸實踐「台灣經驗」的具體方案。1988年7月國民黨「十三全」通過「現階段大陸政策案」,也因此明確:應拓展「台灣經驗」,支援民主運動,發揮政經影響,爭取大陸民心,促進大陸「政治民主化、經濟自由化、社會多元化、文化中國化」;將在大陸推進「台灣經驗」,視作國民黨爭取海內外人心的旗幟,視作解決中國前途問題的途徑與實現中國統一的前提。應該說,國民黨當局別有用心地推出「台灣經驗」,在一定程度上強化了台灣民眾對台灣現行政經制度的認同感,也為其拖延和阻擾統一提供了藉口。包括近些年,台灣還一再聲稱,「大陸的民主化是中國再統一的關鍵」、「兩岸問題的真正本質是制度競賽」。但進入1990年代後,與台灣經濟遭遇轉型「陣痛」、台灣「民主政治」亂象漸現幾乎同時,大陸不僅成功打破了80年代末的外部封鎖,而且在1992年鄧小平南方講話帶動下,改革開放持續擴大,並取得了令世人矚目的輝煌業績。「台灣經驗」又難免相形見絀,黯然褪色。而事實上,「要民主」本就不應成為「不要統一」的理由!

2.「一國兩體」

二戰後,分裂國家實現統一的方式有兩種:一是南北越武力統一,一是東西德和平統一。由於民主德國正式併入聯邦德國、兩德實現國家統一發生在1990年10月3日,正值蘇東劇變與冷戰行將「謝幕」;且此前兩德曾於1972年簽訂了「基本條

約」，採取雙重承認（但彼此不以「外國」相稱，都不放棄追求最終統一），又經歷了長時間的和平共處、和平競爭，因此，在探討中國統一時，人們總喜歡比照、參考所謂的「德國模式」，特別是台灣。兩德統一後，李登輝專門派團前往考察、學習，並在多種場合親自宣揚以德國經驗解決中國統一問題，大力呼籲大陸放棄共產主義、放棄四項基本原則，使兩岸統一於自由、民主、均富的三民主義。事實上，李登輝援引「德國模式」並非強調國家必須統一，而是關注兩德曾經的分裂分治與對等地位，恰如其言：「德國統一經驗展示，兩個政府進行統一並不容易，對等的政治實體架構必先確立。一個中國現在並不存在，統一是未來的事情」。

儘管大陸方面明確反對「德國模式」，在1993年發表的《台灣問題與中國的統一》白皮書中還再次強調，「台灣問題純屬中國的內政，不同於第二次世界大戰後經國際協議而形成的德國問題和朝鮮問題。因此，台灣問題不能和德國、朝鮮問題相提並論。中國政府歷來反對用處理德國問題、朝鮮問題的方式來處理台灣問題。台灣問題應該也完全可以通過兩岸的協商，在一個中國的架構內求得合理的解決。」2000年《一個中國的原則與台灣問題》白皮書又重申了類似立場。但在台灣還是湧現出諸如「一國兩治」、「一國兩權」、「一國兩席」等一系列主張。台灣還在此基礎上採納了「一國兩府」、「一國兩區」等提法，像1990年5月，李登輝不顧國民黨內部指責與大陸方面批判，攻擊中共中央提倡的「兩黨談判、國共合作、和平統一」，認為國家統一不是兩黨私下能決定的，黨對黨不能談，應由政府對政府談，政府對政府才是對等的。對此，鄧小平予以嚴厲駁斥：「現在台灣有人想搞『一國兩府』，連聯合國的局面都想改變，實際上還是搞『兩個中國』。現在聯合國只承認中華人民共和國政府是中國唯一的合法政府，台灣是中國的一部分。怎麼能把台灣稱為中國政府呢？這不行。」從總體上看，儘管上列觀點名稱不一，但多堅持「一國」是未來的，現在兩岸還是分裂「分治」、互為「對等」的政治實體，應採取「雙重承認」，才能實現共贏與統一。如1991年2月，台灣通過了「國統綱領」，正式沿用了「一國兩體」的表述，認為兩岸要統一首先必須互不否認對方為「對等的政治實體」。而長期以來，台灣的大陸政策也一直企圖既在兩岸之間尋求和平，又能以雙重承認突破「外交」困境，爭取更大的「國際生存空間」。

3.「聯邦中國」

聯邦制的基本特徵在於中央與地方分權，各自擁有一部完全不同的憲法，各有特殊的許可權與義務規定。一般而言，軍事、外交，以及全國性財政、金融、交通等屬聯邦中央職權範圍，而教育普及、治安維護、經濟發展等地方性事項，則由民眾選舉產生的地方當局自行管理，聯邦中央不直接參與。

1980年代中期以來，針對「一國兩制」構想，台港澳陸續出現了以聯邦共和實現中國統一的各種主張。而無論「36省聯邦」，還是「中心與邊緣聯邦」，抑或「大中華政合國」，以及「分層次聯邦」等等，「聯邦中國」諸模式均認為，只有引入聯邦制度，「一國兩制」才能持久、穩定。因為在聯邦制國家中，中央與地方的關係是對等的，地方政府的權力源自當地民眾之公意，而非由中央政府授權，地方重大事項由當地民意機關決定，無須呈請中央政府批准，中央政府無權干涉。此外，「聯邦中國」還主張，應採取民主自決的方式，先行制定大陸、台灣和香港人民都能接受的憲法，才能達到和平統一的最終目的。儘管「聯邦中國」提出了不少值得借鑑的創意，但其設想顯然與中國歷史傳統並不吻合，也嚴重脫離了當代中國的基本國情。事實上，若以「聯邦制」實現兩岸統一，意味著必須改變國家結構形式，重新調整中央與各省（直轄市、自治區）及港澳台關係，港澳台所能擁有的自治權將大幅小於「一國兩制」中的「高度自治」，如貨幣發行、司法終審、關稅自主等許可權都得上交中央。

4.「邦聯中國」

邦聯，指基於共同利益及其實現而自動組成的主權國家聯合體。如歐洲聯盟、東南亞聯盟等，完全不同於聯邦主體，其中央機關有名無實，對各成員國並無統制權，各成員國仍擁有獨立的內政、外交、國防等主權權利，並能自由退出盟約。換言之，在聯邦制裡，國家主權歸中央政府，地方各邦無權行使；而在邦聯裡，各邦即是主權國家，「中央」只不過是一種鬆散的國際會議而已。

從「大中國邦聯」設想，到「多體制國家」理論，再到「大中華國協」模式，持「邦聯中國」主張的海內外學者多認為，從兩岸現狀出發，中國統一應循序漸進，須先邦聯，再聯邦，最後才能達成國家真正統一。而將兩岸關係設定為「邦

聯」，顯然不是維護國家主權統一，而是分裂國家主權。但值得關注的是：「邦聯中國」事實上卻是當前「泛藍」政黨大陸政策的基點。像國民黨雖自1990年代以來日益「在地化」、「本土化」，但依然承認「兩岸一中」、承認「九二共識」，仍將統一中國作為追求目標，主張按其「國統綱領」，立足「邦聯中國」，分三個階段，逐步推進國家統一。而從國民黨中分離出來的親民黨則主張：兩岸應先在美國等國際見證下簽訂互不侵犯協定，再以歐盟模式展開互動，未來統一還須由台灣人民共同決定。

5.「兩岸統合」

2000年，反對「一中」、主張「台獨」的民進黨贏得台灣執政權，致使因李登輝「兩國論」急轉直下的兩岸關係面臨更為嚴峻的局面。為了誘使大陸與之恢復談判、實現「三通」，進而維護「台獨政權」的安全，陳水扁於2001年元旦拋出了精心包裝的「統合論」，稱「兩岸原是一家人，也有共存共榮的相同目標，既然希望生活在同一屋簷下，就更應該相互體諒，相互提攜，彼此不應該想要損害或者消滅對方」，兩岸要從「經貿與文化統合著手，逐步建立兩岸間的信任，進而共同尋求兩岸永久和平、政治統合新架構」。那麼，何謂「統合」呢？簡言之，「統合」即不同事物合在一起，若再分開，個體仍各自獨立。誠然，「統合」絕非「統一」，因為「統一」的特點在於各組成部分並非可拆可拼的，而是不可分割的。事實上，陳水扁的「統合論」在字裡行間都充斥著「獨」的色彩，譬如，他說：「兩岸原是一家人」，弦外之音，現在兩岸已不是一家人了；其本質還在於先將台灣定位為「主權獨立國家」，再跟大陸談「統合」（非「統一」），而無論「統合」能否實現，台灣都不會喪失「主權」，兩岸經貿、文化、政治的「統合」，都基於「國與國之間的關係」。

與陳水扁「統合論」既有相似之處，又有明顯區別的是：台灣學者張亞中於2002年前後提出的「兩岸統合論」。張亞中將「統合」看作「解決兩岸爭議最有效的方案，也是兩岸在面對全球化衝擊時最有利的戰略選擇」；認為「統合」「不僅有助於兩岸關係的良性互動，更有助於全球化時代的兩岸未來的安全與發展」，而兩岸關係正常化發展，需要簽訂規範兩岸互動的「過渡性協定」或「兩岸基礎協

定」；為此，首先應調整兩岸關係的相互定位，以「整個中國內部的兩個平等政治實體關係」取代「台獨」所主張的「國際關係」與大陸所主張的「內政關係」，「整個中國」及中華人民共和國、「中華民國」都是「國際法主體」；然後通過「兩岸治理」實踐，即「在不需要統一或獨立的前提下，兩岸的人民即可以經由共同參與治理，建構彼此的共同認同」，建立區域內部的「兩岸共同體」，推動「兩岸統合」。儘管張亞中的「兩岸統合論」企圖在「統」、「獨」與「維持現狀」以外另闢蹊徑，為兩岸未來尋找新的出路，但其並沒有釐清「兩岸三席」中哪個才是真正意義的主權國家，而目前「主權」在國際政治領域並不會因兩岸刻意迴避就不復存在，更何況倘若「中華民國」趁機凸顯「主體性」，確立「主權國家地位」，又勢必造成「兩個中國」或「台灣獨立」，從根本上背離一個中國原則。

（三）美國的「新架構」與「中程協議」

1995年，美國貿然允許李登輝訪問康乃爾大學，導致台海局勢急轉而下，中美關係持續緊張，迫使柯林頓不得不重新反思對華政策。恰如坎貝爾所言，迄今為止美國沒有單方面解決台灣問題的能力，需要台海雙方找到共同架構，才能最終實現持久的和平。為保持「不統不獨，不戰不和」的兩岸格局，最大限度地維護其在亞太的戰略利益，1997年底，美國開始頻繁派員穿梭台海，「促談逼和」，華盛頓智囊機構也紛紛建言，推出了一系列穩定兩岸局勢的「過渡性」與「臨時性」安排。其中，「新架構」與「中程協議」還極大地影響到當時美台關係及其調整。

1998年1月，銜命訪台的前助理國防部長約瑟夫·奈爾會晤了李登輝等台灣高層，在反覆強調美國希望並願意推動兩岸會談、會談內容由兩岸自行決定的同時，本著促使兩岸關係「協議化」之初衷，提出了「海峽問題新架構」。「新架構」立足於「台灣不獨立，大陸不動武，美國認可雙方『一中』表述」，主要內容包括：（1）美國應聲明，若台灣宣布獨立，美國將不予承認，也不提供保衛，並鼓勵其他國家不予承認，但不接受大陸對台動武；（2）大陸要承諾，如果台灣保證不獨立，將給予更多的「國際生存空間」，而在台灣認同一個中國的前提下，將拓寬「一國兩制」解釋，採「一國三制」等；（3）台灣須表態，不尋求獨立，願加強對話，推進兩岸人員、貨物、資金等流通。奈爾從「不承認」切入，以台灣「現狀

未變」，阻止大陸動武，將「戰略清晰」與「戰術模糊」有機結合起來，從源頭上窒息了「台獨」的現實可能性，堵住了大陸對台用兵，進而也使美國避免捲入高風險戰爭。

同期，時任密西根大學教授李侃如提出「中程協議」，主張兩岸應在一個中國原則下簽署一項緩議主權、維持現狀五十年不變的協議，並通過協商建立一個全面的政治性框架，規範兩岸關係發展，確保台海和平穩定。在該框架下，台灣不尋求法理獨立，承認是中國一部分；大陸承諾不對台動武；統一前，兩岸各自統籌內政與外交，但受前述約定限制；雙方進行高層對話，可涉及軍事、國號等敏感議題，以進一步降低緊張。次年3月，助理國務卿羅斯對「中程協議」給予肯定，並稱「相信兩岸能夠攜手工作，通過確定必要的人員接觸和最適宜的進程，給對話注入真實的意義」，「在兩岸對話方塊架內運用突破墨守成規的思維或許與一些具體的信任措施相結合，可能有助於在任何的困難議題上達成一系列的中程協議。」由此，「中程協議」成為柯林頓政府對華政策的一部分，成為台灣主張的「功能性」對話與大陸主張的「政治性」對話之間的一個橋梁。後李侃如等又陸續對「中程協議」進行完善，但因兩岸缺乏互信，對「中程協議」多有疑慮，加上李登輝於1999年7月拋出「兩國論」，徹底打亂美國的戰略部署，「中程協議」才最終擱淺。唯值得警惕的是，「中程協議」認為，在一個中國原則下，「中華民國」可「獨立行使內政與外交權」，在某種程度上默認了台灣「事實獨立」；而將「台獨」界定為獲得國際承認才算數，藉口「台獨」無效而漠視實質「台獨」，也易被台灣視作「事實獨立」或認為大陸已默許並接受「台灣獨立」。

小結：事實上，對「兩岸現狀」的闡釋是各方建構台灣問題和平解決「藍圖」的出發點。長期以來，中國政府一貫堅持台灣的法律地位是不容置疑和挑戰的（2005年《反分裂國家法》還為此專門劃出了底線），兩岸之間懸而未決的僅剩該如何結束爆發於1940年代中期的國共內戰及其遺留至今的雙方敵對狀態。台灣方面，兩蔣當局原本也承認台灣是中國不可分割的一部分，兩岸尚處敵對之中；但1990年代後，李登輝出於「台獨」陰謀，卻以「憲政革新」及終止「戡亂」為幌子，從逐步放棄「中國代表權」，到徹底背離一個中國原則，包括陳水扁時期變本加厲的「台獨」，力圖以不斷推高的統「獨」爭鬥替換既有的「兩岸現狀」定位。美國雖未明

確承認（僅僅認識到）中國政府的立場，然也不支持且反對「台獨」，並將「兩岸現狀」界定為「不統不獨，不戰不和」。而正因上述非「一國兩制」諸主張未能充分考慮兩岸現狀及中國歷史，難以為海內外中國人普遍接受，才無法真正為台灣問題的和平解決，以及台灣的未來前途指明正確的方向。

二、「一國兩制」與台灣前途

「一國兩制」偉大構想最初是為解決台灣問題而提出的，但率先在解決香港、澳門問題中得以實施。

（一）「一國兩制」的實踐探索

經中英關於香港問題、中葡關於澳門問題的談判，《中華人民共和國香港特別行政區基本法》、《中華人民共和國澳門特別行政區基本法》起草，香港、澳門過渡期安排，以及港澳相繼回歸且保持繁榮、穩定，「一國兩制」由單純的理論架構逐步進入生動的實踐層面，並經不斷深化、細化而日臻完善。

1.「一國兩制」與香港回歸

香港問題是英國殖民主義侵略中國的歷史遺留問題。1840年，英國在對華鴉片走私貿易中挑起戰爭，並趁清政府戰敗，通過不平等的《南京條約》（1842年8月），割占了香港本島。1856年，英國又聯合法國發動第二次鴉片戰爭，逼迫清政府簽訂《北京條約》（1860年10月），強佔了九龍。後借參與列強瓜分在華勢力範圍，英國還與清政府達成《展拓香港界址專條》（1898年6月），租占了新界（租期99年，止於1997年6月30日）。辛亥革命後，北洋政府、國民黨政府雖皆可能收回香港，但都未能完成該使命。1949年10月，人民解放軍揮師入粵，並迅速抵近港澳。英國為保住在港統治，除加緊防守外，1950年1月，還在西方國家中率先宣布承認中華人民共和國。而鑑於建國初期所面臨的國際形勢，中國政府在多次闡明對港主權及和平解決立場的同時，制定、實施了「長期打算、充分利用」的方針，並

未強行解放香港。1954年6月，中英建立了代辦級外交關係，1972年3月，兩國正式建交。而1970年代，香港迅速崛起，不僅名列亞洲「四小龍」，而且成為亞太乃至世界舉足輕重的經濟體。但隨著新界租期屆滿，跨入80年代之際，中英雙方也開始將香港問題提到議事日程。從1979年春到1982年秋，港督麥理浩、前首相卡拉漢和希思、外交大臣卡靈頓、掌璽大臣阿德金斯等英國政要先後訪問北京，與中國領導人互換意見；中方也初步擬定了解決香港問題的「十二條」方針。

中英香港問題談判始於1982年9月英國首相柴契爾夫人訪華，止於1984年9月《中英關於香港問題的聯合聲明》草簽，歷時整整兩年，奏響了「一國兩制」的第一篇章。在談判第一階段（1982年9月至1983年8月），雙方立場迥異，分歧較大，英方力圖以香港島主權換取其繼續對港管治，中方則堅持1997年收回全港，建議磋商十五年怎樣過渡及「九七」後香港怎麼辦。第二階段（1983年8月至1984年9月）雙方才進行實質性談判，並在中方對港政策的基礎上形成中英關於香港問題的協定文本。1984年12月19日，中英聯合聲明在北京正式簽署。就連柴契爾夫人當時也由衷地對鄧小平表示，會談能取得成功，奧祕就在「一國兩制」。1985年6月30日，中英聯合聲明在兩國換文後正式生效，拉開了「一國兩制」在港實踐的序幕。

1985年4月，全國人大六屆三次會議在批准中英聯合聲明的同時，決定成立香港特別行政區基本法起草委員會；6月，第六屆全國人大常委會第十一次會議通過並公布了起草委員會名單；7月，該委員會開始運作；12月，香港各界組成基本法諮詢委員會。1986年4月，起草委員會推出基本法結構草案，設五個專題小組分別負責相關章節、條文，其中，焦點集中在中央與特區的關係、特區政治體制等問題上，至1987年12月，起草工作初步完成。後又經不斷修改、完善，1990年2月，起草委員會逐條表決通過了基本法草案；4月4日，全國人大七屆三次會議通過了《香港特別行政區基本法》。基本法制定雖歷經近五年，但忠實地體現了「一國兩制」，是「一國兩制」成功實踐的重要里程碑。

1993年3月，第八屆全國人大常委會決定設立香港特別行政區籌備委員會預備工作委員會；7月，預委會正式形成，中國恢復對港行使主權進入實質性階段。1996年11月，籌委會在廣泛諮詢港九民意的基礎上，以無記名投票方式選出代表，

與香港地區全國人大代表、全國政協委員共同組成特別行政區第一屆政府推選委員會，展開第一任行政長官候選人提名工作；12月，推委會票選董建華為首任行政長官，國務院隨即加以任命。同年3月，籌委會還決定設立特別行政區臨時立法會；10月，通過了臨時立法會產生辦法；12月，推委會選出臨時立法會60名議員；次年1月，臨時立法會議員又以互選方式推舉范徐麗泰為臨時立法會主席。1997年2月，籌委會在部署回歸慶典的同時，決定特別行政區第一任行政長官、臨時立法會於6月30日前展開工作，啟動政制銜接；5月，籌委會表決通過了特別行政區第一屆立法會產生辦法，以及特別行政區有關人員就職宣誓事宜的決定；6月30日午夜至7月1日凌晨，中英兩國政府舉行了香港政權交接儀式。

應該說，從1982年中英談判拉開，到1997年回歸準備就緒，儘管經歷這樣或那樣的風波，但整體而言，香港實現了平穩過渡，保持著旺盛生機，也證明了「一國兩制」的科學性。統計表明，香港進出口貿易總額，在1981年，為2605.37億美元，世界排名第16位；到1996年，已達到29340億美元，世界排名躍升至第8位。同期，人均本地生產總值也從26654港元（4600美元）攀到189402港元（24500美元），超過英國、加拿大、澳洲等發達國家，在亞洲僅次於日本和新加坡。回歸後，香港更以政治、經濟、社會全面發展進一步展示了「一國兩制」的魅力。一是「港人治港」、高度自治得以真正落實，香港同胞擁有了更廣泛的自由、民主。以往，港英總督概由倫敦委任，有權過問各種事項，立法會僅為名義上立法機關，法院也無司法終審權；而今，特首由本港各界代表選舉產生，立法會行使職權不受任何干擾，司法獨立且享有終審權。二是香港仍然實行資本主義制度，並沒有慢慢地「內地化」，「舞照跳、馬照跑、股照炒、彩照博」。因為，按基本法規定，香港原有的社會、經濟制度和生活方式不變，法律基本不變，私有財產和外國投資受法律保護，包括特殊行業都繼續依法運行。三是中央政府強力支持，為香港持續發展提供了新動力。在中央政府幫助下，香港成功抵禦了1997年襲捲亞洲的金融風暴，2003年又簽訂了《與內地建立更緊密經貿關係的安排》（CEPA），獲得貿易及其便利化的眾多優惠，極大地促進了經濟繁榮，繼續保持著亞洲乃至世界航運、金融、資訊、貿易中心地位。

2.「一國兩制」與澳門回歸

葡萄牙對澳門的佔領是澳門問題的由來和實質。1553年，向東方擴張的葡萄牙殖民者以不正當手段強租了澳門，但1840年後卻突然中止向中方交付租金，並趁列強瓜分中國的狂潮，逼迫清政府於1887年12月簽訂了《中葡友好通商條約》（1887年3月草簽，1888年4月換文），獲得「永居管理」澳門的權利。辛亥革命後，中國政府宣布取消一切不平等條約，北洋政府也曾多次照會葡方，提議修約，但均無下文。1928年12月，南京政府雖與葡國重訂新約，但又迴避了澳門地位問題。直到1949年，葡萄牙依然佔領著澳門。1974年，葡萄牙官方公開承認澳門係其管理的特殊地區，澳門是中國領土。1979年2月，中葡建交，葡萄牙政府再次表示：澳門是中國領土，將在適當時候交還中國。因此，中葡關於澳門問題的爭論並不涉及敏感的主權，主要聚焦於中國對澳恢復行使主權後的對澳政策，以及政權交接前該如何實現平穩過渡。

1986年6月，中葡兩國開始就澳門問題展開談判。在中方堅持下，葡方放棄了推遲歸還澳門管治權主張，同意中國於1999年12月20日恢復對澳門行使主權。1987年4月13日，雙方簽署了《中葡關於澳門問題的聯合聲明》（次年1月15日換文生效）。而借鑑香港基本法制定經驗，從1988年10月至1993年1月，澳門基本法也順利起草、公布。隨後，中葡兩國按聯合聲明精神與基本法規定，就「九九」前各項準備工作，特別是政制銜接，繼續進行卓有成效的合作，以確保後過渡期澳門的安定、穩定。1994年1月，澳督就《澳門公共行政架構的一般原則》發出備忘錄，拉開了澳門政府一系列公共機構的重組、改組。由於澳門立法會可以從1996年直接運作到2001年，故在政制銜接中，雙方著重解決公務員當地語系化、法律當地語系化和中文官方地位等「三大問題」。1998年5月，澳門特別行政區籌委會正式成立並投入工作。1999年4、5月間，特別行政區第一屆政府推選委員會舉行多次全會，根據澳門特首產生辦法，選舉何厚鏵為首任行政長官，並報請國務院任命；同時，按照澳門立法會產生辦法，還組織了特別行政區立法會，對政權交接進行了部署。1999年12月19日深夜、20日凌晨，中葡雙方舉行隆重儀式，宣布中國恢復對澳門行使主權，澳門特別行政區成立，特別行政區立法會通過了第一部法律——《回歸法》，國務院公布了澳門特別行政區行政區域圖。

可以肯定，同香港比較，「一國兩制」在澳門取得的成功絲毫也不遜色，尤其

是回歸後，澳門迎來了新一輪跨越式發展。譬如，在中央政府的全力支持與內地警方的協助配合下，「九九」以來，澳門社會治安狀況迅速轉好，嚴重罪案發案率大幅下降，破案率明顯提升，整個社會安定、祥和，投資環境也不斷優化。而也正是憑藉「一國兩制」與自由港優勢的發揮，2000年，持續下滑的澳門經濟走出了低迷，不僅克服了亞洲金融風暴後遺症、外部經濟形勢波動及「非典」、禽流感等疫情衝擊，而且在2005年實現了本地生產總值2.4萬美元，年均增長了近10%，並被英國《金融時報》屬下的《外國直接投資》雜誌評為亞洲「最具經濟發展潛力城市」。其中，得益於CEPA實施，2004年澳門GDP增幅更高達28.3%，失業率也從6%的高位下挫到4%左右。而為增強澳門經濟發展後勁，中央政府還多方支持澳門加強與泛珠成員、葡語國家及其他國家和地區交流與合作，不僅將「支持澳門發展旅遊等服務業，促進澳門經濟適度多元發展」明確列入「十一五」規劃，而且還於2009年將橫琴開發正式納入國家發展戰略布局，鼓勵粵澳共同探索互惠互利的「橫琴模式」。

3.相關啟示

從促進完全統一的角度看，港澳問題解決與港澳相繼回歸，「一國兩制」在實踐中逐步展開並日益完善，對徹底解決台灣問題提供了如下有益借鑑：

其一，兼顧各方。1984年底，中英簽署關於香港問題聯合聲明，鄧小平在會見柴契爾夫人時就說：「這個構想（指「一國兩制」）是在中國的實際情況下提出來的。中國面臨的實際問題就是用什麼方式才能解決香港問題，用什麼方式才能解決台灣問題。只能有兩種方式，一種是和平方式，一種是非和平方式。而採用和平方式解決香港問題，就必須既考慮到香港的實際情況，也考慮到中國的實際情況和英國的實際情況，就是說，我們解決問題的辦法要使三方面都能接受。如果用社會主義來統一，就做不到三方面都接受。勉強接受了，也會造成混亂局面。即使不發生武力衝突，香港也將成為一個蕭條的香港，後遺症很多的香港，不是我們所希望的香港。所以，就香港問題而言，三方面都能接受的只能是『一國兩制』，允許香港繼續實行資本主義，保留自由港和金融中心的地位，除此以外沒有其他辦法。」

其二，循序漸進。如在解決香港問題過程中，中英兩國首先明確避免採取武力或非和平方式，而後各自醞釀政策底線並展開務實談判，共同規劃「九七」前平穩過渡與「九七」後高度自治等，並通過成立起草、諮詢委員會，採取專題結構、分組負責、修補完善、逐條表決，制定、落實基本法，同時，設立籌備委員會，配套預委會、推委會等，啟動政制銜接，開展首任特首提名、票選、提請任命，以及組織臨時立法會，部署回歸慶典等。整個工作環環相扣，有條不紊推進，確保了政權圓滿交接。其中，基本法起草居於關鍵「部位」，具有承前啟後的作用，不僅保障了香港順利回歸，而且保證了回歸後香港自治管理。

　　其三，區別對待。像由於港澳歷史發展軌跡、經濟社會制度等不盡相同，兩部港澳基本法雖在結構方面基本相同，但在具體條款的表述與規定上卻各具特色。如在「政治體制」章節中，香港基本法稱「區域組織」的，澳門基本法則叫「非政權性的市政機構」。再如，關於特首的任職條件，香港基本法似無明確條款，澳門基本法卻有專門提及：行政長官在任職期間不得具有外國居留權，但特首候選人或參選者，以及其他重要官員又不在此限，因為約有30%的澳門居民持有葡萄牙護照。

　　其四，尊重民意。如1996年4月，香港特別行政區籌委會為籌組第一屆政府推選委員會，先後在港舉辦了16場諮詢會議，香港各界336個團體、一千多位人士參與其間。又如，1985年7月1日，香港基本法起草委員會剛剛啟動運作，即做出決定：由在港委員回港發起、籌建基本法諮詢委員會；12月18日，香港各界180位知名人士正式組成諮詢委員會，並開始聯繫香港市民，廣泛徵集不同界別、不同階層對起草委員會工作、對基本法起草的意見和建議。在制定基本法的四年多的時間裡，起草委員會還曾兩次在全國範圍內收集建議、交換意見，前後計一年有餘，共進行了一百多次修改、補充和完善。整個起草工作規劃如此之細、歷時如此之久、徵詢如此之廣，保證了「一國兩制」構想得以更充分展開，也更深入人心。為此，英國方面也認為：「基本法是一個重要里程碑，為香港的未來地位奠定了基礎」，「這是一部值得推薦的法律」。

　　（二）「一國兩制」與台灣未來

台灣問題雖與港澳問題有所不同,但港澳回歸的生動實踐卻表明:「和平統一,一國兩制」具有強大的生命力,對於在一個中國框架內解決台灣問題具有積極的示範作用。

事實上,早在1983年12月25日,陳雲就言簡意賅地指出,「說到統一,有一個用什麼『統』的問題。照我們的意見,就是用一個國名、一個首都來『統』,其餘都可以維持現狀不變。就是說,既不要用大陸的社會主義制度去『統』,也不要用台灣的現行制度來『統一』。我們認為這是最現實的,是從實際出發的辦法。用三民主義統一中國,我看不現實」,「國家統一以後,大陸還是要搞社會主義,台灣的現行制度也可以繼續搞下去,我們不反對。」而原本「用『一國兩制』的方式解決台灣,美國應該是能夠接受的,台灣也應該是能夠接受的」,然自1990年代中期以來,台海局勢卻幾度緊張,兩岸分裂與反分裂鬥爭也空前激烈,「一國兩制」在台落實面臨著愈發嚴峻的形勢。

1. 目前兩岸實現和平統一的障礙

以「一國兩制」方式,實現國家完全統一,不僅須兼顧各方利益平衡,更要及時釋疑增信,積極爭取主流民意的理解、接受和支持。像在中英展開香港問題談判時,香港社會內部也曾疑慮重重。對此,鄧小平借會見香港工商界訪京團和鍾士元等香港知名人士明確指出,「所謂香港人沒有信心,這不是香港人的真正意見。目前中英談判的內容還沒有公布,很多香港人對中央政府的政策不瞭解,他們一旦真正瞭解,是會完全有信心的。我們對解決香港問題所採取的政策,是國務院總理在第六屆全國人民代表大會第二次會議的政府工作報告中宣布的,是經大會通過的,是很嚴肅的事。如果現在還有人談信心問題,對中華人民共和國、對中國政府沒有信任感,那麼,其他一切都談不上了。我們相信香港人能治理好香港,不能繼續讓外國人統治,否則香港人也是決不會答應的。」而在1990年至1997年的後過渡期,由於港英當局在香港政制問題上實行對抗政策,公然拋出「三違反」政改方案,導致中英矛盾公開化,並不同程度地影響到香港市民對未來發展和「一國兩制」的信心。中國政府不得不採取措施,果斷排除干擾,並「以我為主」,扎實推進特區籌建,很快扭轉了被動局面。從回歸後民調研究看,香港市民對香港前途與「一國兩

制」的信心均有明顯上升。香港大學1997年10月的資料顯示,受訪者中分別有近八成半和六成八對香港前途與「一國兩制」表示樂觀,較之前幾年同類調查結果高出十至二十個百分點。同期,香港海峽兩岸關係研究中心的系統統計也表明,肯定「一國兩制」的比例一直保持在一半左右,持相反意見的始終沒有超過兩成。而美國眾議院發表的關於「九七」後香港的首份情況報告同樣認為:「北京在落實不干預香港事務的政策上表現得十分認真,香港回歸以來公民自由並未減少,經濟依然蓬勃發展。雖然不能太早下結論,但至今情況令人樂觀」。至2007年,相關研究還揭示,香港青少年認同自己既是「中國人」也是「香港人」的比例較1996年增加了41%,同期,僅認同「香港人」單一身份的卻由占33.9%降至占28.7%。

而在台灣,儘管1980年代以來,「一國兩制」引發了強烈反響,專家學者、政治人物、團體組織紛紛發表各自見解,甚至還提出這樣或那樣的不同觀點,但普通民眾卻知之甚少,更鮮有堅定支持者。這難免對通過「一國兩制」實現兩岸統一造成事實上的制約。從抽樣情形看,1991年以前,台灣認同「一國兩制」的比例一直不足4%;到1999年,因李登輝炮製「兩國論」致台海緊張再度升級,接受「一國兩制」的台灣民眾也只有10%左右。雖然,民進黨「台獨」傾向造成台灣經濟和兩岸關係急劇惡化,改變了部分民眾對台灣前途的思考,2000年台灣《天下》雜誌公布的相關資料反映,主張「急獨」和「緩獨」者從22%降至17%,贊同「急統」或「緩統」的增加了約十個百分點,達到21.9%,也仍非主流民意。同期,國民黨中央政策研究會公布的資料披露,有高達85%的台灣民眾仍希望「維持現狀」,支持以「一中各表」處理兩岸關係的也占到64%。當然,根據「陸委會」的官方調查,截至2001年3月底,「一國兩制」在台灣認同度為17%,十年間還是有明顯的攀升;而民間機構的統計值更樂觀,有高達33%的,有超過50%的,難怪台灣《聯合報》挖苦道:「這是一個令人迷惘的現象。『一國兩制』的支持度十年來始終在一成上下徘徊。如今,當『台灣之子』帶著大家喊『台灣人民站起來』之後,『一國兩制』卻成為人民的另一種前途選項。」事實上,台灣民眾對「一國兩制」的認知程度與信心趨勢,歸根溯源,主要受制於正反兩方面因素及其相互作用。

一方面,台灣對「一國兩制」的歪曲、汙衊與抵制,不僅剝奪了台灣民眾的知情權,而且產生消極誤導作用。蔣經國時期,台灣仍抱殘守缺,妄想憑藉「經濟奇

蹟」吃掉大陸，實現「三民主義統一中國」，不僅長期枯守「中華民國法統」，堅決反對在兩岸關係中援引「德國模式」，像1987年10月，針對民進黨再提以「分裂國家」定位求「外交」突破，時任「行政院長」俞國華就重申，東西德關係和兩岸情形不能同日而語，兩德分裂是國際協議的結果，而中國問題並非二次大戰的產物；而且頑固堅持「不接觸、不談判、不妥協」的僵化立場，曲解大陸的善意與誠意，不斷攻擊「一國兩制」，如1987年6月，台《中央日報》還發表了題為《粉碎中共「一國兩制」陰謀》的社論，將「一國兩制」斥為中共「統戰騙術」與「權宜之計」。李登輝上台後，基於「台獨」分裂圖謀，從極力將一個中國解釋為：「歷史上、地理上、文化上、血緣上的中國」或「統一以後才有一個中國」，到公然提出「與其說一個中國，不如說一個分治的中國，就像現在的韓國，過去的德國或越南一樣」，台灣對「一國兩制」的態度也逐步地從反「兩制」轉向反「一國」，並從懷疑香港能否回歸發展為反對套用香港模式，1997年6月16日，其「行政院」專門公布了《對九七香港情勢的立場與政策說帖》，既表示：「為維護『九七』後港人的權益與福祉，有必要對中共在港實施『一國兩制』的情況加以檢視」，將「持續關注香港情勢的發展及中共是否真正履行對港人的承諾」，又強調：中共在港實施「一國兩制」的成敗與台灣並無關聯性，「主權獨立」的「中華民國」與殖民地身份的香港澳門絕不能相提並論。2000年後，民進黨當局否認「一中」原則，奉行「台獨」政策，2006年陳水扁更宣布終止「國統會」運作及「國統綱領」適用，致使兩岸分裂與反分裂鬥爭一浪高過一浪，和平統一面臨嚴峻考驗。從身份認同上看，因國家認同混亂，至2006年，台灣民眾認為自己僅是「台灣人」的由十年前的23%攀到44%，認為自己只是「中國人」的則由15%下挫至6%，認為自己「是台灣人也是中國人」的也從50%降到44%。

另一方面，兩岸經貿文化往來日益密切，又有利於擴大「一國兩制」在台灣民眾中的影響。伴隨著1987年跨海民間交流的啟動，至2001年兩岸關係依存度已位居全球第一，大陸在台灣民眾心目中的形象正逐步改善。如2001年，台「經濟部」調查發現，希望到大陸投資的台灣企業竟有7490個，已有30萬台商移居上海，其中，表示滿意占到50%，還有14%的人明確表示期望領取中華人民共和國護照。2002年，台「經濟部」抽樣顯示，至2001年底，投資大陸的台灣企業已達74.4%，比兩年前提高了五個百分點，而在計畫向大陸投資的企業中，也有77.1%看好大陸市

場。至2007年6月,香港大學與台灣TVBS合作,在港台兩地同步開展「民眾對香港回歸十周年的比較調查」,結果表明:受訪者中,對「一國兩制」在香港成功落實表示認可的,香港占62%,台灣占38%;對「一國兩制」下香港未來發展有信心的,香港占68%,台灣占41%;整體而言,已有接近四成的台灣民眾對「一國兩制」及其在香港實施給予正面評價。

2.和平解決台灣問題的基本步驟

事實上,由於台灣與港澳的情形不一,在「一國兩制」框架內,其政策空間更為寬鬆,如可以保留軍隊作為地方自衛武裝等。可以肯定地說,以「一國兩制」實現和平統一,廣大台灣同胞不僅可以避免因「台獨」分裂挑起戰爭所帶來的災難,而且通過高度自治,能夠充分行使選擇社會制度和生活方式的權利,真正實現當家做主的願望,同時,還能與大陸同胞共用偉大祖國在國際上的尊嚴和榮譽;此外,台灣經濟也能依靠大陸腹地,實現結構優化與長期繁榮,避免被邊緣化的危險。應該說,儘管目前實現兩岸統一仍有困難,但無論經貿文化融合,還是民心、民意走向,總體上,和平解決台灣問題的基礎正在逐步擴大。為此,從戰略預期的角度切入,合理的政策安排應當包括:

第一步,大力促進兩岸互動溝通。必須繼續擴大並深化兩岸經貿文化聯繫。應抓住ECFA實施的契機,推動雙方經貿深層融合,讓更多的台灣民眾切實感受台海和平與發展帶來的紅利,一起分享民族復興和崛起帶來的自豪,並在培植跨海峽利益關聯的同時,進一步增信釋疑,強化「兩岸一中」認同,逐步修復台灣民眾破損的「中國心」,進而為和平統一奠定更堅實、可靠的物質基礎與智力支撐。與此同時,還必須努力保持兩岸事務性商談機制的順暢。應在「一個中國」的前提下,借助民間力量,包括國共高層往來、學術論壇交流等等,密切溝通,務實對話,縮小分歧,求同存異,化解衝突,特別是應加強雙方授權機構——海協與海基會的建設,鞏固並擴大已達成的共識與協議,使之成為兩岸互動合作及其深化的主幹橋梁。

第二步,正式結束兩岸敵對狀態。經貿文化往來互動的持續深化,難免遭遇

「政治瓶頸」,為此,可先委託黨派團體、相關人士穿梭兩岸,就敏感性話題進行試探性接觸、研討,俟時機恰當、條件成熟,再經由兩會管道,正式開啟政治協商,從談判的名義、地點、方式等程式性問題切入,漸次轉為「結束敵對狀態」等實質性議題,並最終達成協議。在政治談判中,可吸收兩岸各黨派、團體有代表性的人士參與,可廣泛徵集社會各階層的意見和建議。在這一階段,雙方主要著眼點應放在:建立軍事互信機制,構築跨海峽安全網路,進而共同承擔維護中國主權和領土完整的責任與義務。

第三步,共同規劃兩岸關係發展。結束敵對狀態,實現海峽和平,不僅符合兩岸主流民意,也有利於兩岸關係穩定發展。在相對安定的環境中,雙方應積極爭取互利共贏的前景,努力消除「台獨」分裂的流毒,並在繁榮與信任不斷累積的基礎上,繼續就原先懸而未決的敏感議題展開充分協商,特別是應在「九二共識」的基礎上,立足「世界上只有一個中國,大陸與台灣同屬一個中國,中國的主權和領土不容分割」,嘗試著對「一個中國」做出更具包容性的詮釋,實現對「一中各表」的揚棄,達成「一中同表」。事實上,關於統一後「國號」,大陸已一再提議兩岸在一個中國原則下進行平等協商,並明確「未來的統一的新中國」既不是指「中華民國」,也不是指「中華人民共和國」。

第四步,適時舉行兩岸統一談判。當跨海峽經貿文化聯繫更加密切,兩岸關係進一步融洽,大部分台灣民眾接受「一國兩制」,即可「水到渠成」,直接展開統一談判。為此,雙方可以建立專門的政治協商機構,醞釀、制定和平統一的基本框架、基本政策,並達成「一國兩制」最終的法律方案,同時部署、監督諸如政權銜接等整個過渡進程。

第五步,依法宣布兩岸完全統一。按照雙方約定的期限,完成政權銜接,組織統一慶典,同時保障後續的「一國兩制」及台灣的「高度自治」,並共同維護國家統一。

小結:儘管「和平統一,一國兩制」是1980年代以來中國政府既定的對台方針與一以貫之的政策支點,但也必須清醒地意識到:當前,台灣分裂勢力依舊拒絕接受一

個中國原則，仍然極力否認「九二共識」，還在不斷製造「台獨」事端，而以美日為首的國際親台、反華勢力也未徹底放棄利用「台灣牌」要脅、制約中國，台灣問題非和平解決的根源尚未完全消除。而一旦出現台灣被外國侵佔，或被以某種名義從中國分割出去，或台灣無限期地拖延統一談判等特殊而緊迫情形，中國政府都將被迫採取斷然措施，以武力終結台灣的分裂政治，維護兩岸和平與發展。需要注意的是，早在1981年8月，鄧小平即高瞻遠矚地指出，如果和平解決不可能，不排除用武力方式解決台灣問題。即使武力解決，台灣現狀也可以不改變。強制它變，效果並不好。換言之，以非和平的方式解決台灣問題，也仍須在台推進並落實「一國兩制」。

第七章 「一國兩制」與臺灣前途

結語

　　1895年，甲午戰敗的清政府被迫割讓台灣，日本殖民者對台實行了長達半個世紀的統治，直到1945年抗戰勝利，台灣才重歸中國版圖。1949年，以蔣介石的國民黨殘餘勢力在內戰中敗退台灣，在美帝國主義的軍事保護和經援支撐下，盤踞偏安，致使台灣與大陸母體再度分離，至今仍孤懸海外。

一、基本態勢：未「統」難「獨」

　　整體上，目前，徹底解決台灣問題的成熟的時機與條件尚不具備，「急統」顯然並不現實，但「台獨」也絕不可能，打破海峽「不統、不獨、不戰、不和」的僵持格局還有待時日。因為，一方面，台灣「獨」派勢力仍裹持相當一部分台灣民眾極端排斥、強烈抵制兩岸統一，而其「台獨」主張又無法讓廣大「泛藍」支持者欣然接受，還招致絕大多數海外華僑華人的同聲譴責，中國共產黨與包括港澳同胞在內的13億人民更堅決反對，而以美國為首的國際社會基於維護亞太穩定與繼續對華施壓也不樂見其成。另一方面，台海博弈各方的力量消長並不能阻擋和否定兩岸經貿文化日益融合、海峽和平發展正在形成的客觀趨勢，台灣的前途、台灣的未來繫於大陸業已成為難以逆轉的定局。從小額貿易到大宗投資，從民間單向流動到雙方互利共贏，兩岸人、財、物溝通的快速擴增，合作與依存的逐年加深，互補互惠的正成效也日益凸顯。如2005年，大陸即已成為台灣最大的交易夥伴、出口市場、順

差來源地和第二大進口市場,是促進台灣經濟結構調整、產業升級轉型,以及帶動整個經濟增長的關鍵所在。也就是說,儘管需要經歷漫長的過程,需要承受無數的波折,但從消除隔閡到建立互信,由累積共識向化異求同,乃至於協商談判以促成統一,無疑是兩岸關係發展的必由之路。

二、戰略準備:「和」「戰」並舉

　　歷史的經驗告訴我們,實現國家完全統一,不能僅憑愛國的激情與耐心的說教,必須依靠堅固的實力,必須綜合運用政治、經濟、軍事、文化等多種手段,最終解決台灣問題也不例外。因此,我們既要積極推進「和平統一,一國兩制」,主動展示和平誠意與和平姿態,多方爭取以和平的方式達成兩岸重歸統一,儘量避免中華民族再度創傷;又要自覺加強各種非和平措施的建設,努力形成集軍事打擊、經濟封鎖、法律制裁、輿論譴責等為一體的有效威懾,始終保持對「台獨」分裂的高壓態勢,不斷拓展和平統一的切實途徑,當一以貫之地堅持「兩手抓,兩手硬」。像2004年,中國政府在《國防白皮書》中第一次將惡性發展的「台獨」勢力列作影響國家安全的首要因素,同時指出:中國人民堅決反對任何形式的「台獨」分裂活動,堅決反對任何形式的外來干涉,堅決反對任何國家向台灣出售武器或與台灣進行任何形式的軍事結盟,決不允許任何人以任何方式把台灣從中國分割出去。如果台灣鋌而走險,膽敢製造重大「台獨」事變,中國人民和武裝力量將不惜一切代價,堅決徹底地粉碎「台獨」分裂圖謀。2005年,全國人大通過了《反分裂國家法》,再次明確:「台獨」分裂勢力以任何名義、任何方式造成台灣從中國分裂出去的事實,或者發生將會導致台灣從中國分裂出去的重大事變,或者和平統一的可能性完全喪失,國家得採取非和平方式及其他必要措施,捍衛國家主權和領土完整。

三、策略運用:以「交」促「談」

實際上，兩岸能否化解歷史糾結、攜手面向未來，歸根結底，還取決於台灣同胞思想認識的轉變——只有緊密團結統派力量，廣泛爭取中間人士，最大限度地孤立「台獨」勢力，並使台灣民眾由衷地認同祖國，真切地盼望回歸，和平統一才會「水到渠成」。為此，在強調堅持一個中國原則決不動搖、反對「台獨」分裂活動決不妥協的同時，更要善於把握時機，深入貫徹「兩個寄希望」方針，不斷夯實和平統一的民心、民意基礎。必須充分發揮主觀能動性，主動創造條件，及時頒布便利台胞、優惠台商的政策措施，積極推進雙方人員往來、經貿合作與文化交流，穩妥開展各項事務性商談，在化解隔閡和消除誤會的基礎上，努力累積共識、培植互信。應感同身受，而非苛責求全，充分尊重台胞的合法權利，切實照顧台胞的利益訴求，並與台胞一起分享民族復興與國家強盛的成就和自豪。

四、政策制定：力、禮、理、利

具體對台政策的制定、實施還應講求力、理、禮、利，注重原則性與靈活性的有機結合，準確把握「度」的平衡。所謂「力」，即各項對台政策與惠台措施都必須與當前的綜合國力相匹配，既不要裹足不前，更不能盲目超越。所謂「禮」，即著眼於文化傳統與民族感情，突出強調「和為貴」的道德理念，並在彼此理解與謙讓中，實現互利雙贏與和諧共處。所謂「理」，即維護海峽交流秩序，推進兩岸和平發展，必須儘量避免政爭糾纏，始終堅持「一個中國」原則，通過協商談判，努力達成協議，逐步確立法律基準，依法調適相互衝突。所謂「利」，即在曉之以理、動之以情的基礎上，還必須讓之以利，應在力所能及的範圍內，既杜絕無原則的一味遷就，又真心實意地為廣大台灣同胞謀福祉，使之切身感受兩岸互動與大陸統一的好處。

我們相信，有中華民族的春秋智慧，經一代又一代兩岸同胞的共同努力，台灣問題終有一天會得以圓滿解決！

國家圖書館出版品預行編目(CIP)資料

大陸對臺灣問題析論 / 吳仲柱 編著. -- 第一版.
-- 臺北市：崧燁文化，2019.01

　面 ；　公分

ISBN 978-957-681-754-0(平裝)

1.臺灣政治 2.臺灣問題

573.07　　　　107023360

書　　名：大陸對臺灣問題析論
作　　者：吳仲柱 編著
發 行 人：黃振庭
出 版 者：崧燁文化事業有限公司
發 行 者：崧燁文化事業有限公司
E-mail：sonbookservice@gmail.com
粉絲頁　　　　　　網　址：
地　　址：台北市中正區重慶南路一段六十一號八樓 815 室
8F.-815, No.61, Sec. 1, Chongqing S. Rd., Zhongzheng Dist., Taipei City 100, Taiwan (R.O.C.)
電　　話：(02)2370-3310　傳　真：(02) 2370-3210
總 經 銷：紅螞蟻圖書有限公司
地　　址：台北市內湖區舊宗路二段 121 巷 19 號
電　　話：02-2795-3656　　傳真：02-2795-4100　　網址：
印　　刷：京峯彩色印刷有限公司（京峰數位）

　　　本書版權為九州出版社所有授權崧博出版事業股份有限公司獨家發行電子書繁體字版。若有其他相關權利及授權需求請與本公司聯繫。

定價：350 元

發行日期：2019 年 01 月第一版

◎ 本書以POD印製發行